Buch

Die australischen Ureinwohner, die zu den ältesten Völkern dieser Erde gehören, leben in vielen Clans und Sippen über den ganzen Kontinent verstreut und haben eine Vielzahl von unterschiedlichen Sprachen entwickelt. Das Band, das sie verbindet, ist die Vorstellung, daß das gesamte Universum von Leben durchdrungen ist, wobei auch Sterne, Pflanzen, Tiere oder Steine verschiedene Familien mit wiederum eigenen Sprachen und Ausdrucksformen bilden. All diese Familien sind mit den Menschen verbunden, und zwar nicht nur auf der spirituellen Ebene der Traumzeit, sondern auch in der physischen Welt. Die Kultur der Aborigines basiert auf einem reichen Schatz an Legenden und Mythen, die in diesem Lexikon vorgestellt und erläutert werden.

Autor

Mudrooroo lehrt die Kultur der Aborigines an mehreren australischen Universitäten. Er ist Autor zahlreicher Sachbücher und literarischer Werke.

MUDROOROO

DIE WELT DER ABORIGINES

Das Lexikon zur Mythologie
der australischen Ureinwohner

Aus dem Englischen
von Wolf Koehler

GOLDMANN VERLAG

Die Originalausgabe erschien 1994 unter dem Titel
Aboriginal Mythology bei Aquarian/Harper Collins, London

Umwelthinweis
Alle gedruckten Materialien dieses Taschenbuches
sind chlorfrei und umweltschonend.
Das Papier enthält Recycling-Anteile

Der Goldmann Verlag
ist ein Unternehmen der Verlagsgruppe Bertelsmann

Deutsche Erstausgabe Januar 1996
© 1995 der deutschsprachigen Ausgabe
Wilhelm Goldmann Verlag, München
© 1994 der Originalausgabe Mudrooroo Nyoongah
Umschlaggestaltung: Design Team München
Satz: Uhl + Massopust, Aalen
Druck: Presse-Druck Augsburg
Verlagsnummer: 12662
Lektorat: Olivia Baerend
Redaktion: Dieter Löbbert
Herstellung: Sebastian Strohmaier
Made in Germany
ISBN 3-442-12662-2

1 3 5 7 9 10 8 6 4 2

Einleitung

Es gibt mehr als 300 000 australische Ureinwohner oder Aborigines, die sich auf zahlreiche Sippen, Sprachgruppen und lokale Gemeinschaften verteilen. Durch verwandtschaftliche Bande, entweder biologischer oder klassifikatorischer Art, stehen sie in enger gegenseitiger Beziehung. Verwandtschaft war und ist das Glied, das die Gemeinschaften verbindet, nicht nur untereinander, sondern auch mit den Sternen über und der Erde unter ihnen und den Pflanzen, den Tieren, ja, auch mit den Felsen und der Landschaft.

Für den einzelnen Aborigine ist das gesamte Universum von Leben erfüllt – es ist eine lebendige, atmende Biomasse, die sich in Familien aufgeteilt hat. So gibt es Familien von Sternen, von Bäumen und von Tieren, und sie alle sind mit unseren menschlichen Familien verbunden. Unsere Lebensweise ist insofern spirituell, als eine Verknüpfung, eine Wechselbeziehung mit jeglicher Daseinsform besteht, wobei sich das Dasein von den rein physischen Bereichen bis zu den spirituellen erstreckt, die im Begriff »Träumen« zusammengefaßt werden. Das Träumen ist ein kontinuierlicher Schöpfungsprozeß, der in jenem lange zurückliegenden Zeitabschnitt begonnen hat, der als »Traumzeit« bezeichnet wird, als die physischen Merkmale des Landes von schöpferischen Wesen geformt wurden, die weder Menschen noch Tiere waren, sondern die Attribute von beiden besaßen. Den Taten dieser Urahnen war es letztlich zu verdanken, daß sich Flora und Fauna einschließlich des Menschengeschlechts entwickeln konnten. Es geschah auch in jener Zeit und durch jene Ahnen, daß Riten und Zeremonien ihren Anfang nahmen. Heilige Stätten entstanden dort, wo bestimmte Handlungen vollzogen wurden und wo die Ahnen einen Teil ihrer Energie *(Djang)* zurückließen, die in der Gegenwart durch Riten und

Zeremonien wiedererweckt werden kann, um sicherzustellen, daß die Arten der Schöpfung weiterhin blühen und gedeihen. Die Ahnen setzten des weiteren das oftmals komplizierte und formale Verwandtschaftssystem in Kraft, dem alle Arten der Schöpfung angehören. Diese Ordnung hat in vielen Aboriginal-Gemeinschaften bis zum heutigen Tage überlebt. Sie war und ist niemals ausschließlich; daher können Außenstehende in die Struktur hineinadoptiert und ihnen ein Platz sowie eine Familienbezeichnung zugewiesen werden, die ihnen als nunmehrigem Mitglied der Familie Verpflichtungen auferlegen. So wurden beispielsweise bereits vor der Ankunft der Briten indonesische Einzelpersonen, welche die nördlichen Küsten Australiens besuchten, in das Verwandtschaftssystem einbezogen. Als die britischen Siedler eintrafen, fanden diejenigen, die freundschaftliche Beziehungen herstellten, ebenfalls Aufnahme in den Familienverbänden. Es liegt an dieser Nichtausschließlichkeit, daß das Blut, das in unseren Adern fließt, eine Mischung aus Malaien, Chinesen, Europäern und anderen darstellt, die in unser Verwandtschaftssystem eingegliedert worden waren.

Die Aborigines glauben, daß sie seit Anbeginn aller Dinge in Australien beheimatet sind, und Archäologen haben die Besiedlung dieses Kontinents durch den Menschen auf viele Zehntausende von Jahren in eine Zeit zurückdatiert, als er noch zu einer riesigen Landmasse gehörte, die mit Neuguinea und Teilen Asiens verbunden war. Dieser Urkontinent wurde Gondwanaland genannt und mit dem legendären Land Mu gleichgesetzt. Aus diesem Grund ist die Aussage berechtigt, daß sich die Besiedlung dieses großen Südlandes durch die Aborigines tatsächlich bis in die Traumzeit zurückverfolgen läßt.

Kultur und äußeres Erscheinungsbild der australischen Ureinwohner spiegeln die australische Umwelt mit ihren zahlreichen klimatischen Unterschieden und Bodenformen, der herben Schönheit ihrer Wüstengebiete und der Überfülle ihrer Regenwälder wider. Eine Karte der Verbreitung der Aboriginal-Bevölkerung über Australien zeigt, daß sich die Menschen in kleinen Gruppen von Jägern und Sammlern über das Land verteilten, die mit den Jahreszeiten (bzw. wenn die Notwendigkeit es gebot) weiterzogen oder für längere Zeiträume an Ort und Stelle verweilten, solange ausreichend Nahrung vorhanden war. Im groben können die Menschen in zwei Gruppen unterteilt werden: in Küstenbewohner, also diejenigen, die für ihren Unterhalt auf die Gewässer und die Küste angewiesen waren, und in Landbewohner, die küstenabgelegene Gebiete bevölkerten und von den Ressourcen des Landes lebten. Diese Unterteilung findet sich auch in der Mythologie. Unter den Küstenbewohnern sind Geschichten von Kulturbringern im Umlauf, die übers Meer kommen und neue Denkweisen mitbringen, während bei den Landbewohnern Ahnen und Kulturbringer bodenständig sind und entweder ins Land zurückkehren oder in den Himmel aufsteigen. Ein gemeinsamer Wesenszug derartiger Ahnen und Kulturbringer sind die Reisen, die sie unternehmen, manche davon über unglaubliche Entfernungen, und das zu Fuß oder unter der Erde bzw. durch die Luft.

Jede Gemeinschaft, Sippe oder Familiengruppe besaß ihren eigenen Grund und Boden, je nach Klima und äußeren Lebensbedingungen großflächig oder klein. Es galt der Grundsatz, daß ihnen Grund und Boden gleich zu Anbeginn der Zeiten übereignet worden war, als die Ahnen die Landschaft schufen und die Gesetze und Bräuche begründeten, welche die familiären und interfamiliären Beziehungen bestimmten.

Nicht nur das Land, die Gesetze und die Bräuche waren den verschiedenen Familien gegeben worden, sondern auch ihre Sprachen. Einst gab es Hunderte von verschiedenen Sprachen und Dialekten, und viele Menschen waren mehrsprachig, denn jede Sprache, die den einzelnen Familiengruppen von den Ahnen übereignet worden war, mußte von ihren Nachkommen bewahrt werden. Ehegesetze trugen wesentlich dazu bei, die Aborigines zur Aneignung mehrerer Sprachen zu veranlassen. Die Ehen waren exogam, und die Frauen zogen zur Familie des Bräutigams, die sich oftmals in einer anderen Sprache verständigte. Zwischen den verschiedenen Familiengruppen bestand und besteht noch immer eine Wechselbeziehung, und der Ehe kam bei der Aufrechterhaltung und Stärkung dieser Beziehung große Bedeutung zu, insbesondere im Hinblick auf die Jagd- und

Nahrungssammelrechte. Ganze Geflechte wechselseitiger Beziehungen überzogen Australien, und obwohl es gelegentlich zu familiären Streitigkeiten kam, suchten Ritualabfolgen wie die Rom- und die Feuerzeremonien den Frieden zu bewahren. Bei der gewaltigen Größe Australiens jedoch von einer einheitlichen Aboriginal-Rasse zu sprechen, ist zumindest inkorrekt. So wie das Land, das Klima, die äußeren Lebensbedingungen voneinander abwichen, so unterschieden sich auch die diversen Familien, die auf ihrem jeweiligen Grund und Boden lebten.

Geschichtliche Ereignisse vollzogen sich über Tausende von Jahren hinweg langsam und gleichförmig, obwohl das Auftreten und Abklingen der Eiszeit vor 10 000 bis 6 000 Jahren bei der Aboriginal-Bevölkerung einen ebenso großen Wandel bewirkt haben mußte wie beim Klima und der Umwelt. 1788 fand ein Ereignis von entscheidender Bedeutung für die gesamte Aboriginal-Bevölkerung statt: Ein Trupp britischer Soldaten und Sträflinge unter dem Kommando von Gouverneur Phillip betrat im Gebiet des Eora-Stammes australischen Boden. Dieser ersten Landung folgten weitere an verschiedenen Orten entlang der Küste; sie eskalierten zu einer wahren Invasion, während der sich Familiengruppen der Aborigines ihres Landes beraubt sahen und sogar niedergeschossen wurden, falls sie versuchten, ihren Grundbesitz zu verteidigen. Es folgten Blutvergießen und Aufruhr, wobei die Aboriginal-Bevölkerung eine starke Dezimierung hinnehmen mußte, insbesondere längs der Ostküste, wo sich die Überlebenden als Fremde im eigenen Land wiederfanden. Missionare kamen, um uns zu »zivilisieren«. Ein Verbot zwang uns, unsere eigenen Sprachen aufzugeben, und wir wurden in Reservaten und Missionsstationen zusammengeführt. Überall wurden wir massakriert und ermordet, und von den Spuren dieser rund zweihundertjährigen Episode unserer Geschichte sind wir noch immer gezeichnet. Erst jetzt kommen wir dazu, unsere Selbstbestimmung anzustreben und zu versuchen, unsere Sprachen, unsere Kultur und Lebensweise wieder mit Leben zu erfüllen und vor denen zu schützen, die uns noch immer beherrschen.

Viele Aboriginal-Gruppen sind insofern sehr konservativ, als sie glauben, daß es für sie das beste sei, die von den Ahnen überlieferten Gesetze und Bräuche zu befolgen. Nur allmählich akzeptieren sie Veränderungen, und wenn sie es tun, müssen diese Änderungen ihrem Glaubenssystem angepaßt werden: Was gut für die Ahnen war, das war und ist auch gut für ihre Nachfahren. Demzufolge dauert die jägerische und sammlerische Lebensweise bis zum heutigen Tage an, besonders im nördlichen und zentralen Australien, wo sich der britische Einfluß nicht so prägend bemerkbar machte. Vor der Ankunft der Europäer trieben die Aborigines von Kap York entlang der Nordküste Handel mit Melanesiern, die in der Torres-Straße und in Neuguinea lebten. Die Melanesier pflanzten Feldfrüchte und unterhielten Gärten, benutzten Bogen und Pfeile und schlugen Trommeln. Die nördlichen Aborigines übernahmen Bogen und Pfeile sowie Trommeln in ihre Zeremonien, verwendeten sie jedoch nicht anderweitig, denn das System des Jagens und Sammelns funktionierte gut. An anderen Stellen und bei anderen Gruppen wurde dieser Lebensweise jedoch rasch ein Ende gesetzt, als man uns unseres Grund und Bodens beraubte.

Die Invasion durch die Weißen hatte für viele Aboriginal-Gruppen die größte Katastrophe seit dem Ende der Eiszeit und dem Anstieg der Meere zur Folge. Anders als die früheren malaiischen Besucher waren die Briten ein Volk ohne vergleichbare Traditionen, und sie kamen in der Absicht zu bleiben. Sie mißachteten sämtliche Bräuche und Glaubensweisen der Aborigines, rissen das Land an sich und enteigneten die landbesitzenden Gruppen der Aborigines, wo und wann immer sie wollten. Es war eine grausame Zeit, eine Zeit des Tötens. Krankheiten wurden eingeschleppt, die sich epidemieartig ausbreiteten, und die Restbestände unserer Leute mußten in Reservaten zusammengepfercht ihr Dasein fristen. Viele kamen um, besonders in den gemäßigten südlichen Landesteilen, und die fassungslosen Überlebenden degenerierten zu »Mündeln des Staates« und erhielten Rationen an Mehl, Zucker und Tee sowie die Erlaubnis, sich auf elende Weise am Leben zu erhalten. Christliche Missionare trafen ein, um uns zu »helfen«, und sie befanden, daß unsere Zeremonien, unser Glaube, unsere Riten und Rituale Teufelswerk seien. Unter diesem Ansturm gerieten wir ins Wanken, wenngleich viele von uns den Ahnen treublieben. Doch es war eine Zeit großer Veränderungen, großen Unglücks, und eine Vielzahl unserer Bräuche, Sprachen und mündlichen Überlieferungen ging verloren oder wurde verändert, als man sie aufzeichnete. Erst jetzt beginnen wir, uns von diesen Schreckenszeiten zu erholen.

Dennoch sind die letzten 200 Jahre angesichts unserer gesamten Existenz lediglich ein kurzes Weilchen, ein Augenzwinkern; und während die Briten und andere Eindringlinge von Tag zu Tag leben, von Jahr zu Jahr, leben wir von Zeitalter zu Zeitalter. Unsere reiche mündliche Geschichtstradition reicht bis in die Eiszeit zurück und sogar darüber hinaus bis in jene Zeit, da Riesenbeuteltiere Australien durchstreiften. Nicht nur das, auch unsere Kultur wird als eine der ältesten der Welt angesehen, manche unserer Felsmalereien fanden als die ersten bekannten Beispiele künstlerischer Betätigung durch den Menschen Anerkennung. Wir malen weiterhin, wir tanzen weiterhin, wir erzählen weiter unsere Geschichten, wir singen weiter unsere Gesänge, und manche unserer Glaubensweisen und Geschichten sind auf den folgenden Seiten festgehalten. Unser vielleicht grundlegender Glaube ist der, daß wir zu diesem Land Australien gehören, daß es unsere Mutter und unser Vater ist und daß wir für sie oder ihn sorgen müssen, daß es von alters her unser eigen ist und daß niemand es uns wegnehmen kann. So wie Bill Neidjie, ein traditioneller Eigentümer des Kakadu-Nationalparkes, es in seinem Buch »Story About Feeling« ausdrückt:

> Boden...
> Wir hängen fest daran.
> Diese Erde ist für uns
> Geradeso wie Mutter, Vater, Schwester.

Infolgedessen konzentrieren sich zahlreiche, wenn nicht gar die meisten unserer Geschichten und Mythen auf das Land und spiegeln die Verknüpfung mit sämtlichen Daseinsformen wider, diese Wechselseitigkeit zwischen allen Dingen, die nicht verlorengehen darf. Das Universum ist eine Biomasse, um die wir uns kümmern müssen, denn wir sind die Sachwalter und nicht etwa verlorene Seelen, sondern Teile eines Ganzen, in dem alles miteinander verquickt ist. Also sollten wir nicht plündern und zerstören, sondern zusammenarbeiten und tolerieren, das ganze Universum mit seinen Myriaden lebendiger und atmender Dinge hegen, pflegen und umsorgen.

Der Kontinent Australien ist riesig, und entsprechend waren auch die Entfernungen; so groß war die Anzahl der Familiengruppen der Aborigines, daß sich Bräuche und Sprachen, Geschichten und Überlieferungen von Ort zu Ort unterscheiden. Es bestehen lange Dialektketten, und über die Glieder hinweg erfolgen Veränderungen, die so stark sind, daß sich die Bedeutung eines Wortes ins Gegenteil verkehren kann, wenn es das Ende der Kette erreicht hat. Was für die Sprache gilt, trifft auch auf Bräuche und Mythen zu. Lange mythologische Liederzyklen und Geschichten reisen durchs Land, ordnen und formen es, benennen und umbenennen Dinge und Merkmale. Manche dieser Mythen und Geschichten finden sich in diesem Buch.

Es ist schwierig, in einem Buch über die Mythologie der australischen Aborigines die Gefahr zu vermeiden, einige Gruppen insofern in ihren Gefühlen zu verletzen, als unter Umständen unabsichtlich geheimes, heiliges Material verwendet wurde. Es wird hier um Entschuldigung gebeten, falls irgendwelche Dinge enthüllt wurden, die nicht hätten offenbart werden sollen. Man sollte Vorsicht walten lassen, zu diesem Buch in Anwesenheit von Aborigines zu greifen, und es ist ratsam, einen ihrer Ältesten um sein Urteil zu bitten. Außerdem besteht bei manchen Aboriginal-Gemeinschaften ein Verbot, den Namen einer Person nach deren Tod zu erwähnen. Dieses Verbot ist von unterschiedlicher Gültigkeitsdauer, und ich habe versucht, verstorbene Personen nur dann beim Namen zu nennen, wenn diese Trauerzeit verstrichen war. Es bereitet einige Schwierigkeiten, dieses Gebot einzuhalten, da es kein universeller Brauch ist und ein paar unserer Ältesten und Verwandten verstarben, während ich am Manuskript arbeitete. Dieser Band ist ihnen zugeeignet. Ich habe an trockenen, staubigen Plätzen und in Lichtungen in den Regenwäldern am Lagerfeuer gesessen und unseren Geschichtenerzählern gelauscht. Es ist ebensosehr ihr Buch wie das meine. Ich vertraue darauf, mein gegebenes Versprechen gehalten zu haben, ihre Geschichten so wiederzugeben, daß ein jeder ein wenig in die Lage versetzt wird, unsere Kultur und Lebensweise zu verstehen. Mit ein paar Worten von Bill Neidjie, den ich vor einigen Jahren in seinem Gebiet, das jetzt Kakadu-Nationalpark heißt, kennenlernte, nähere ich mich dem Ende dieser Einleitung:

> Du lauschst meiner Geschichte, und du spürst es,
> denn im Geiste wird es bei dir sein.
> Auch wenn du es nicht siehst,
> so ist es doch bei dir und auch bei mir.
> Drum hör der Geschichte nun aufmerksam zu.

Bitte beachten Sie, daß die Schreibweise von Aboriginal-Wörtern ganz beträchtlich voneinander abweicht. Ich habe versucht, die Varianten wiederzugeben, die mir bekannt sind. In bezug auf die Menschen, die von mir namentlich genannt worden sind, wird in der Kultur der Aborigines gewöhnlich der Vorname gebraucht, und ich habe mich in meinem Buch an diese Sitte gehalten, indem ich auf den normalerweise nachgestellten Sippennamen verzichtete.

A

Aboriginal und **Aborigine.** Mit den Wörtern »Aboriginal« als Adjektiv und »Aborgine« als Substantiv bezeichnen die weißen Australier die australischen Ureinwohner. Diese verwenden die beiden Begriffe nur selten, da sie ihre eigenen Bezeichnungen vorziehen. Und die bedeuten häufig einfach »Menschen« oder »Leute«, so wie → *Koori* (südöstliches Australien), → *Nyungar* (südwestliches Australien), → *Nanga* (Südaustralien), Wonghi (→ *Westliche Wüste),* Yolngu (→ *Arnhem-Land),* Murri (südliches Queensland), und → *Yamadji* (Pilbara-Region in Westaustralien). Weil in Australien landesweit eine einheitliche Bezeichnung fehlt, bleiben Aboriginal und Aborigine in Gebrauch, bis ein solches Wort gefunden ist und allgemein akzeptiert wird.

Adler (im östlichen Australien als → *Würgadler* [Eaglehawk] bekannt) und → *Krähe* sind wichtige Moiety-Vögel. Sie dienten als Symbole, um das Volk der → *Adnyamathanha* in zwei Gruppen oder Moieties zu unterteilen, die sich dann noch einmal aufgliederten, wobei die Namen verschiedener Vierbeiner und Vögel den Gemeinschaften oder Sippen zu ihrer Bezeichnung verhalfen.
Die → *Ältesten* der Krähen-Adnyamathanha kennen einen Mythos, der die gegenläufigen Tendenzen und Rivalitäten zwischen den beiden Gruppen aufzeigt. Es lebte in der → *Traumzeit* ein Adler mit Namen Wildu, der zwei Krähen-Neffen hatte, die beide Wakarla hießen. Gleich einem → *Allvater* schrieb er ihnen ständig vor, was sie zu tun hatten. Er sagte ihnen, welche Nahrung sie zu sich nehmen sollten und welche Nahrung für die Ältesten bestimmt war. Was jedoch noch schlimmer war: Seine beiden Frauen Mudu und Ngalyuka, Habichtsadler und Graubartfalke, lebten auf unerlaubte Weise mit ihm zusammen. Sie

gehörten nämlich seiner Moiety an, und das verstieß gegen das Gesetz. Beide Wakarla jedoch entstammten der entgegengesetzten Moiety und standen folglich in der richtigen Beziehung zu ihnen, doch als »Grünschnäbel« vermochten sie vorläufig gegen ihren Onkel wenig auszurichten.

Doch mit der Zeit reifte in ihnen ein Plan, um ihn loszuwerden. Sie begaben sich zu einem Ort, der Ulkananha genannt wurde, und richteten eine Nestattrappe der Stöckchenratte her. Sie nahmen einige Beinknochen eines Kängurus und spitzten sie an einem Ende zu. Mit den Spitzen nach oben steckten sie diese ins Nest und gingen danach zu ihrem Onkel und erzählten ihm, sie hätten ein Rattennest gefunden. Wildu begleitete sie zur angegebenen Stelle und wollte mit seiner Keule auf das Nest einschlagen, doch seine Neffen überredeten ihn, lieber mit beiden Füßen hineinzuspringen. Das tat er, und die spitzen Knochen durchstachen seine Füße und spalteten sie dabei so auf, wie sie noch heute sind.

Die Wakarla-Neffen nahmen Wildus Frauen und riefen alle Vögel und Vierbeiner zu einer großen Zeremonie am → *Boro-Ring* von Ipaathanha zusammen. Wildu vermochte sich aus dem Nest zu befreien und flog zu einem Hügel. Alle Tiere verhöhnten ihn. Er beschloß, sich davonzumachen und zog gen Norden nach Yurdlawarta (Mount Flint), wo er starb. Seine Federn können dort als Feuersteinblöcke besichtigt werden.

Inzwischen hatten seine Frauen die Zeremonie verlassen, um ihn zu suchen. Sie fanden eine seiner Federn, dann ein Stück Federdaunen. Schließlich entdeckten sie ihn. Er lag tot da, das Gefieder überall verstreut. Seine Frauen lasen die Federn auf und steckten sie in den Körper zurück. Sie versuchten ihn wiederzubeleben, indem sie ihn hochzogen und ihn dabei anbliesen. Darauf begann Wildu sich zu bewegen und kehrte von den Toten zurück. Er flog hinauf in die Lüfte und sagte dabei, er werde alle alten Frauen und Kinder fressen. Seine Frauen schimpften ihn deswegen aus, aber er schenkte ihnen keine Beachtung. Wie zuvor landete er auf dem Hügel und schaute den Tänzern unten zu. Schließlich erblickte er einen Steinhaufen, der den Eingang zu einer Höhle verdeckte. Er befahl seinen Frauen, einen Gang von der Ostseite bis in die Höhle zu graben, so daß sie all die Vögel und Vierbeiner in die Höhle führen konnten, während er sich daranmachte, einen fürchterlichen Gewittersturm zu entfachen, um seine Neffen zu strafen. Den Frauen gebot er, im vorderen Teil der Höhle zu schlafen.

In jener Nacht beschwor er den Sturm herauf, und sämtliche Vierbeiner und Vögel flüchteten sich in den Schutz der Höhle. Wildus Frauen schliefen am Eingang, so wie er ihnen gesagt hatte. Dann entfachte er ein gewaltiges → *Feuer*. Die Vierbeiner konnten entkommen, doch die Vögel saßen zunächst in der Höhle in der Falle. Die ersten Vögel, die den Weg herausfanden, waren Kakadus. Sie wichen geschickt den Flammen und dem Rauch aus und behielten daher ihre weiße Farbe. Die Elstern und die → *Willy Wagtails* stellten sich nicht so geschickt an und wurden stark angesengt. Aus diesem Grund tragen sie soviel *Schwarz* an ihrem Körper. Die Krähen, die zuvor weiß gewesen waren, wurden völlig verkohlt und sind deshalb jetzt schwarz.

Danach flog der Adler fort, wobei er ihnen sagte, sie könnten das Land haben. Er blieb auch dabei, alle alten Frauen und Kinder fressen zu wollen. Daher traut bis zum heutigen Tage niemand dem Adler, und Krähen fliegen um ihn herum, um dafür zu sorgen, daß er nur zum Fressen tötet.

Siehe auch *Moiety-Ahnen*.

Adno-Artina, die Geckoeidechse → *Parachilna; Roter Ocker.*

Adnyamathanha. Diese Gemeinschaft ist der eigentliche Eigentümer der → *Flinders Range* in Südaustralien. Obwohl viel von ihrer traditionellen Kultur verlorengegangen ist oder sich infolge des wachsenden europäischen Einflusses drastisch verändert hat, wurde 1984 mit der Nepabunna Aboriginal School als Mittelpunkt ein Programm zur Wiederbelebung der Stammestraditionen begonnen. Die Adnyamathanha-Sprache (Yuru Ngawarla) und -Kultur werden gelehrt, und 1986 trafen sich junge Adnyamathanha in der kulturellen Bewahrungsstätte der → *Aborigines* Pichi Richi in Alice Springs in Zentralaustralien, um mehr über ihre → *Traumzeittotems* und die damit verbundenen Geschichten zu erfahren.

Die Adnyamathanha werden durch den Iga, den einheimischen Orangenbaum (Capparis mitchellii), symbolisiert. Die → *Ältesten* erzählen, daß der Igabaum in der → *Traumzeit* ein Mann war, der aus Yaramangga in Queensland stammte. Auf seinen Reisen gewann er die Liebe einer Frau und focht Kämpfe mit den Mulgabäumen aus. Schließlich ließ sich das Paar in der *Flinders Range* nieder und begründete das Volk der Adnyamathanha.

Ahnenwesen sind diejenigen Wesen der → *Traumzeit,* welche die Welt geformt und sich letztlich in menschliche Wesen, in die Fauna und Flora verwandelt haben, wie wir sie heute vorfinden. Sie sind die Urformen des Daseins, und durch Träume und Zeremonien ist es möglich, mit ihnen in Verbindung zu treten. Als das Große Ahnenwesen der → *Nyungar* wird der → *Wagyal* angesehen, die ursprüngliche Schlangengottheit, die alles geformt hat und noch immer unter uns weilt.

Siehe auch *Allmütter; Allväter; Bandicoot-Ahne; Djanggawul und seine beiden Schwestern; Frauen-Ahnenwesen; Hunde; Schöpfungsmythen; Traumzeit; Walkabout; Warlpiri-Schöpfungsmythos.*

Akngwelye → *Arrernte-Landschaft von Alice Springs.*

Akurra-Schlange. Diese Schlangengottheit der → *Adnyamathanha* ist Teil der umfassenden Schlangenmythologie, die ganz Australien einschließt. Manchmal als *Regenbogenschlange* bezeichnet, ähnelt die Akurra-Schlange dem Schöpfungsahnen der → *Nyungar,* → *Wagyal.* Die → *Ältesten* der Adnyamathanha schildern sie als riesige Wasserschlange mit Bart, Mähne, Schuppen und spitzen Fängen. Die ebenfalls gewaltige Wasserschlange Wagyal ist von schwarzer Farbe (→ *Schwarz)* und hat einen behaarten Hals. In der *Flinders Range* wie überhaupt in Südwestaustralien sind die Zeichen Akurras überall zu finden. Gleich anderen Schlangen wird Akurra mit der Kraft der → *Schamanen* assoziiert. Nur diese dürfen sich ihr ungestraft nähern.

Wie in vielen anderen Kulturen auch, werden Schlangen mit Wasser und Regen in Verbindung gebracht. Dies kommt in der folgenden Adnyamathanha-Geschichte zum Ausdruck:

Einst litten die Menschen an einem durch eine lang anhaltende Dürre verursachten Nahrungsmangel. Sie zogen zu einer Höhle, in der Akurra wohnte, und die Schamanen holten die Schlange aus der Höhle. Sie nahmen ihr Nierenfett zum Regenmachen, indem sie es über ein Feuer hielten, es erhitzten und das geschmolzene Fett ins Feuer tropfen ließen. Ein starker Wind erhob sich, als der Geruch des verbrennenden Fetts in den Himmel stieg. Dunkle Wolken brauten sich zusammen und barsten. Der Regen ging in starken Schauern nieder. Die Wasserläufe traten über die Ufer, und überall sproß Pflanzennahrung.

Siehe auch *Regenmachen*.

Albert, Stephen → *Baamba*.

Aldebaran. Der Doppelstern im Sternbild Stier symbolisierte für die → *Koori* in Victoria den Rosakakadu Gallerlek. Dieser jagte in ihrem Mythos die weiblichen → *Plejaden*, wenn sie auf der Erde weilten, und verfolgte sie bis zum Himmel. Versionen dieses Mythos finden sich überall in Australien, wobei der Verfolger und die Frauen mit anderen Wesen gleichgesetzt werden.

Alice Springs → *Adnyamathana; Arrernte; Arrernte-Landschaft von Alice Springs; Hermannsburg-Mission; Molonga-Zeremonien*.

Alinda, der Mond → *Tod*.

Allmütter ähneln den Allvatergottheiten und sind oftmals deren Frauen oder eine von ihnen. Die wichtigste Allmutter ist Birrahgnooloo, die Hauptfrau von → *Biame*. Eine weitere bedeutende Allmutter, → *Gunabibi* (oder Kunapipi), wird in weiten Teilen Nordaustraliens verehrt (→ *Gunabibi-Zeremonien);* eine andere ist → *Warramurrungundji*. Die Große Schlange bzw. → *Regenbo-*

genschlange wird oftmals als die Mutter aller Dinge angesehen, obgleich sie ein Zwitterwesen sein dürfte.
Siehe auch *Allväter; Mudungkala; Schöpfungsmythen.*

Allväter oder Große Vatergottheiten bilden bei einer Anzahl von → *Aboriginal*-Gemeinschaften die Grundlage der Mythologie und lassen sich möglicherweise auf den christlichen Einfluß zurückführen. Sie sind Urgottheiten, von denen erzählt wird, sie hätten vor den Ahnen existiert, obwohl häufig die → *Regenbogenschlange* als die Allvater- (oder auch Allmutter-)Gottheit in dem Sinne angesehen werden kann, daß alle Dinge von ihm bzw. ihr abstammen.

Allvatergottheiten haben eine Anzahl von Merkmalen gemeinsam, zum Beispiel hat jede von ihnen Söhne auf die → *Erde* gesandt, um das Leben der Menschheit zu gestalten, um für sie zu sorgen und um Übeltäter zu strafen. Einige dieser Allvatergottheiten sind: → *Biame,* überall im südöstlichen Australien bekannt, und sein Sohn Daramulun (oder Gayandi); Nooralie im Gebiet des → *Murray River* und sein Sohn Gnawdenoorte; Mungan Ngour bei der → *Gemeinschaft* der Kurnai und sein Sohn Tundun.
Siehe auch *Allmütter; Schöpfungsmythen.*

Altair → *Atair.*

Älteste. Die → *Aborigines* wurden in früheren Zeiten bei ihren Alltagsverrichtungen und spirituellen Pflichten überwiegend von älteren Männern und Frauen angeleitet. Heute stehen in den meisten Gemeinschaften die Ältesten als Bewahrer des Wissens in hohem Ansehen.

Altjeringa → *Traumzeit.*

Ameisenigel. Das auch als Echidna oder Schnabeligel bezeichnete Säugetier wird in der Mythologie vieler Stämme mit Wasser assoziiert; daher bringt man es auch manchmal mit der Süßwasserschildkröte in Verbindung.

So herrschte einer Geschichte zufolge einmal ein großer Wassermangel, und der Dursttod raffte nahezu alle Tiere außer dem Ameisenigel dahin. Folglich wurde er verdächtigt, über einen geheimen Wasservorrat zu verfügen. Bimba-Towera, der Fink, erhielt den Auftrag, den Ameisenigel zu beobachten, aber diesem blieb das nicht verborgen. Er sagte nichts, sondern wühlte sich mit seinen starken Krallen in die → *Erde*. Der Fink steckte den Kopf in den gegrabenen Gang, doch die Decke stürzte ein, und erschrocken zog er sich zurück.

Nach diesem Fehlschlag bot Tiddalick, der Riesenfrosch, der ebenfalls eng mit Wasser assoziiert wird, seine Hilfe an. Einst hatte er in der → *Traumzeit* das gesamte Wasser verschluckt und war gezwungen worden, es wieder auszuspeien. Er ging viel gerissener vor als der Fink und sah schließlich, wie der Ameisenigel einen flachen Stein aufsuchte. Als dieser ihn anhob, schnellte Tiddalick aus seinem Versteck hervor und tauchte in die darunterliegende Vertiefung. Sie war mit Wasser gefüllt. Er stieß ein lautes Quaken aus, und die anderen Tiere eilten herbei. Sie warfen den Ameisenigel in einen Dornbusch, dann stillten sie ihren Durst.

Seit diesem Ereignis muß der Ameisenigel Dornen im Rücken tragen.

Siehe auch *Frosch; Große Corroborees*.

Antares. Der hellste Stern im Sternbild Skorpion stellte für die Wotjobaluk (→ *Koori*) in Victoria Djuit dar, den Sohn von Marpean-Kurrk (→ *Arkturus),* und die Sterne zu beiden Seiten waren seine Frauen.

Für die Kulin-Koori war Antares → *Balayang*, der Bruder → *Bunjils*.

Siehe auch *Traumzeittotem*.

Aragwal → *Bundjalung-Nation*.

Aranda → *Arrernte*.

Arkturus, der hellste Stern im Sternbild → *Bootes,* war für die → *Koori* Marpean-Kurrk, die Mutter von Djuit (→ *Antares)* und Weet-Kurrk (ein Stern im Boot). Marpean-Kurrk war jene Ahnfrau, der die Koori die Larven der Waldameise als Nahrung zu verdanken haben. Während der Monate August und September, der Larvensaison, ließ sie sich am Himmel nicht blicken. Wenn Arkturus abends im Norden stand, begann die Larvensaison. Ging der Stern mit der → *Sonne* (im Westen) unter, war die Larvenzeit zu Ende, und der Sommer hatte begonnen.

Arnhem-Land im äußersten Norden Australiens ist die Heimat der Yolngu. Ein Großteil dieses Gebiets war einst offizielles Reservat für →*Aborigines,* und da es von den Haupteinflußgebieten der weißen Australier weit entfernt liegt, vermochte die Aboriginal-Kultur dort ihre engen Bindungen an die Tradition zu bewahren. Seit dem Gesetz über Landrechte im Northern Territory von 1976 ist ein beträchtlicher Teil des Reservats der Kontrolle durch die *Aborigines* unterstellt worden.

Siehe auch *Barama- und Laindjung-Mythen; Bralgu; Djambidji-Liederzyklus vom Arnhem-Land; Djanggawul-Mythologie und -Zeremonien; Djanggawul und seine beiden Schwestern; Donnermann; Duwa-Moiety; Erdplastiken; Feuer; Gelber Ocker; Große Mutter; Gunabibi; Hohlstammsärge; Honig; Luma Luma der Riese; Marwai; Mimi-Geister; Morgenstern-Liederzyklus vom Arnhem-Land; Nara; Nordöstliches Arnhem-Land; Rindenmalerei; Rom-Zeremonie vom Arnhem-Land; Roter Ocker; Schwarz; Tod; Wanggar; Yiritja; Yothu Yindi; Yuendumu.*

Arrernte. Diese auch Aranda oder Arunta genannten → *Aborigines* bilden eine große → *Gemeinschaft,* in der eine Anzahl von Dialekten gesprochen wird und deren Land sich in Zentralaustralien um Alice Springs konzentriert. Die westlichen Arrernte-Gruppen wurden in der Mission → *Hermannsburg* zusammengeführt, die 1877 von Deutschen gegründet worden war. Obwohl sie weiterhin den Gebrauch der Arrernte-Sprache förderten, wandten sie sich gegen die Spiritualität der Arrernte und verbannten 1928 alle heiligen Gegenstände (→ *Tjuringa*) aus dem wichtigsten Kultplatz, der zwei Kilometer nördlich der Missionsstation gelegenen Manangananga-Höhle. An dieser heiligen Stätte, zu der bis dahin nur voll initiierten Männern der Zutritt gestattet war, hielten sie eine christliche Zeremonie ab. Damit nahm der Niedergang der Spiritualität der Arrernte seinen Anfang. Tjuringa wurden an Touristen und heilige Gesänge an Anthropologen für jeweils einen Schilling verkauft. Mitte der fünfziger Jahre jedoch entstand eine Bewegung zur Neubelebung der Stammestraditionen, die zu einer abermaligen Weihung der Manangananga-Höhle führte. Die → *Ältesten* der Arrernte sahen die verheerende Skorbutepidemie, die 1929 die Missionsstation heimsuchte, als eine Folge des ein Jahr zuvor begangenen Sakrilegs an. In den siebziger Jahren fand der Verkauf von Tjuringa und Gesängen sein Ende.

Siehe auch *Arrernte-Landschaft von Alice Springs.*

Arrernte-Landschaft von Alice Springs. Das in Zentralaustralien im Land der Mparntwe-Gruppe der → *Arrernte* gelegene Alice Springs stellt ein Beispiel dafür dar, wie traditionelle Gebiete der → *Aborigines* von den Einflüssen westlicher Zivilisation in Mitleidenschaft gezogen worden sind.

Alice Springs wurde in einem flachen Areal gegründet, das von steil abfallenden Felsformationen umgeben ist. Zwei davon sind der Anzac Hill und der Annie Meyer Hill. Von der Spitze des Anzac Hill aus gesehen verläuft in Richtung Süden der Todd River durch das Stadtgebiet bis nach Ntaripe (Heavitree Gap), während in östlicher Richtung die Heavitree Range durch einen Einschnitt gebildet wird, der den Namen Anthwerrke (Emily Gap) trägt. Es ist dies jene heilige Stätte (→ *Djang),* der die Raupen-Ahnen der Mparntwe entstammen. Sie waren es, welche die Gegend rings um Alice Springs formten. Es handelte sich um drei Arten von Raupen, Yepereny, Ntyarika und Utnerrengatyre, die bis heute überlebt haben, obwohl die Vermehrungszeremonien zur Aufrechterhaltung ihres Bestandes aufgegeben worden sind, weil sich das Stadtgebiet über die Djang-Stätten ausdehnte. Die Raupen-Ahnen kamen von Anthwerrke her und schufen den kleinen Hügelzug Ntyarlkarle Tyaneme hinter dem Desert Palms Motel. Unglücklicherweise wurde diese heilige Hügelkette von den städtischen Behörden entweiht, woraufhin der Barrett Drive von den Mparntwe-Arrernte in »Straße des gebrochenen Versprechens« umbenannt wurde, um die Stadtverwaltung daran zu erinnern, was geschehen kann, wenn Geweihtes dem Fortschritt weichen muß.

Ntaripe umfaßt auch andere heilige Stätten, einschließlich einer, die dem Hunde-Ahnen gewidmet ist, der hier Akngwelye genannt wird und der das heutige Aussehen der Mount Gillen Range weitgehend gestaltete. Hier war der Hund in eine heftige Auseinandersetzung verwickelt, bevor er sich bei Akeyulerre (Billy Goat Hill) in einen in den Boden eingebetteten Felsblock verwandelte. Dieser Gesteinsbrocken markiert jetzt den Eingang eines Schnellimbisses.

Innerhalb der Olive Pink Flora Reserve, in Richtung des südöstlichen Hügelausläufers nahe beim Lhere Mparntwe (Todd River), weist ein Schild auf die Lage verschiedener heiliger Stätten der Arrernte hin. Die Arrernte sind bestrebt, sie vor den Interessen jener zu schützen, die das Gebiet für den Tourismus erschließen wollen. Unter dem Titel *Damaging Our Dreaming Land* hat der eigentliche Landeigentümer, Thomas Stevens, ein Buch über die Auswirkungen der europäischen Kolonisierung auf sein Land geschrieben, das vom Yipirinya School Literacy Production Centre in Zentralaustralien herausgegeben wurde.

Siehe auch *Arrernte*.

Arta-Wararlpanha (Mount Serle) in den *Flinders Ranges* ist eine heilige Stätte der → *Adnyamathanha*. In einem Mythos heißt es, sie sei in der → *Traumzeit* von zwei Schlangen geschaffen worden, deren Köpfe zu zwei Felsvorsprüngen erstarrten. Arta-Wararlpanha war eines der letzten Gebiete, in dem sich die Adnyamathanha gegen die vordringenden Europäer zu behaupten vermochten, und die Zeremonienmeister, die um die Jahrhundertwende den Widerstand anführten, sind hier beigesetzt.

Arunta-Leute → *Arrernte*.

Assimilationspolitik. Hierunter sind Maßnahmen zu verstehen, mit denen die Regierung in den dreißiger Jahren dieses Jahrhunderts die → *Aborigines* zwangsweise in das von den Weißen dominierte australische Gesellschaftssystem einzugliedern versuchte. So wurden beispielsweise Kinder ihren Eltern weggenommen und in fremden Anstalten untergebracht.
Diese Vorgehensweise entfremdete viele → *Aborigines* der eigenen Kultur und den Traditionen, und sie wurde erst 1967 offiziell aufgegeben. Erst jetzt konnten sich Menschen, die der sogenannten »gestohlenen Generation« angehören, wieder ohne Einmischung von offizieller Seite ihrem Erbe verbunden fühlen.
Siehe auch *Namatjira, Albert; Papunya.*

Atair. Für die → *Koori* von Victoria stellte Atair, ein Stern im Sternbild Adler, den Würgadler → *Bunjil* dar, einen → *Moiety-Ahnen*, der sich vermutlich unter dem Einfluß des Christentums zu einer Allvatergottheit entwickelt hat. Die Sterne zu seinen beiden Seiten waren seine beiden Frauen, die Schwarzen Schwäne.
Im Gebiet des → *Murray River* galt Atair als Totyergil, der Sohn von Neil-Loan (dem Sternbild Leier), während die beiderseitigen Sterne als seine beiden Frauen angesehen wurden. Er kam ums Leben, als seine Schwiegermutter ihn in ein Wasserloch stürzen ließ. Sein Körper wurde von Collenbitjik (Doppelstern im Steinbock), dem Bruder seiner Mutter, geborgen.

Aurora Australis → *Südlicht.*

Ausgestorbene Riesenbeutler. Man fand in Australien zahlreiche fossile Reste von Riesenbeuteltieren, und viele Gruppen von → *Aborigines* kennen Geschichten über die Zeit dieser Tiere. Die → *Ältesten* der Adnyamathanha berichten beispielsweise über die Yamuti, gewaltige, säugerähnliche Kreaturen, die entweder Riesenkänguruhs oder -wombats glichen und einst ihr Land durchstreiften. Es könnte sich hierbei um das ausgestorbene Diprotodon gehandelt haben.

Auch bei anderen Gemeinschaften kursieren Erzählungen von Riesenkänguruhs und anderen übergroßen Tieren. Im südlichen Queensland zum Beispiel ist von einem Riesenmann die Rede, der als Yowie bezeichnet wurde. Ihm wird nachgesagt, er sei stark behaart und halte sich überwiegend im dichten Regenwald auf. Bei verschiedenen Gelegenheiten sei er gesichtet worden, wohingegen es bei den Adnyamathanha heißt, daß lediglich → *Schamanen* den Yamuti hätten sehen können; jedoch sei diese Fähigkeit heute verlorengegangen.

Die → *Diyari* glaubten, die starken Knochenfossilien der ausgestorbenen Riesenbeutler seien die Überreste eines Riesentieres namens Kadimakara, das einst die → *Himmelswelt* durchstreifte, auf die darunterliegende Welt hinabstarrte, von den ausgedehnten Wasserflächen dort unwiderstehlich angezogen wurde und auf die → *Erde* hinabstürzte.

Auster und Hai. Der Mythos von der Auster und dem Hai ist von einem → *Ältesten* der → *Wik Munggan* überliefert worden. Einst in der → *Traumzeit* saßen die Austernbrüder am Strand, als sie sahen, wie der Hai dem Stachelrochen hinterherschwamm. Sie riefen ihn an, doch er reagierte nicht darauf. Schließlich kehrte er mit einem Stachelrochen zurück, woraufhin die Brüder ihm seine Beute stahlen. Ein Kampf entbrannte, in dessen Verlauf sich aus den Wunden, die sich die Kontrahenten zufügten, die Formen der Austern und Haie herausbildeten. So rührt beispielsweise die Rückenflosse des Hais von einem in seinem Rücken steckengebliebenen *Bumerang* her. Die Austern sind flach, weil sie von der Speerschleuder des Hais getroffen wurden.

Australische Eingeborenenmythologie. Die Mythologie der australischen Ureinwohner dient vielen Zwecken und wurzelt tief im Land und seinen Menschen. Die Mythologie wird vermittels verschlüsselter Geschichten weitergereicht, und sollten diese ihren Bezug zu Land und Leuten verlieren, so werden sie verändert, um anderen Anliegen Genüge zu leisten.

Die Mythologie der Ureinwohner gibt die Historie wichtiger Orte wieder. Die Geschichten handeln von der Entstehung der

Naturerscheinungen: Sie erzählen, wie sich natürliche Landschaftsmerkmale herausbildeten, wie die Arten erschaffen wurden, wie Sterne, Berge, Felsformationen, → *Wasserlöcher* und Mineralien entstanden. Die Mythologie begründet die Dinge so, wie sie sind. Die mythologischen Geschichten stellen auch Karten dar – denn durch Geschichten, Gesang und heilige Gegenstände (→ *Tjuringa*) wird das von einer Menschengruppe oder → *Gemeinschaft* bewohnte Land in Form einer Karte reflektiert, deren Umrisse und Grenzen sich dem Gedächtnis einprägen. Des weiteren dient die Mythologie der Vermittlung geographischen Wissens von Generation zu Generation; daher befindet sich überall dort, wo das Känguruh zum ersten Male hüpfte, Kalkstein; der Goanna oder Großwaran wird mit dem Vorhandensein von Sand in Verbindung gebracht, der Eisvogel mit Kohle, die Taube mit Gold und die Spitzschopftaube mit Wetzsteinen. Es gilt auch hervorzuheben, daß oftmals, wenn von Tieren die Rede ist, auch auf das → *Traumzeittotem* Bezug genommen wird, aus dem sie hervorgegangen sind und das sie noch immer symbolisieren. Es sind solche Traumzeittotems, von denen alle Gesetze und die Sozialstruktur bestimmter Gemeinschaften abstammen. Geht diese Verbindung allerdings verloren, so werden aus den Geschichten nur noch Erzählungen: »Wie der Ameisenigel zu seinen Stacheln kam« und dergleichen. Die sich hinter den Geschichten verbergende Mythologie ist jedoch wesentlich bedeutungsvoller.

Geschichten bezeichnen die Grenzen von Stammesgebieten, und wenn die Geschichte oder der Gesang ihren Abschluß findet, dann ist die Grenze erreicht. Das heißt nicht, daß die Reisen der Traumzeittotems endeten, sondern daß eine andere Gemeinschaft die Obhut über den nächstfolgenden Abschnitt der Reise übernimmt und damit das Besitzrecht über ein bestimmtes Gebiet.

Geschichten enthalten auch Anleitungen für besondere Rituale: für das → *Regenmachen*, das Erretten kranker Kinder vor dem → *Tod*, die Bräuche von Witwenschaft, Initiation und anderes mehr. Ohne die mythologische Sanktionierung einer Geschichte, eines Geschichtenkomplexes oder von → *Traumzeitpfa-*

den haben Bräuche und Gesetze keine Legalität. Wo die traditionelle Kultur der → *Aborigines* aufrechterhalten wird und der Gemeinschaft die Geschichten bekannt sind, stellen sich Richtlinien des Zusammenlebens dar. Sie konzentrieren sich auf verwandtschaftliche Beziehungen innerhalb der Gemeinschaft, auf moralische Werte und ihre Bewahrung für den sozialen Zusammenhalt: Was in der → *Traumzeit* von den Ahnen getan wurde, zählt auch heute zum Aufgabenbereich. Die Mythologie enthält auch Warnungen an diejenigen, die gegen die Regeln verstoßen, ermutigt in Zeiten des Mißgeschicks und ist ein zentrales Identitätselement der Gemeinschaft. Jede Gemeinschaft verfügt über ihr eigenes komplexes Netz von Geschichten, und dieses dient der Aufrechterhaltung des Sozialgefüges und der Identität. Reichen solche Geschichten und Gesänge über die einzelne Gemeinschaft hinaus wie etwa die großen Mythenzyklen von den Sieben Schwestern, den → *Zwei Brüdern* und den Melatji-Hunden (→ *Hunde),* dann vereinen sie all jene Gemeinschaften, die über die gleichen Traumzeittotems oder Kulturbringer verfügen. Diese zwischengemeinschaftliche oder zwischen verschiedenen Stämmen vorhandene Identifizierung wird bei wichtigen Zeremonien besonders betont, wie bei den Regenzeremonien, an denen viele unterschiedliche Gemeinschaften teilnehmen.

Australiten sind kleine Steine, die einst von der → *Himmelswelt* herabfielen und daher magische, heilende Eigenschaften aufweisen, deren sich → *Schamanen* bedienen, um von körperlichen Leiden zu befreien, zum Beispiel von Zahnschmerzen. Es wird gesagt, daß sie dorthin zurückkehren, wo sie gefunden wurden, wenn sie in fließendes Wasser geworfen werden.

Auwa, die Bezeichnung der→ *Wik Munggan* für→ *Djang* oder→ *heilige Stätte*.

Aversionsgebiete → *Tabu-Gebiete*.

Awabakal. Dieser Gemeinschaft gehörte das Gebiet um die Stadt Newcastle in New South Wales. Wie so häufig entlang der

Ostküste blieb auch ihre Kultur nicht von den Einflüssen westlicher Zivilisation verschont, wobei sich viele der alten Traditionen verändert haben, um der Lebensweise Rechnung zu tragen, die mit den Weißen einzog, obgleich Ansätze zur Reanimation der überlieferten Stammesbräuche das brachliegende Kulturgut teilweise reaktivierten.

Ayers Rock → *Uluru.*

B

Baamba (englisch: Stephen Albert) ist der Name eines Geschichtenerzählers und Sängers aus der Gegend vom Broome in Western Australia. Er wirkte auch in → *Bran Nue Dae* mit, einem Musical der → *Aborigines,* das in ganz Australien vor ausverkauften Häusern inszeniert wurde.

Badurra → *Erdplastiken.*

Baiame → *Biame.*

Balayang. Die Mythologie der Fledermaus Balayang existiert nur in Bruchstücken. Vieles ist verlorengegangen. Für die Kulin in Victoria war der Fledermausmann Balayang ein Bruder von → *Bunjil,* dem Würgadler, der jedoch in einer anderen Gegend lebte. Einst bat Bunjil seinen Bruder, ihn zu besuchen, weil es in seiner Heimat viel besser sei. Doch Balayang antwortete, es sei zu trocken, und Bunjil soll zu ihm kommen. Das ärgerte Bunjil, also schickte er seine beiden Helfer Djurt-Djurt, den Graubartfalken, und Thara, den Wachtelhabicht, zu Balayang. Sie legten → *Feuer* an das Land, und Balayang und seine Kinder wurden versengt und färbten sich → *schwarz.*
Wegen seines neuen Aussehens wurde Balayang mit der → *Krähe* assoziiert und gehörte daher zu der in Opposition zum Würgadler stehenden Moiety. Das steht im Einklang mit einer weiteren Geschichte über Balayang, die ihm das Erschaffen oder Auffinden von Frauen – und damit Ehepartnern – für die Würgadler-Moiety zuschreibt. Eines Tages vergnügte sich Balayang damit, auf die Wasseroberfläche zu schlagen, und er fuhr damit fort, bis sich das Wasser zu Schlamm verdickte. Etwas rührte sich, also nahm er einen Ast und stocherte im Morast. Bald darauf sah er

vier Hände, zwei Köpfe, dann zwei Körper. Es waren zwei Frauen. Die eine nannte er Kunnawarra, Schwarzer Schwan, und die andere Kururuk, Einheimischer Begleitervogel, das ist der Brolga-Kranich. Er nahm sie mit zu Bunjil, der sie den Männern, die von ihm erschaffen worden waren, zu Frauen gab. Für die Kulin war → *Antares* das Sinnbild für Balayang.
  Siehe auch *Würgadler und Krähe*.

Balin, der Barramundi → *Milchstraße*.

Balin-Ga, der Ameisenigel → *Große Corroborees*.

Balugaan → *Hunde; Tooloom-Wasserfälle*.

Balur → *Great Barrier-Reef*.

Banbai → *Bundjalung-Nation*.

Bandicoot-Ahne. Den Mythos vom Bandicoot- bzw. Nasenbeutlerahnen erzählt man sich bei den → *Arrernte*. In der → *Traumzeit* herrschte allerorts Dunkelheit, und Karora, der Bandicoot-Ahne, lag schlafend in der Erde. Dann entsprang ihm ein hoher Pfahl, der Tnatantja genannt wurde. Dessen Fuß ruhte auf seinem Kopf, und die Spitze erstreckte sich hinauf in den Himmel. Er war ein lebendiges Geschöpf, das mit einer glatten Haut überzogen war.
Karora begann zu überlegen, und aus seinen Achselhöhlen und seinem Nabel brachen Bandicoots hervor, die sich gerade zu dem Zeitpunkt aus der Erde ausgruben, als die erste → *Sonne* Licht über den Himmel verbreitete. Karora folgte ihnen. Er packte zwei junge Bandicoots, briet und verspeiste sie. Zufrieden legte er sich zum Schlafen nieder, und während er schlief, kam unter seiner Achselhöhle ein → *Schwirrholz* hervor. Es nahm menschliche Gestalt an und entwickelte sich zu einem jungen Mann. Karora erwachte, und sein Sohn tanzte um seinen Vater herum. Das war die allererste Zeremonie. Der Sohn jagte Bandicoots, die sein Vater und er aßen. Karora schlief und schuf zunächst

während des Schlafs weitere zwei, dann aber noch viele weitere Söhne. In ihrer Gier verspeisten sie sämtliche Bandicoots, die ursprünglich ihrem Vater entsprungen waren. Sie jagten weit und breit, konnten aber keine Beute finden. Auf dem Rückweg hörten sie das Geräusch eines Schwirrholzes. Sie suchten nach dem Mann, der es schwirren ließ. Plötzlich schoß etwas vor ihren Füßen empor, und sie riefen: »Da läuft ein Sanddünen-Wallaby!« Sie schleuderten ihre → *Tjuringa*-Hölzer nach dem Wallaby und brachen ihm das Bein. Das Sanddünen-Wallaby schrie, daß es nun lahm sei, dabei sei es doch ein Mensch wie sie und kein Bandicoot. Dann humpelte es davon.

Die Jäger setzten ihren Weg fort und sahen, wie sich ihr Vater näherte. Er führte sie zurück zum Wasserloch. Als sie am Rande des Tümpels saßen, brach von Osten aus den Knospen der Honigbanksia eine große Honigflut hervor und verschlang sie. Der Vater blieb am Wasserloch, doch seine Söhne wurden davongerissen und landeten dort, wo der Sanddünen-Wallabymann, dem sie das Bein gebrochen hatten, auf sie wartete. Die Stelle wurde zu einer großen Djang-Stätte (→ *Djang*), und dort gruppieren sich die Felsen, zu denen die Brüder erstarrten, noch immer um einen Steinblock, von dem gesagt wird, er sei der Körper des Sanddünen-Wallabymannes.

An dem heiligen Wasserloch, wo Karora der Überlieferung nach in ewigem Schlaf liegt, müssen diejenigen, die daraus trinken wollen, grüne Zweige mit sich bringen, die sie am Ufer ablegen, bevor sie ihren Durst stillen. Es heißt, daß dies Karora gefalle und er dann im Schlaf lächle.

Siehe auch *Tnatantja-Pfähle*.

Barama- und Laindjung-Mythos. Diese beiden Mythen vom → *Arnhem-Land* entstammen dem Kulturkreis der → *Yiritja* und unterscheiden sich von den Mythen der komplementären → *Duwa* insofern, als sie von Ahnengeistern handeln, die vom Land statt vom Meer kamen. Mit anderen Worten: Die beiden Moieties repräsentieren beispielhaft die Unterteilung der Menschen des Arnhem-Landes, der Yolngu, in Land- und Küstenbewohner.

Barama entstieg einem Wasserloch an einem Ort namens Guludji in der Nähe des Koolatong. Stränge von Süßwasserpflanzen hingen an seinen Armen, und er trug bestimmte heilige hölzerne Embleme bei sich, die → *Rangga* (ähnlich den → *Tjuringa*) genannt und aus den Stämmen von Schößlingen hergestellt und danach mit Verzierungen versehen werden. Die Wasserpflanzen waren in Wirklichkeit jedoch bestimmte zeremonielle Armbänder mit daran befestigten langen Anhängern aus Federn. Der Körper Baramas war völlig mit Wasserzeichen bedeckt, die all die Muster und Motive bildeten, die er schließlich an die verschiedenen Gruppen oder Sippen der Yiritja weitergab. Barama überbrachte den Yiritja ihre heiligen Gegenstände und Motive. Laindjung, der andere Kulturvermittler, entstieg etwa zur gleichen Zeit wie Barama einem Ort namens Dhalungu. Auch sein Körper war mit Wasserzeichen bedeckt, doch trug er keine heiligen Gegenstände bei sich. Er ging nach Gangan, wo er mit Barama zusammentraf, und sie riefen die Zeremonienmeister der Yiritja zum Vortrag ihrer Zeremonien zusammen, die sie anschließend umgestalteten.

Barama und Laindjung können mit Missionaren verglichen werden, die einen neuen religiösen Glauben predigten und Rituale lehrten oder veränderten sowie Sakralgeräte und Motive aushändigten. Barama blieb an dem einen Ort und überließ Laindjung den Großteil der Arbeit. Er befahl, die heiligen Gegenstände außer Sichtweite von Frauen und Kindern aufzubewahren. Laindjung kümmerte sich nicht darum, stellte sie offen zur Schau und sang die heiligen Gesänge in jedermanns Hörweite. Deshalb beschlossen die → *Ältesten,* sich des Ketzers zu entledigen. In der Nähe von Tribal Bay legten sie sich in den Hinterhalt, erklommen Bäume und warfen → *Speere* hinunter. Laindjung aber sang weiter. Er versank in einem Sumpf, tauchte jedoch wieder auf und zog in Richtung Blue Mud Bay, wo er sich in einen Papierrindenbaum verwandelte, der den Namen Dhulwu erhielt.

Siehe auch *Nordöstliches Arnhem-Land.*

Bardon, Geoff → *Papunya.*

Barra → *Monsun.*

Barrukill, der Jäger → *Nördliche Wasserschlange.*

Bar-Wool → *Yarra River und Port Phillip.*

Bathurst-Insel → *Tiwi.*

Baum zwischen Himmel und Erde. Bäume oder Pfähle sind wichtige zeremonielle und symbolische Gegenstände, Leitern zwischen der → *Erde* und der → *Himmelswelt,* der Heimat der Ahnen, sowie zwischen den Verschiedenen und den Lebenden, weshalb in zahlreichen Moieties (→ *Gemeinschaft)* Leichen ins Geäst von Bäumen, in hohle Bäume oder in besonders vorbereitete hohle, aufrecht stehende Stämme gelegt werden. Stämme wie diese spielen eine wichtige Rolle bei den Bestattungszeremonien, so etwa die → *Pukamani-Bestattungspfähle* bei den → *Tiwi,* die auf den Inseln Bathurst und Melville leben.
Bei gewissen Zeremonien steigen → *Schamanen* solche Bäume oder Pfähle hinauf, um die Himmelswelt zu betreten, und die Seelen erklimmen sie, um zu ihrer letzten Ruhestätte zu gelangen. Bevor sie eintreten dürfen, müssen die Geister oder Seelen eine Reihe von Prüfungen bestehen.
  Siehe auch *Bumerang; Hohlstammsärge; Pukamani-Bestattungszeremonien; Streichholzbaum; Traumbaum des Lebens.*

Beerwah → *Glass House Mountains.*

Bellin-Bellin, die Krähe, ist eine Moiety-Gottheit bzw. -Ahnin und Gegenspielerin von → *Bunjil,* dem Würgadler. Über ihre Rivalität gibt es zahlreiche Geschichten. Der Würgadler ist ein recht nüchterner Vogel, während die Krähe ob ihrer Gerissenheit Berühmtheit erlangte – wobei allerdings zu beachten ist, welche Seite diese Ansicht vertritt. Eine der Würgadler-Moiety angehörende Person wird Geschichten erzählen, welche die Krähe in ein schlechtes Licht rücken, und umgekehrt.
  Siehe auch *Krähe; Würgadler und Krähe.*

Bennell, Eddie (?–1992), Geschichtenerzähler der → *Nyungar* aus Brookton im Südwesten, von dem nur wenige Geschichten erhalten geblieben sind. Sein Vermächtnis war in Perth zu sehen, als dort 1993 seine Oper *My Personal Dreaming* aufgeführt wurde.

Bennett's Brook, ein Flüßchen in der Nähe von Perth in Westaustralien, das dem → *Wagyal* bzw. der → *Regenbogenschlange* heilig ist. Für zahlreiche → *Nyungar* ist dies ein wichtiger heiliger Ort.
  Siehe auch *Bropho, Robert.*

Berak, William, ein Ältester der *Koori* in Victoria, lebte im späten 19. Jahrhundert. Seinen Bemühungen ist es zu verdanken, daß viele der Koori-Traditionen erhalten blieben. Er liegt in Healesville bei → *Melbourne* begraben.

Bhima → *Bima.*

Biame (Baiame, Byamee), der Allvater, ist derzeit vielleicht die wichtigste Gottheit der Aboriginal-Gemeinschaften im Südosten Australiens, wobei die gegenwärtige Mythologie Elemente des Christentums in sich aufgenommen hat.
In den Versionen der Mythen, die heutzutage erzählt werden, ist Biame ein wahrer Schöpfergott. Zuerst übte er sich in Tierschöpfungen, danach benutzte er sie als Modelle beim Versuch, die Menschheit zu erschaffen.
In der → *Traumzeit* waren die Tiere befangen und folglich mit ihren Lebensumständen ebenso unzufrieden wie die Menschen. Känguruhs fingen an, sich ihrer Schwänze zu schämen; Fische kamen sich im Wasser gefangen vor; Vögel wollten wie Känguruhs sein; und Insekten wollten größer sein, als sie tatsächlich waren. Schließlich holte Biame sämtliche Tiere in einer Höhle zusammen, nahm ihnen all ihre Wünsche fort und hauchte diese seiner neuen Schöpfung ein: einem menschlichen Wesen. Damit verloren die Tiere all ihre Sehnsüchte und Wünsche. Allein Männer und Frauen fanden sich als die unzufrie-

denen Individuen der Schöpfung unter der Obhut des Allvaters wieder, der oben in der → *Himmelswelt* wohnt und auf sein Werk hinabschaut. Das → *Kreuz des Südens* ist das sichtbare Zeichen, daß er über die Menschheit wacht und uns sowohl beschützt als auch straft, wenn wir seine Gesetze brechen. Biame schuf auch das erste → *Schwirrholz* (das beim Schwingen seine Stimme ertönen läßt) und schenkte den → *Gemeinschaften* der → *Aborigines* des südöstlichen Australien die Mannbarkeitszeremonien. Seine Hauptfrau war die Allmutter Birrahgnooloo.

Siehe auch *Allväter; Boro-Ringe; Brachvögel; Erdplastiken; Felsgravierungen; Krähe; Kuringgai-Chase-Nationalpark; Marmoo; Narroondarie; Regenbogenschlange; Schlafender Riese; Unaipon, David; Yhi.*

Bibbulmum. Diese → *Gemeinschaft* ist im südwestlichen Australien beheimatet und bestand einst aus mehreren Gruppen, die verschiedene Dialekte einer einzigen Sprache sprachen und über ähnliche Gesetze und Bräuche verfügten. Nachdem die Briten sich Westaustraliens bemächtigt hatten, wurde der traditionelle Zusammenhalt unserer Gemeinschaften zerstört und ihr Widerstand gegen die Eindringlinge gebrochen – besonders durch das Massaker von Pinjarra (→ *Yagan*).
Heute sind die Bibbulmum zu einer einzigen Gruppe verschmolzen, die sich aus einer Anzahl erweiterter Familien auf der Grundlage der alten → *Stämme* zusammensetzt. Ihre Angehörigen nennen sich nun → *Nyungar,* was schlicht »die Menschen« bedeutet.

Siehe auch *Empfängnisglaube; Haarschnur; Handel; Hunde; Jahreszeiten; Krähe; Traumzeitpfade; Willy Wagtail; Yamadji.*

Bidjigal → *Eora-Stamm.*

Bienenstock. Als Sternbild des Bienenstocks galt Coomartoorung, der Rauch des → *Feuers* von Yuree und Wanjel (Kastor und Pollux im Zwilling), zweier Jäger, die Purra, das Känguruh (den

Stern Capella im Fuhrmann), verfolgten, fingen und dann brieten. Wenn der Bienenstock vom Himmel verschwand, hatte der Herbst begonnen.

Siehe auch *Zwei Brüder.*

Bildiwuwiju, der Name von Djanggawuls älterer Schwester; → *Djanggawul und seine beiden Schwestern.*

Bildjiwuraru → *Djanggawul und seine beiden Schwestern.*

Billaborg → *Wasserlöcher.*

Bilyarra → *Mars.*

Bima → *Brachvögel; Mudungkala.*

Bimba-Towera, der Fink → *Ameisenigel.*

Binbeal, der Regenbogen → *Bunjil.*

Bindirri, Yirri (englisch: Roger Solomon), der Sohn von Malbaru (englisch: James Solomon). Vater und Sohn sind → *Älteste* der Ngarluma in Western Australia und wegen ihres Bestrebens, die Traditionen ihrer Leute lebendig zu erhalten, weithin bekannt. In dem Film *Exile and the Kingdom* erläutern die Ältesten die Mythologie, die sie an ihr Land rings um Roebourne in Western Australia bindet.

Bingingerra, die Süßwasserschildkröte → *Yugumbir.*

Birbai → *Bundjalung-Nation.*

Birraarks → *Schamanen.*

Birrahgnooloo → *Allmütter.*

Birrung → *Bundjalung-Nation.*

Blaukranich → *Narroondarie.*

Blitz. Einem Mythos der Wardaman des Northern Territory zufolge werden Blitze durch zwei Brüder verursacht, die Hämmer bei sich trugen und sie aneinanderschlugen, um Donner und Blitz zu erzeugen. Sie stiegen bei → *Ingelaladd* in die *Erde hinab.*
Siehe auch *Bolung; Gunabibi-Zeremonien; Idumdum; Monsun; Regenmachen; Taipan; Trickster-Charakter; Universum; Wandjina; Warramurrungundji, Yulunggul.*

Blitzbrüder → *Blitz.*

Blutholzbaum → *Djamar; Erstes männliches Kind; Menstrualblut; Moiya und Pakapaka; Tnatantja-Pfähle; Yagan.*

Blutvogel → *Yugumbir.*

Bodngo → *Donnermann.*

Bolung, bei den Menschen des Northern Territory ein weiterer Name für die → *Regenbogenschlange.* Bolung nimmt die Form des Blitzstrahls an, der das Herannahen der Monsunregen ankündigt. Er ist schöpferisch und lebensspendend und bewohnt wie viele andere Schlangengottheiten tiefe Wasserlöcher.

Bone pointing → *Knochenzeigen.*

Boonah → *Narroondarie.*

Bootes. Laut Aussagen der → *Koori* in Victoria war das Sternbild Bootes oder Bärenhüter bzw. ein Stern im Bootes westlich von → *Arkturus* Weet-Kurrk, die Tochter von Marpean-Kurrk (Arkturus).

Bornumbirr → *Morgenstern.*

Borogegal → *Eora-Stamm.*

Boro-Ringe, auch Boro-Plätze genannt, sind die heiligen Zeremonialstätten der →*Aborigines.* In den östlichen Regionen bestehen sie aus einem größeren und einem kleineren Rund, die durch einen Pfad miteinander verbunden sind. Der kleinere Boro-Platz symbolisiert die →*Himmelswelt,* in der →*Biame* sein Zuhause hat. Er ist für Nichtinitiierte verboten. Der größere Platz versinnbildlicht die → *Erde* und ist öffentlich. Die dort abgehaltenen Zeremonien sind weniger geheim.
Boro-Ringe kommen überall in Australien vor und werden je nach Sprache unterschiedlich bezeichnet. Über sie sagt *Bill →Neidjie:* »Das ist Geschichte für ›Draußen‹. Jeder kann hören, Junge, egal wer. Aber was Geschichte für ›Drinnen‹, du nicht darfst sagen. Wenn du gehst in Ringplatz, Mitte von Ring, du nicht darfst sagen niemand... aber, oh, es ist schön.«

Borun, der Pelikan → *Frosch.*

Brachvögel. Bei manchen → *Stämmen* der → *Aborigines* sind Brachvögel die Hüter der Verstorbenen. Ihr Abendruf ist eine Warnung vor dem → *Tod;* die Menschen wissen dann, daß der Vogel auf dem Wege ist, die Seele der toten Person in die → *Himmelswelt* zu befördern.
Der Noonuccal-Aborigine → *Oodgeroo* überlieferte die Geschichte, wie die Brachvögel einst als Menschen einem Stamm angehörten, der in Erdnähe lebte und des Nachts niemals schlief. Sie blieben wach, um sich gegenseitig vor etwaigen Gefahren zu warnen. Der Allvater →*Biame* bewunderte sie deswegen, kam zu ihnen und stellte ihnen eine Belohnung anheim. Sie baten darum, in Vögel verwandelt und zu Hütern der Verschiedenen gemacht zu werden. Biame erfüllte ihnen den Wunsch, und daher befördert jetzt der Brachvogel die Seelen der Verstorbenen in die Himmelswelt. Doch zunächst stößt er in drei aufeinanderfolgenden Nächten einen Warnruf aus, damit sich die Men-

schen nicht zu fürchten brauchen und die Gewißheit haben, daß der Tod auf natürliche Ursachen zurückzuführen ist.
Die Verbindung der Brachvögel mit dem Tod findet sich auch in dem umfassenden Mythenzyklus, der die → *Pukamani-Bestattungszeremonien der Tiwi* auf → *Melville* Island regelt. Es wird erzählt, daß das Ahnenwesen Purukupali, als es erfuhr, daß sein Sohn Djinini infolge des Ehebruchs seiner Frau Bima mit Japara gestorben war, zunächst diesen überfiel und danach mit seinem toten Sohn in den Armen ins Meer hinausschritt. Sein Tod leitete eine große Veränderung auf der Welt ein. Japara wurde zum → *Mond* und stieg mit den ihm von Purukupali beim Kampf zugefügten, gut sichtbaren Wunden im Gesicht in den Himmel auf. Bima verwandelte sich in einen Brachvogel und durchstreift nachts den Wald, wobei sie reumütig und trauernd den Verlust ihres Sohnes und das Unglück bejammert, das sie über die Welt gebracht hat.

Bralgu, laut den →*Aborigines* des →*Arnhem-Landes* die →*Insel der Toten*. Dorthin sollen die Seelen jüngst Verstorbener nach drei Tagen von Nganug, einem Charon der Aborigines, in einem Kanu gerudert werden, wo sie von anderen Seelen begrüßt werden.
Es heißt, daß die Seelen auf Bralgu jeden Tag kurz vor Sonnenuntergang eine Zeremonie als Vorbereitung dafür abhalten, den → *Morgenstern* ins Arnhem-Land zu senden. Während des Tages und des überwiegenden Teils der Nacht wird der Morgenstern in einem → *Dillybeutel* verwahrt und von einer Geisterfrau namens Malumba bewacht. Die Seelen und Geister führen eine Zeremonie durch, während der viel Staub aufgewirbelt wird. Das bringt das Dämmerlicht und danach die Nacht über das Arnhem-Land. Wenn für den Morgenstern die Zeit heranrückt, seine Reise anzutreten, befreit Malumba ihn aus ihrem Beutel. Zunächst läßt sich der Morgenstern auf einer hohen Schraubenpalme nieder, dem → *Traumbaum des Lebens* und Todes. Von dort überschaut er den Weg, den er zurückzulegen hat; danach erhebt er sich, schwebt über der Insel und begibt sich hoch hinauf in den Himmel. Malumba hält eine Schnur, an der der Stern befestigt

ist, damit er nicht davonlaufen kann. Wenn der Morgen anbricht, zieht Malumba ihn zurück und steckt ihn in einen Beutel.
Siehe auch *Donnermann*.

Bram-Bram-Bult → *Kreuz des Südens; Zentaur; Zwei Brüder.*

Bran Nue Dae ist ein Musical, das von Jimmy Chi und der Kuckles Band aus Broome in Western Australia zusammengestellt wurde. Es schildert die Abenteuer und Mißgeschicke von Willie, einem jungen Mann, und Onkel Kaulquappe, seinem Mentor, und gibt einen Einblick in die moderne Lebensweise der → *Aborigines* in Western Australia. Es war überall in Australien außerordentlich erfolgreich.

Brisbane → *Dundalli; Glass House Mountains; Regenbogenschlange; Schnabeltier.*

Brolga-Kranich → *Duwa-Moiety.*

Bropho, Robert, wichtiges Mitglied der → *Nyungar*. Bropho hat den Kampf zum Schutz der heiligen Stätten in Westaustralien angeführt. Er wohnt in Lockridge in den Ausläufern von Perth, nahe bei → *Bennett's Brook,* einer bedeutenden → *Traumzeit*-Stätte der Nyungar. Er hat Filme gedreht und Bücher geschrieben, um die den → *Aborigines* zugefügten Ungerechtigkeiten aufzuzeigen und um ihre heiligen Stätten zu schützen.

Buda-Buda → *Mopaditis.*

Bull-Roarer → *Schwirrholz.*

Bullum-Boukan → *Trickster-Charakter.*

Bullum-Tut → *Trickster-Charakter.*

Bumerali → *Universum.*

Bumerang, nicht nur ein gekrümmtes Wurfholz, das zurückkehrt. Er wurde zuerst aus dem → *Baum zwischen Himmel und Erde* gefertigt und symbolisiert den Regenbogen und damit die → *Regenbogenschlange*. Die Krümmung ist die Verbindung zwischen den Gegensätzen, zwischen Himmel und → *Erde,* zwischen → *Traumzeit* und Zeremonie, Vergangenheit und Gegenwart. Bei vielen Gemeinschaften ist der Bumerang eher ein Musikinstrument als eine Waffe. Zwei aneinandergeschlagene Bumerangs ergeben die rhythmische Begleitung bei Zeremonien und schaffen auf diese Weise die Verbindung zwischen → *Tanz* und Gesang.

Siehe auch *Gulibunjay und sein Zauberbumerang*.

Bundjalung-Nation, ein großer Verbund von → *Aborigines,* die Föderation einer Anzahl von Sippengruppen, die in der Region vom Clarence River im nördlichen New South Wales nach Norden bis zur Stadt Ipswich im südlichen Queensland beheimatet ist. Die Namen dieser Gruppen lauten: Aragwal, Banbai, Birbai, Galiabal, Gidabal, Gumbainggeri, Jigara, Jugambal, Jugumbir, Jungai, Minjungbal, Ngacu, Ngamba, Thungutti und Widjabal. Ihre Ahnen sind die drei Brüder Mamoon, Yar Birrain und Birrung, von denen es heißt, sie seien übers Meer gekommen. Die Brüder waren zusammen mit ihrer Großmutter in einem Kanu unterwegs, das aus der Rinde einer Schuppentanne gefertigt war. Während sie der Küste folgten, stießen sie auf fruchtbares, jedoch dünnbesiedeltes Land. Sie gelangten zur Mündung des Clarence River und blieben lange Zeit an dieser Stelle. Danach ließen sie ihre Großmutter dort zurück und setzten ihre Reise im Kanu fort, wobei sie der Ostküste in Richtung Norden folgten. An einer Stelle landeten sie und ließen eine Süßwasserquelle entspringen. An verschiedenen Orten an der Küste hielten sie an und bevölkerten das Land. Sie schufen die Gesetze für die Bundjalung und ebenso die Zeremonien der → *Boro-Ringe*. Es wird erzählt, daß der blaue Dunst über den fernen Bergen, besonders im Frühjahr, die Töchter der drei Brüder verkörpere, welche die → *Erde* erneut aufsuchen, um deren Wohlergehen und stetige Fruchtbarkeit sicherzustellen.

Siehe auch *Bundjalung-Nationalpark; Duwoon; Ginibi, Ruby Langford; Gold Coast; Große Schlachten; Jalgumbun; Terrania-Creek-Becken und -Höhle; Tooloom-Wasserfälle; Woolool Woolool.*

Bundjalung-Nationalpark. Dieses Gebiet im nördlichen Neusüdwales beherbergt auch Dirrawonga, eine heilige Goanna-Stätte, die den Namen Goanna Headland trägt.
In der → *Traumzeit* bat Nyimbunji, ein → *Ältester* der → *Bundjalung-Nation*, einen Goanna oder Großwaran, er möge einer Schlange das Quälen eines Vogels verwehren. Der Goanna jagte die Schlange nach Evan's Head an der Küste, wo ein Kampf entbrannte. Der Goanna nahm die Jagd erneut auf und lief ins Meer. Nachdem er diesem wieder entstiegen war, verwandelte er sich in die Landzunge, die Goanna Headland heißt.
Der Goanna wird mit Regen in Verbindung gebracht, und auf der Landzunge gibt es eine Höhle, in die die Ältesten der Bundjalung einst Regenzeremonien abhielten.
Siehe auch *Regenmachen.*

Bungle Bungles, eines der → *Tabugebiete* in Western Australia. Sie bedecken eine Fläche von 700 Quadratkilometern mit steilen Felsen, gefurchten Wänden und tiefen Abgründen. Diese Formationen wurden als von lebensfeindlichen Kräften bewohnt angesehen, und kein → *Aborigine* begab sich daher jemals dorthin.

Bunitj → *Jahreszeiten; Kakadu-Nationalpark; Neidjie, Bill.*

Bunjil, der Würgadler, ist den → *Koori*, den modernen → *Aborigines*, die den jetzigen Bundesstaat Victoria bewohnen, ein Schöpfungsahne von ungeheurer Macht und hohem Ansehen. Früher war er eine Moiety-Gottheit oder ein Moiety-Ahne einer Hälfte der Kulin in Zentralvictoria.
Bunjil hatte zwei Frauen und einen Sohn, Binbeal, den Regenbogen, dessen Frau der zweite Bogen des Regenbogens war. Von ihm wird erzählt, daß ihm sechs → *Wirnums* oder → *Schamanen*

zur Seite stehen, welche die Sippen der Würgadler-Moiety darstellen. Es sind dies der Graubartfalke Djurt-Djurt, der Wachtelhabicht Thara, der Sittich Yukope, der Papagei Dantum, das Bürstenschwanzpossum Tadjeri und das Gleitpossum Turnong. Nachdem Bunjil die Berge und Flüsse, die Flora und Fauna geschaffen und der Menschheit die Gesetze, nach denen sie leben sollte, gegeben hatte, rief er seine Angehörigen zusammen und seine Moiety-Gegenspielerin → *Bellin-Bellin,* die → *Krähe,* die für die Winde veranwortlich war, für Wind zu sorgen. Bellin-Bellin öffnete einen Sack, in dem sie ihre Wirbelstürme aufbewahrte, und der daraus hervorbrechende Orkan trieb große Bäume mitsamt Wurzeln durch die Luft. Bunjil forderte einen stärkeren Wind, und Bellin-Bellin tat ihm den Gefallen. Bunjil und seine Leute wurden in die → *Himmelswelt* emporgewirbelt, wo er sich in den Stern → *Atair* verwandelte und seine beiden Frauen, die Schwarzen Schwäne, zu Sternen an seinen Seiten wurden.

Siehe auch *Melbourne; Würgadler und Krähe.*

Bunjil Narran → *Schamanen.*

Bunuba. Diese Gruppe ist in der westaustralischen → *Kimberleys*-Region, unterhalb des Gebiets der Worora, Wunambul und → *Ngarinjin* beheimatet. Ihre hauptsächlichen Ahnen sind Murlu, das Känguruh, und die Melatji (→ *Hunde),* denen sie ihre Gesetze und Bräuche sowie Land, Kultur, Waffen, Gesänge und Zeremonien verdanken.
Während des im späten 19. Jahrhundert von → *Jandamara* gegen die europäischen Eindringlinge angeführten Widerstands hatten die Bunuba schrecklich darunter zu leiden, daß Männer, Frauen und Kinder willkürlich massakriert wurden.

Siehe auch *Woonamurra, Banjo.*

Bunurong → *Melbourne; Yarra River und Port Phillip.*

Bunya, das Possum → *Kreuz des Südens; Zentaur.*

Bunyip. Dieses legendäre Ungeheuer, das angeblich auf → *Aboriginal*-Ursprünge zurückgeht, ist wohl eher eine Verwechslung. Es dürfte sich wohl um die Meendie-Riesenschlange aus Victoria handeln, die in einem Wasserloch in der Nähe von Bunkarra-Bunnal oder Puckapunya lebte. Die Bunyip zugeschriebenen Merkmale sind die der → *Regenbogenschlange*.

Buramedigal → *Eora-Stamm.*

Burnum Burnum (geb. 1936) ist ein → *Ältester* der Wurandjeri aus dem südlichen New South Wales. Der Geschichtenerzähler und Schauspieler vertritt die Interessen seiner Leute. 1988 reiste er nach England, um dort im Namen aller → *Aborigines* Landansprüche als Ausgleich für die durch die Briten an den australischen Ureinwohnern begangenen Ungerechtigkeiten geltend zu machen. Er wurde auch dadurch bekannt, daß er eine Delphintotem-Zeremonie populär machte.

Burrajahnee → *Hunde.*

Burrajan → *Hunde.*

Burrawungal → *Wassergeister.*

Burriway, der Emu → *Große Corroborees.*

Burrup-Halbinsel. Eigentümer dieser Landenge in der Pilbara-Region in Western Australia waren die Yaburara. Im 19. Jahrhundert wurden sie beim Massaker von Flying Foam vollständig ausgerottet. Heute befindet sich ihr Land in der Obhut der → *Ngarluma.*
Die Halbinsel ist eine natürliche Galerie für Steinskulpturen, deren Anzahl über 4000 Motive beträgt. Eine der interessantesten Stellen zeigt Gestalten, die nach oben klettern (sich möglicherweise vor einer Überschwemmung in Sicherheit bringen?). Von dem inzwischen verstorbenen → *Parraruru* stammt die Geschichte einer Überschwemmung des Gebietes. Pulpul, der

Kuckuck, war damals ein Mensch und wohnte auf der Halbinsel. Das Meer begann zu steigen, und er dachte nach, was dagegen zu tun sei. Der Wasserspiegel schwoll stets an, bis er sagte: »Geh zurück!« Das Wasser folgte seinem Befehl, und genau in diesem Augenblick verwandelte er sich in einen Vogel.

In einer anderen Geschichte der benachbarten Jindjiparndi stieg das Meer und hatte das Land bereits in einer Breite von 50 Kilometern überschwemmt, bevor es von Pulpul zum Halten gebracht wurde. Es heißt, daß dort noch immer Mangroven wachsen.

Buschnußmann und -frau → *Rinden- und Laubhütten.*

Byamee → *Biame.*

Byron Bay. Die im nördlichen New South Wales gelegene Stadt befindet sich in der Nähe einer wichtigen Stätte weiblicher Fruchtbarkeit an der Landzunge Broken Head.

Byron Bay ist die Heimat von Lorraine Mafi-Williams, einer bedeutenden Geschichtenerzählerin und Kulturbewahrerin.

C

Canis Major → *Großer Hund.*

Capella → *Bienenstock.*

Cape-York-Halbinsel. Die Landzunge im äußersten Norden von Queensland ist die Heimat verschiedener Gruppen, wie der Gugu-Yalanji, Gugu-Imudji, Gugu-Almura, Gugu-Warra und anderer.
In diesem Gebiet befinden sich die Felsengalerien von → *Laura,* die in detaillierter Bilddarstellung den verzweifelten Widerstand der Urbevölkerung gegen die weißen Eindringlinge und deren Verbündete unter den → *Aborigines* wiedergeben.
  Siehe auch *Dillybeutel; Große Corroborees; Hunde; Krokodile; Mbu, der Geist; Piewit; Quinkin; Riesenhunde; Roughsey, Dick; Streichholzbaum; Taipan; Wik Wunggan; Yamswurzeln.*

Capricornus → *Steinbock.*

Cherbourg-Aboriginal-Siedlung. Die Ortschaft liegt an der Gebietsgrenze der → *Aboriginal*-Gemeinschaften der Waka Waki und Kabi in Queensland. Hier wurde der Murri-Dichter und -Geschichtenerzähler Lionel Fogarty geboren. Am Barambah Creek, ein wenig oberhalb der Siedlung, ragt ein großer Felsen über das Flußufer hinaus. Lionel erzählt eine Geschichte darüber, wie ein fremder Mann, der seinen Heimweg suchte, eines Abends auf dem Felsen auftauchte und rief: »Booyu-u-u, booyu-u-u, booyubill, booyubill-bill-bill.« Die Waka Waki und Kabi dachten, er mache sich über sie lustig, und griffen ihn mit Speeren an. Zwei → *Speere* trafen ihn, und ein Schamane rief:

»Bitte, sei doch ein Vogel, Booyooburra, dann kannst du vom Felsen her über uns lachen.« Der Booyooburra-Mann verwandelte sich zunächst in einen Regenpfeifer, danach in einen Brachvogel mit langen Beinen wie Speere.

Chi, Jimmy → *Bran Nue Dae.*

Churinga → *Tjuringa.*

Churnside, Robert → *Parraruru.*

Collenbitjik → *Atair; Murray River; Steinbock.*

Community → *Gemeinschaft.*

Coolamon, eine ovale hölzerne Trageschale, die überall in Australien zu vielerlei Zwecken verwendet wird. Mitunter ist sie mit komplizierten Schnitzmustern versehen.

Coomartoorung → *Bienenstock.*

Coonowrin → *Glass House Mountains.*

Cooper, William (?–1941), ein → *Ältester* der → *Koori,* der in den dreißiger Jahren an der Spitze einer Bewegung zur Neubelebung des Stammeslebens stand. 1938 führte er einen »Aboriginal-Trauertag« und einen »Aboriginal-Sonntag« als jährlichen Koori-Tag ein. Er trug maßgeblich zum Kampf um Gerechtigkeit und gleiche Rechte für alle → *Aborigines* bei.

Corona Borealis → *Nördliche Krone.*

Corroboree stammt aus dem Wortschatz der → *Koori,* möglicherweise aus der Eora-Sprache, und ist in andere Sprachen eingegangen. Grob gesagt bedeutet es → *Tanz* oder Zeremonie. Der Suffix »boree« besagt, daß es sich auf die → *Boro-Ringe* oder Zeremonialgründe bezieht.

D

Dantum, der Papagei → *Bunjil.*

Daramulun → *Allväter.*

Darwin. Die Hauptstadt des Northern Territory und das Tor zum *Kakadu-Nationalpark* liegt auf dem Gebiet Larrakia-Aborigines. Innerhalb der Stadtgrenzen gibt es eine Anzahl heiliger Stätten, darunter Gundal-Mandlamaning (Emery Point) und Kulaluk. Auf Kulaluk befindet sich ein Teil der → *Aboriginal*-Siedlung Bagot. Seit Mitte der siebziger Jahre haben die Larrakia den Kampf zum Schutz ihrer heiligen Stätten (→ *Djang*) gegen das Vordringen der Stadt wiederaufgenommen.
  Siehe auch *Palga*.

Davis, Jack (geb. 1917), ein Schriftsteller und Dramatiker der → *Nyungar,* der in seinen Stücken die Kultur und Geschichte der → *Aborigines* des südwestlichen Australien dargestellt hat.

Delphin. Dieses Sternbild wird von den an den Ufern des → *Murray River* lebenden → *Koori* als Otjout, der Barsch, angesehen, der bei seiner Flucht vor Totyerguil (→ *Atair*) den Murray River hinaufschwamm.

Delphine. Der Delphin ist ein Symbol der → *Gold Coast,* des Erholungsgebietes im südlichen Queensland, und unter dem Namen Gowonda ein wichtiger Ahne der → *Aborigines* dieser Region.
Eine → *Älteste* der Noonuccal aus Queensland, → *Oodgeroo,* erzählte mir die Geschichte, wie Delphine früher Freunde der Menschen waren und ihnen beim Fischen halfen. Sie trieben

Fischschwärme in die flachen Gewässer, damit die Menschen sie einsammeln konnten. Die Noonuccal von Minjerribah (Stradbroke Island) verfügten über ein System von Lauten, eine Sprache, in der sie sich mit den Delphinen verständigen konnten. Einige britische Eindringlinge lauschten vom Versteck aus diesen Lauten, ahmten sie nach und veranlaßten so die Delphine, Fische ins seichte Wasser zu treiben. Doch im Gegensatz zu den Aborigines fingen und töteten sie auch die Delphine. Aus diesem Grunde zogen diese sich für lange Zeit zurück und sind erst vor kurzem wiedergekehrt.

Delphine sind ebenfalls bei den Menschen von Groote Eylandt vor der Nordküste Australiens von Bedeutung. Der Mythos, so wie er von den Ältesten der hier beheimateten Wanungamulangwa erzählt wird, berichtet davon, wie die frühesten Ahnen dieser → *Gemeinschaft* als Delphine, Injebena, in den tiefen Gewässern zwischen Chasm Island und Groote Eylandt lebten und ihre Kinder großzogen.

Siehe auch *Große Schlachten*.

Depuch-Insel → *Warmalana*.

Dewaliwall → *Mornington Island*.

Dhagay, der Sandgoanna → *Große Corroborees*.

Dhambidji-Liederzyklus aus **Arnhem-Land**. Die Dhambidji-Gesänge werden gewöhnlich bei Begräbnissen gesungen. Sie handeln von den Geisterahnen der → *Aborigines* im Gebiet des Blyth River im → *Arnhem-Land*. Die Strophen rufen die Ahnen und die Zeremonien wach, mit denen die Verstorbenen zur Ruhe gebetet und auf den Weg geschickt wurden. Gesänge wie »Krähe, Hohlstamm und Honig« beziehen sich direkt auf die Zeremonien und haben einen hohen Symbolwert.

Der Zyklus besteht aus 21 Gesängen, und eine Aufzählung der Titel ergibt ein Verzeichnis der wichtigsten regionalen Ahnen. Es sind dies: »*Schwarz*dommel«, »Seeschildkröte«; »Marrawal« [Geistermann], »Yamswurzel«, »Djurdidjurda-Vogel«, »Beutelmaus«, »Mönchsvogel«, »Bandicoot«, »Wilder Honig und hohler Stamm«, »Mulgaschlange«, »Weißer Kakadu«, → *Krähe«,* »Aal« und andere. »Hohler Stamm« beschwört besonders Erinnerungen an Bestattungen herauf und schildert, wie Honig mit der Erneuerung des Lebens gleichgesetzt wird:

> Baumstamm, Holz des Baumes;
> Baumstamm, Holz des Baumes;
> Trockener Baum, hohler Stamm;
> Heißer, dunkler Honig, voll bis zum Überlaufen;
> Trockenes Holz, angefüllt mit Honig;
> Trockenes Holz, das bei Djubordaridja steht;
> Baumholz, angefüllt mit dunklem Wildhonig;
> Holz des Baumes;
> Honig quillt aus den geöffneten Zellen;
> Heißer, dunkler Honig quillt;
> Trockenes Holz, angefüllt mit Honig;
> Trockener Baum, der bei Djubordaridja steht;
> Im Bauminnern fermentiert wilder Honig;
> Des Baumes Dünger;
> Grasbüschel saugen den süßen Honig auf;
> Hohler Baum, trockener Stamm;
> Badurra wird der aus dem hohlen Stamm
>   geschnittene Sarg genannt;
> Honiggeistfrauen hängen ihre Körbe auf
>   bei Garinga und Djubordaridja.

Siehe auch *Pukamani-Bestattungszeremonien; Tod.*

Dhuwa-Moiety → *Duwa-Moiety.*

Didjeridu (Didjeridoo, Yidaka). Diese Baßpfeife ist eine lange, hölzerne, aus einem hohlen Ast hergestellte Röhre und wird von den → *Aborigines* in ganz Australien benutzt. Das Didjeridu symbolisiert die männliche Energie, weshalb es Frauen verboten ist, darauf zu spielen. In Wirklichkeit ist es eine Gottheit in und durch sich selbst, der Phallus eines Ahnen, und es bestehen strenge, in Gesangsstrophen verschlüsselte Anweisungen, die gesungen werden sollten, wenn es angefertigt oder gespielt wird. Wurde es vorschriftsmäßig hergestellt und mit Energie versehen, spielt es sich, wenn es darum gebeten wird, nahezu von allein. Das Didjeridu ist von Haus aus ein mächtiges Instrument zur Gesundung.

Siehe auch *Oobarr*.

Dieri → *Diyari*.

Dillybeutel. Die Anfertigung der ersten Dillybeutel wird von den Sippen der → *Wik Munggan* einer alten Ahnfrau zugeschrieben. Ihre heilige Stätte auf der → *Cape-York-Halbinsel* heißt Waiyauwa, »die Stätte der alten Frau«.
Einst waren zahlreiche Frauen an diesen Ort gekommen, um Dillybeutel herzustellen, und eine Mutter sprach zu ihrer Tochter: »Wir wollen einen besonders feinen Dillybeutel machen. Hole Fasern vom Ngangka [Feigenbaum], und wir knüpfen einen Wangka [Netzbeutel]. Und nun besorge ein paar weiße Fasern vom Tu-Ta [Palmblatt].«
Die Tochter brachte der Mutter die Fasern, ausreichend für sie beide, und sie fing an, am Wangka zu arbeiten, den sie aus der weißen Faser fertigte, die sie in jenes Flechtwerk einzog, aus dem sonst »Gras«-Körbe geflochten wurden. So entstanden zahlreiche weitmaschige Dillybeutel, mit denen die Frauen → *Yamswurzeln* einsammelten, die sie durch die Maschen preßten.
Nachdem sie gegessen hatten, legten sie sämtliche Dillybeutel in ein Kanu und stiegen ein. Sie hatten Dillybeutel aus Feigenbaumfasern angefertigt, solche aus den weißen Fasern der Blätter einer Palme, aus den roten Fasern der Akazie und welche in Fischnetzknüpfung. Das Kanu war mit Dillybeuteln überladen. In der Flußmitte geriet das Kanu in eine Strömung, drehte sich mehrmals im Kreise und begann zu sinken. Als es unterging, sangen die Frauen ein Lied über die Alte, welche die ersten Dillybeutel angefertigt hatte.

Siehe auch *Kindsgeburt; Körbe und Beutel*.

Dinderi → *Schnabeltier*.

Dingos → *Hunde.*

Dirima, der Papageifisch → *Tod.*

Dirrangan → *Tooloom-Wasserfälle.*

Dirrawonga → *Bundjalung-Nationalpark.*

Diyari. Diese auch als Dieri bekannte Gruppe lebte am Ostufer des Lake Eyre im Herzen Australiens. 1866 errichteten deutsche lutherische Missionare am Lake Killalpaninna eine Station, in der die meisten der Diyari gemeinsam mit anderen → *Aborigines* der Region, die andere → *Sprachen* sprachen, zusammengeführt wurden. Nach einer Grippeepidemie, die 1919 zahllose Opfer forderte, wurde die Missionsstation geschlossen. Die Diyari sind sehr spirituelle Menschen, und ihren Geisterglauben haben sie in sogenannten → *Toa-Skulpturen* verschlüsselt.
  Siehe auch *Ausgestorbene Riesenbeutler; Jinabuthina; Palkalina.*

Djabi → *Parraruru.*

Djamar. Dieses Mythos bezieht sich auf den Kulturbringer Djamar, der viele der Gesetze, Riten und Zeremonien der westlichen → *Kimberleys* in Westaustralien einführte.
Djamar entstieg dem Meer an einem Ort namens Bulgin, wo er sich drei Tage lang an einem Papierrindenbaum ausruhte. Der Djamar-Mythos wird in Form von Zeremonien und Gesängen aufgeführt, und die Ruhephase findet in einem kurzen Vers Erwähnung:

> Ich stütze mich am Papierrindenbaum;
> Ich ruhe drei Tage lang.

Nach der Rast fertigte er ein → *Schwirrholz* an und schwang es heftig, wobei er alle Bäume an dieser Stelle niederriß. Er begab sich auf die Reise, schritt voran und betätigte dabei unablässig sein Schwirrholz. An einer Stelle, die Goldjeman genannt wird,

prallte es auf große Steinblöcke und zersplitterte sie in Bruchstücke. Diese Splitter waren bei den dort ansässigen Menschen sehr begehrt, da sich daraus ausgezeichnete Steinmesser anfertigen ließen.
Djamar wanderte weiter, wie es in der folgenden Gesangsstrophe zum Ausdruck kommt:

> Geradeaus geh' ich;
> Geradeaus in der heißen Zeit.

Er ging in Richtung Süden und schwang dabei unaufhörlich sein Schwirrholz, wandte sich dann nach Westen und tauchte ins Meer ein.
An einem Ort namens Ngamagun Creek kam er erneut an Land und fand dort einen Blutholzbaum vor, den er in kurze Bretter spaltete und daraus → *Inma*-Bretter von der Art der Schwirrhölzer anfertigte. Er begradigte sie, indem er sie über ein → *Feuer* hielt, bohrte Löcher für die → *Haarschnüre* in die Enden und erprobte sie dann, indem er sie um sich schwang. Danach schob er die Bretter (die nun heilige Gegenstände, → *Tjuringa* oder → *Inma,* waren) auf solche Weise ins steinige Bett des Flusses, daß sie eine gerade Linie bildeten, kehrte dann wieder ans Meeresufer zurück und ruhte sich aus, bevor er seine Reise fortsetzte.
Als nächstes gelangte er zu einem Ort, der Djarinjin genannt wurde, wo er unter einen Felsen griff und einen Felsenfisch fing. Dessen Stacheln bohrten sich in seinen Arm und verursachten eine blutende Wunde. Bevor er nach Ngamagun Creek zurückkehrte, verschloß er die Ader mit einem hölzernen Pfropf. Seine Wunde brach erneut auf, und ihr Blut füllte ein steinernes Becken. Durch dieses Geschehen wurde Blut zum Sakrament und das Bluten später in ritueller Form zum Ausdruck gebracht, wobei man folgende Gesangsstrophe anstimmte:

> Am Meere kühl, Djamars Tjuringa dröhnt;
> Sein Lebenssaft tropft in den Trog;
> Er pfropft die Wunde erneut.

Djamar ließ danach sein Schwirrholz oder Tjuringa draußen auf einem schwarzen Riff im Meer zurück, wo es noch immer zu sehen ist. Dann schnitzte er aus einem Blutholzbaum mit gelbem Stamm ein neues Schwirrholz. Er schwang es kraftvoll. Die Schnur riß, und es wirbelte in den Himmel empor, wo es in einem schwarzen Fleck in der Nähe des Kreuzes des Südens zur Ruhe kam, der in diesem Mythos als das Reich der Toten gilt. Dieser Begebenheit wird in folgender Gesangsstrophe gedacht:

> Die Haarschnur bricht;
> Einen Wirbelwind entfachend schwirrt es empor.

Es gibt weitere Ereignisse und Kulturbringer, die mit Djamar in Verbindung gebracht werden – was in der Mythologie, die sich mit den heldenhaften Ahnen befaßt, durchaus üblich ist. Er hatte weder einen Vater noch heiratete er, doch ihm selbst entsprangen drei Söhne, die seine Botschaft an anderen Orten verbreiteten. Seine Mutter war Gambad, die einfach als der Ozean verstanden werden kann, dem er entstieg.

Es heißt, daß Djamar von einem großen grauen Hund begleitet wurde, wenn er geschwind im Wirbelwind wanderte, und daß die Fährte dieses Riesenhundes manchmal zu erkennen sei. Djamar wird mit dem Tjuringa im Himmel gleichgesetzt, doch er beobachtet noch immer die Menschen, auf daß sie die Gesetze befolgen, die er für sie aufgestellt hat. Sein Mythos und die damit verbundenen Rituale und Zeremonien wurden als ausschließlich für Männer gedacht angesehen und durften Frauen nicht preisgegeben werden.

Djambidji-Bestattungszeremonien → *Erdplastiken; Hohlstammsärge; Honig.*

Djambuwal → *Donnermann.*

Djang (Malagi; Wunggud) bedeutet die Energie, die in einer heiligen Stätte gespeichert ist: Wie *Bill → Neidjie* sagt: »Weil der Ort, an dem wir sitzen, eine Djang-Stätte ist, beobachtet es uns, sieht, was wir tun wollen. Wenn wir es berühren, kommt vielleicht ein schwerer Orkan, heftiger Regen, eine Überschwem-

mung, oder es verwüstet einen anderen Ort... eine andere Gegend, die es verheert... Wir nennen es Djang. In unserer Sprache heißt es Djang. Es ist ein geheimnisvoller Ort... Hier lebt die Traumzeit fort.«
In einer Sprache der → *Westlichen Wüste* wird diese Energie Malagi genannt und mit einer spirituellen Kraft verglichen, die das Leben und das menschliche Dasein bewahrt. Erneuerung findet sie durch rituelle Betätigung. In diesem Zusammenhang sind Djang- oder Malagi-Stätten Energiequellen und ähneln riesigen Batterien, aus denen Leben geschöpft wird.

Siehe auch *Auwa; Heilige Stätten; Menstrualblut; Moipaka; Thalu-Stätten; Walkabout.*

Djanggawul-Mythologie und -Zeremonien. Die in Gesangszyklen wiedergegebene Djanggawul-Mythologie liegt vielen Zeremonien der → *Duwa-Moiety* der Yolngu im → *Arnhem-Land* zugrunde und liefert die Motive für ihre Kunst.
Die Zeremonien werden → *Nara* genannt und von den initiierten Männern im Verlaufe mehrerer Tage vorgetragen. Zur Vorbereitung ziehen die Männer aus und richten die heiligen Gegenstände her, die in diesem Gebiet → *Rangga* heißen. Es handelt sich hierbei um hölzerne Pfähle und Pfosten, die in → *Wasserlöchern* oder im Uferschlamm verborgen gehalten werden und für die Zeremonien erneut bemalt werden müssen.
Den Frauen kommt bei diesen anfänglichen Zeremonien eine wichtige Rolle zu. Sie fertigen lange, gefiederte Schnüre an, die ihnen rituell von den Männern entwendet werden. Dies hängt in direkter Weise mit einer Episode im Mythos zusammen, die davon handelt, daß sich die rituellen Gegenstände und Zeremonien einst im Besitz von Frauen, nämlich Djanggawuls Schwestern Bildjiwuraru und Miralaidj, befanden, jedoch von Männern gestohlen wurden (→ *Djanggawul und seine beiden Schwestern*).
Nach dem Abschluß der vorbereitenden Maßnahmen wird der Ort des zeremoniellen Rituals hergerichtet und eine Schutzhütte errichtet. Damit wandelt er sich zu einer heiligen Stätte, auf der Djanggawul erscheinen wird. Die Schutzhütte symbolisiert den

Schoß der beiden Schwestern Djanggawuls. Die ersten Tänze (→ *Tanz*) beziehen sich auf das Steigen und Fallen der Brandung sowie das Meeresrauschen und veranschaulichen, wie Djanggawul über das Meer nach Port Bradshaw paddelte. Über die ganze Zeit wird das Tanzen und Singen der Gesangszyklen von Beschwörungen begleitet, welche die Macht Djanggawuls mit den Protagonisten der Zeremonie verbinden sollen.

In der zweiten Hälfte der Zeremonie steht der Diebstahl der heiligen Gegenstände von den beiden Schwestern im Mittelpunkt. Der Zyklus von Ritualen und Zeremonien schließt mit einem rituellen Bad, wobei die Männer gefolgt von den Frauen und Kindern zum Strand tanzen und ins Wasser hineinspringen. Das soll möglicherweise die Rückkehr der Djanggawul auf ihre Inselheimat symbolisieren.

Danach folgt das rituelle Verzehren von heiligem Fladenbrot aus Palmfarnsamen, das die Frauen zubereitet haben. Diese Handlung knüpft ein heiliges Band der Freundschaft zwischen den Beteiligten: Sie werden eins.

Die Zeremonien stärken nicht nur die Bindungen innerhalb der verschiedenen Stammesgruppen, sondern sie betonen auch die Kontinuität zwischen den heutigen Menschen, ihren Ahnen und den künftigen Generationen. Die Fruchtbarkeit des Universums wird in Zeremonien dargestellt, die auf dem Rhythmus des Jahresablaufs beruhen: wie etwa der Regenzeit, die durch ihr Kommen das Aufkeimen pflanzlichen Lebens sichert und danach durch ihr Gehen das notwendige Erlöschen des Lebens symbolisiert. Jedwedes Leben und jedwede universelle Tätigkeit, einschließlich der Gesänge und Zeremonien, sind zyklisch. Wenn die Zeremonien bewahrt werden, wiederholt sich der Zyklus unentwegt, dank → *Djanggawul und seiner beiden Schwestern.*

Djanggawul und seine beiden Schwestern. Auf der Insel Baralku, weit draußen auf dem Meer, lebten drei Geschwister: Djanggawul, seine ältere Schwester Bildiwuwiju (oder Bildjiwuraru), die viele Kinder hatte, und seine jüngere Schwester Muralaidj (oder Miralaidj), die gerade erst in die Pubertät gekommen war. Nach langer Zeit beschlossen sie, ihre Inselheimat zu verlas-

sen und sich nach Australien zu begeben. In gewissem Sinne glichen sie Missionaren, da sie ihr Kanu mit heiligen Gegenständen und Wahrzeichen beluden, die sie in einem spitz zulaufenden Mattenkorb aufbewahrten. Als sie in See stachen, leuchtete über Baralku der → *Morgenstern.*
Sie landeten am Yelangbara-Strand in der Nähe von Port Bradshaw an der Küste des → *Arnhem-Landes,* der dadurch auf alle Zeiten zu einer heiligen Stätte wurde. Ihr Kennzeichen ist ein Felsen, von dem es heißt, er sei ihr Kanu. Außerdem sprudelt dort eine Süßwasserquelle, die Djanggawul schuf, als er seinen Mawalan, seinen Wanderstock, in den Sand stieß. Der Stock selbst wuchs zu einem Kasuarinenbaum heran. Dann hörten sie den Ruf eines schwarzen Kakadus und sahen, als sie die Sanddünen hinaufschauten, die Fährte eines Tieres. Es war ein Goanna oder Großwaran, dem Djanggawul den Namen Djunda gab. Danach traten sie ihre Reise quer durchs Land an, benannten Orte und Tiere und legten für künftige Generationen heilige Gegenstände in den Boden. Sie besiedelten das Land und erreichten schließlich eine Gegend, die später vom Festland abgetrennt werden sollte. Eines Tages stolperte Djanggawul über eine Kriechpflanze und stieß versehentlich seinen Wanderstock in den Morast. Augenblicklich stieg das Meer, überschwemmte fast das gesamte Gebiet und schuf auf diese Weise die Insel Elcho.
Der Mythos geht so weiter, daß einige Männer, die Söhne der beiden Schwestern, ihren Müttern die heiligen Wahrzeichen, ihre Gesänge und Zeremonien stahlen. Nachdem sie den Diebstahl entdeckt und über ihr weiteres Vorgehen diskutiert hatten, vergaben Bildiwuwiju und Muralaidj ihren Söhnen, weil sie ja im Besitz ihrer Gebärmutter geblieben waren, einem sichtbaren Zeichen der Macht, das ihnen kein Mann jemals nehmen konnte. Schließlich, nach zahllosen Abenteuern und der Weitergabe wichtiger kultureller Gerätschaften, Zeremonien, Gesänge und auch der Sprache, kehrten der Bruder und seine beiden Schwestern auf ihre Inselheimat zurück.
Dieses Mythengeflecht ist insofern bedeutsam, als es unter anderem die Ursprünge eines Großteils der Kultur des Arnhem-Landes außerhalb Australiens ansiedelt. Ihr Fremdeinfluß wird

offensichtlich, wenn wir sie den Kulturen anderer Teile Australiens gegenüberstellen und merkliche Unterschiede feststellen – wenngleich im nördlichen Neusüdwales und im südlichen küstennahen Queensland ebenfalls davon die Rede ist, daß die kulturbringenden Ahnen übers Meer kamen (die Drei Brüder und ihre Großmutter) und auch in den → *Kimberleys* erzählt wird, daß die → *Wandjina,* oder zumindest einige von ihnen, vom Meer her kamen. Doch in den Gebieten des Landesinneren, wie etwa der → *Westlichen Wüste,* entsprangen die großen Ahnen dem Lande.
In dieser gekürzten Form des Mythos sind zahlreiche wichtige Ereignisse und Elemente ausgelassen, wie zum Beispiel die Begegnung mit noch älteren einheimischen → *Ahnenwesen.* Andere Gesangszyklen des Arnhem-Landes, die eher historisch als mythisch zu sein scheinen, beinhalten die Besuche anderer Menschen, wie beispielsweise der Makassarener aus Indonesien. Es ist daher möglich, daß der Mythos von Djanggawul und seinen beiden Schwestern die vorzeitliche Ankunft von drei Kulturbringern verzeichnet, die großen Einfluß auf die Menschen und die Kultur des Arnhem-Landes ausübten, und daß sie, da die Ereignisse weit in die Vergangenheit reichen, mythologisiert wurden, so wie es bei anderen alten spirituellen Traditionen ebenfalls vorkommt.

Siehe auch *Djanggawul-Mythologie und -Zeremonien; Duwa-Moiety.*

Djinigun → *Kimberley.*

Djinini → *Brachvögel; Mudungkala; Pukamani-Bestattungszeremonien.*

Djuit → *Antares.*

Djurt-Djurt, der Graubartfalke → *Balayang; Bunjil; Krähe.*

Doan, das Gleitpossum → *Zwei Brüder.*

Domjum → *Yagan.*

Donnermann (Bodngo bzw. Djambuwal), ein wichtiges Ahnenwesen der → *Duwa-Moiety* im → *Arnhem-Land*. In der → *Traumzeit* lebte er in den Regenwolken. Die Djanggawul erblickten ihn und sangen auf ihrer Reise von → *Bralgu* zum Festland (→ *Djanggawul und seine beiden Schwestern*) von ihm. Wenn er über die Gewässer schreitet, verursacht er riesige Wellen, die → *Kanus* gefährlich werden. Er verfügt über eine Anzahl von → *heiligen Stätten,* deren eine er schuf, als er seine doppelköpfige Keule auf die felsige Vorderseite eines Hügels schleuderte und diese in Bruchstücke zersplitterte. Die Splitter werden als seine Augen bezeichnet und finden sich noch heute im Arnhem-Land. Als er die »Augen« in die Himmel warf, bildeten sie Wolken.

Dooloomi → *Tooloom-Wasserfälle*.

Dorabauk, → *Schamane* der → *Koori* des späten 19. Jahrhunderts, der einst einen Mann zum Leben wiedererweckte. Er war gerufen worden, um einen Kranken zu heilen, und als er im Lager eintraf, fand er den Patienten am Randes des Todes vor. Dorabauk machte sich sogleich an die Verfolgung der entweichenden Seele und kehrte mit dieser, in ein Tuch eingewickelt, nach einiger Zeit zurück. Er sagte, er sei bis ganz an den Rand der → *Erde* geflogen und habe die Seele in dem Augenblick eingefangen, als sie dabei war, in den Himmel aufzusteigen. Er setzte dem Mann die Seele wieder ein, worauf er wieder genas.

Dreaming → *Träumen; Traumzeit; Traumzeittotem*.

Dreamtime → *Traumzeit*.

Droemerdeener → *Tasmanischer Schöpfungsmythos*.

Druk, der Frosch → *Kreuz des Südens; Zwei Brüder*.

Dua-Moiety → *Duwa-Moiety*.

Dugul-Schwestern → *Große Corroborees.*

Dumbi, die Eule → *Große Flut.*

Dundalli, ein Held der → *Aborigines* von Queensland. Er gehörte einem der → *Stämme* an, die Besitzer jenes Gebietes waren, auf dem Brisbane, die Hauptstadt von Queensland, errrichtet wurde. Er kämpfte um sein Land, woraufhin ihn die weißen Eroberer 1845 durch Erhängen hinrichteten.

Duwa-Moiety (auch Dua bzw. Dhuwa), einer der beiden großen Sippenverbände der Yolngu im → *Arnhem-Land.* Sie hat kulturbringende Ahnen, die übers Meer kamen, während die andere Moiety, → *Yiritja,* sich auf Ahnen bezieht, die auf dem Land lebten.
Dem verstorbenen Jack Mirritji zufolge, der einen Teil des kulturellen Wissens über seine Yolngu überliefert hat, ist der Brolga-Kranich, der häufig auch als Einheimischer Begleiter bezeichnet wird, der Vogel der Duwa-Moiety, während der Jabiru, der australische Storch, derjenige der Yiritja-Moiety ist. Es gilt die Regel, daß Jabiru-Leute nur Brolga-Leute heiraten dürfen. Die Wechselbeziehung zwischen beiden Moieties zeigt sich in der Initiationszeremonie, bei der Yiritja-Angehörige die Überwachungsaufgaben übernehmen und für die Aufrechterhaltung der Ordnung zu sorgen haben, wenn ein Mitglied der Duwa-Moiety initiiert werden soll, und umgekehrt. Jack Mirritji erklärt, was diese Teilung bedeutet oder bedeuten soll. Er sagt, da die Yolngu-Leute in einem System leben, in dem alle miteinander verwandt sind, gehört demzufolge alles, was ein einzelner besitzt, gleichfalls auch allen anderen. Alles wird geteilt – eines Menschen Haus, seine Nahrung und Habe.
Der Mythos von → *Djanggawul und seinen beiden Schwestern* ist das grundlegende Thema des rituellen Lebens der Duwa-Moiety, besonders in ihren → *Nara*-Zeremonien. Dabei werden die Reisen der Djanggawul von der Insel Bralgu an die Küste des Arnhem-Landes wie auch anschließend auf dem Kontinent episch wiedergegeben. Die Zeremonien kulminieren in der ritu-

ellen Handhabung der heiligen Gegenstände, der → *Rangga,* die von den → *Ahnenwesen* nach Australien gebracht wurden.

Siehe auch *Gunabibi-Zeremonien; Roter Ocker.*

Duwoon (Glennie's Chair), wichtige heilige Stätte der Bundjalung (→ *Bundjalung-Nation),* an der die Menschen das → *Schwirrholz* zur Verwendung bei Zeremonien überreicht bekamen.
Die mit diesem Ort verbundene Geschichte lautet folgendermaßen: Eine Großmutter und ihr Enkel waren von den Bergen her unterwegs zur Küste, und der Knabe blieb an einem Baum stehen, um Larven (Djubera) herauszuschneiden. Die Großmutter ging weiter und ließ ihren Enkel zurück. Dieser schnitt weiterhin Larven heraus, und jeder Span, den der Knabe schnitt, flog mit einem dröhnenden Geräusch nach oben. Dadurch erkannte er, daß dem Ort eine mächtige Kraft innewohnen mußte, eine → *Djang,* und so hackte er weitere Späne ab, befestigte eine Schnur an den Enden und erhielt somit ein Schwirrholz oder Wobblegun (das Bundjalung-Wort für Schwirrholz). Sogar heute noch sind dort die Geräusche der Schwirrhölzer zu hören.
Bei den Bundjalung wurden Schwirrhölzer ausschließlich von Männern betätigt. Sie wurden bei Initiationszeremonien verwendet und als die Stimmen der Ahnen angesehen. Sie dienten der Übermittlung von Botschaften zwischen den → *Ältesten* und stellten auch die Verbindung zur Geisterwelt her.

Dyaydyu, die Känguruhratte → *Große Corroborees.*

E

Eaglehawk → *Würgadler und Krähe.*

Echidna → *Ameisenigel.*

Eelgin, die Grillenfrau → *Riesenhunde.*

Eheregeln → *Sippengruppen.*

Einheimischer Begleitervogel, andere Bezeichnung für den Brolga-Kranich, da er häufig in der Nähe von Gruppen der → *Aborigines* gesehen wurde.
Siehe auch *Emu; Magellansche Wolken.*

Einheimischer Tabak → *Palkalina; Pituri.*

Empfängnisglaube. Viele → *Aborigines,* darunter auch die → *Bibbulmum,* glaubten, daß → *Kindgeister* gewisse Fruchtbarkeitsstätten bewohnten. Sie wurden dort entweder in der → *Traumzeit* von den Ahnen zurückgelassen oder waren Seelen, die einer Wiedergeburt harrten. An diesen Orten warteten sie auf eine geeignete Gelegenheit, in einen Mutterleib zu schlüpfen. Dorthin begaben sich Frauen, die sich ein Kind wünschten. Es herrschte der Glaube vor, daß der Mann, wenngleich er eine gewisse Rolle bei der Empfängnis spielte, dem Kindgeist lediglich mehr oder weniger den Zugang zum Schoß der Mutter verschaffe. Wichtigste Aspekte für eine Frau, die schwanger wurde, waren jedoch die Anwesenheit und das Hineinschlüpfen des Kindgeistes.
Siehe auch *Erstes männliches Kind; Kindgeister; Kindsgeburt; Menstrualblut.*

Emu. Dieser straußähnliche Vogel nimmt in der Mythologie der → *Aborigines* eine herausgehobene Stellung ein, und in einigen Darstellungen sind die sieben Schwestern, die zu den → *Plejaden* wurden, Emus.

Bei den *Koori* in Victoria wurde der Emu mit dem → *Einheimischen Begleitervogel* in Verbindung gebracht, und in den Mythen über den Ursprung der → *Sonne* sind beide Tiere die kosmischen Akteure, die das Licht auf die → *Erde* bringen.

Die → *Ältesten* jener → *Stämme,* die am → *Murray River* lebten, erzählten, daß es in der → *Traumzeit* keine Sonne gab und den Menschen als Beleuchtung lediglich das schwache Licht der Sterne zur Verfügung stand. Damals waren die Emus Himmelsvögel und kamen niemals mit der Erde in Berührung; dann stieß einer von ihnen einmal in die Nähe der Erde nieder und erkannte, daß dort Menschen lebten. Bei einer anderen Gelegenheit sah er sie tanzen und singen. Der Emu konnte sich nicht länger beherrschen, landete zum allerersten Mal auf der Erde und fand sich in einer Gruppe Einheimischer Begleiter wieder. Er fragte, ob er ebenfalls auf der Erde leben dürfe. Einer der Einheimischen Begleiter verbarg geschwind seine Flügel hinter dem Rücken und sagte dem Emu, dies sei ihm unmöglich, weil er durch seine riesigen Schwingen daran gehindert werde. Sie müßten abgeschnitten werden. Der Emu stimmte zu, doch als er ohne Flügel war, breitete der Einheimische Begleiter die eigenen Schwingen aus und flog zu seinen Artgenossen davon, worauf sich alle über den Streich, den sie ihm gespielt hatten, freuten. Der Kookaburra oder Lachende Hans, der nahebei auf einem Baum gehockt hatte, fand den Schabernack ebenfalls lustig und muß noch heute jedesmal lachen, wenn er sich daran erinnert.

Der Emu paßte sich jedoch dem Leben auf der Erde an und baute, als die Brutzeit herannahte, ein riesiges Nest, in das er seine Eier legte und die er dann bebrütete. Eines Tages war der Einheimische Begleiter mit seinen Kindern unterwegs und sah den Emu auf seinen Eiern sitzen. Er heckte sogleich einen neuerlichen Streich aus. Geschwind versteckte er seinen Nachwuchs bis auf ein Küken, ging zum Emu hinüber und grüßte ihn. Der

Emu, der etwas einfältig war, trug ihm nichts nach, da er sich schon ganz gut an das Leben auf der Erde gewöhnt hatte. Der Einheimische Begleiter sah den riesigen Stapel Eier und meinte, daß es doch große Mühe bereite, so viele Kinder auf einmal zu haben. Er zeigte auf sein Küken und sagte, es sei viel leichter, wenn man sich nur um ein einziges Kind zu kümmern brauche. Er schlug dem Emu vor, all seine Eier bis auf eines zu zerbrechen, und der törichte Vogel folgte seinem Rat.

Gnawdenoorte jedoch, Sohn des Allvaters, hatte zugeschaut und beschloß, den Einheimischen Begleiter zu strafen, indem er dessen langen und graziösen Hals krumm und runzlig und seine süße, betörende Stimme zu einem rauhen Krächzen werden ließ. Außerdem konnte der Einheimische Begleiter von nun an nur noch ein oder zwei Eier legen. Das verbitterte ihn gegenüber dem Emu sehr, auch wenn es sein eigener Fehler gewesen war. Mit Beginn der nächsten Brutzeit kam er zum Emu, doch mit dem scheußlich runzligen Hals und der mißtönenden Stimme war ihm jegliche Fähigkeit abhanden gekommen, den Emu zu irgend etwas zu überreden. Also wurde der Einheimische Begleiter gewalttätig. Er sprang über den Emu hinweg und in dessen Nest, wo er anfing, das Gelege zu zerstören. Der Emu stürzte sich auf ihn, konnte ihn jedoch ohne Flügel nicht fassen. Der Einheimische Begleiter flog einfach jedesmal auf, wenn der Emu näher kam. Schließlich hielt er beim Hochfliegen das letzte Ei des Emu in den Krallen und hoffte, es würde zerschellen, als er es fallen ließ. Es stieg jedoch hoch und immer höher bis zur → *Himmelswelt,* wo es auf einen riesigen Holzstapel fiel, den Gnawdenoorte aufgeschichtet hatte. Der Aufprall war so stark, daß das Holz in Flammen aufging und die gesamte Welt mit Licht überflutet wurde.

Gnawdenoorte sah, um wie viel besser die Welt mit Licht war, also zündet er jeden Tag einen neuen Stapel Holz an.

Eora-Stamm. Der zum Volk der → *Koori* gehörende Stamm war der ursprüngliche Eigentümer des Landes, auf dem sich Sydney, die größte Stadt Australiens, heute ausdehnt. Der Stamm unterteilte sich in verschiedene Gruppen oder Sippenverbände, wie die Kuringgai, Kameragal, Bidjigal, Borogegal, Buramedigal und Kadigal.

Siehe auch *Corroboree; Pemulwuy; Roter Waratah.*

Erde, für viele → *Stämme* der → *Aborigines* die Grundlage jeglichen Lebens. Manche, wie die → *Nyungar,* sehen sie als → *Große Mutter* an, wobei die Oberfläche ihre Haut ist. Diese zu durchstoßen bedeutet daher, sie zu verletzen. Laut Bill → *Neidjie* ist die »Erde ... genau wie dein Vater oder dein Bruder oder deine Mutter, weil du dich zur Erde begeben mußt, weil du in die Erde heimkehren mußt, deine Gebeine ... weil dein Blut diese Erde hier ist«.
Außerdem ist für viele Gruppen der Aborigines die Erde in männliche und weibliche Gebiete eingeteilt. Männer werden sich nicht in weibliche Regionen wagen und Frauen nicht in männliche.
Es kann durchaus gesagt werden, daß sich nahezu die gesamte Mythologie der Aborigines auf die Erde begründet, der zahlreiche Ahnen zusammen mit der Landschaft entstiegen, die eine lebendige Geschichte ihrer Handlungen in der → *Traumzeit* darstellt. Genauer gesagt sind Erde und Menschheit eng miteinander verbunden, und wenn Land, das sich in eines Menschen Obhut befindet, verletzt wird, dann erkrankt auch der Mensch und stirbt.

Siehe auch *Ahnenwesen; Djang; Erde, Wasser, Feuer und Luft; Große Mutter; Heilige Stätten; Kosmographie; Thalu-Stätten; Unterwelt.*

Erde, Wasser, Feuer und Luft. Die Elemente → *Erde,* Wasser, → *Feuer* und Luft stehen im Mittelpunkt zahlreicher Mythen der → *Aborigines.* Die Erde ist das erste Element, aus dem das Wasser freigesetzt werden muß; ihm folgt das Wasser als zweites Element, dem das Feuer entnommen werden muß; und der Rauch des Feuers symbolisiert die Luft. Die beiden ersten sind gewöhnlich weiblich, und männliche Personen betreten sie auf eigene Gefahr; oder die männlichen → *Ahnenwesen* entspringen ihnen. Die beiden anderen sind männlich und Bestandteile männlicher

Wiedergeburtsrituale in den → *Boro-Ringen,* obgleich sich in den Mythen das Feuer einst oftmals der Obhut der Frauen anvertraut war, denen es gestohlen wurde (→ *Krähe).* Ihm wohnen die Eigenschaften beider Geschlechter inne, und daher muß bei den männlichen Wiedergeburtszeremonien der Initiant das Feuer durchqueren, um dann durch den Rauch geläutert zu werden.
Siehe auch *Rot, Schwarz, Gelb und Weiß.*

Erdmalerei. Diese vor allem in Zentralaustralien praktizierte Kunstform inspirierte die modernen, mit Acrylfarben ausgeführten Gemälde. Erdmalereien sind Bestandteil religiöser Zeremonien der → *Aborigines.*
Zunächst wird eine Fläche auf dem Boden geglättet und vorbereitet. Sand, Lehm, Ocker und andere Materialien, wie Zweige, Vogeldaunen, Haare, Pflanzenfasern und Blut, werden dazu verwendet, die »Einrichtung« vorzunehmen, die aus einer Anzahl komplizierter Zeichnungen besteht, welche konzentrische Kreise, gefurchte Linien und erhaben gearbeitete Formen enthalten. Die Zeichnungen stellen die → *Ahnenwesen* und deren Reisen und Abenteuer dar.
Siehe auch *Felsmalerei; Papunya-Tula-Kunst; Rindenmalerei.*

Erdplastiken. Plastische Erdarbeiten sind Bestandteil der Zeremonien sowohl bestimmter Gruppen der → *Aborigines* des *Arnhem-Landes* als auch der → *Koori* im südlichen Australien.
Bei den → *Djambidji-Bestattungszeremonien* wird der Boden in der Mitte eines → *Boro-Rings* in Form eines Bootes ausgehoben und der → *Hohlstammsarg* Badurra so aufgestellt, daß er innerhalb der Bootsform wie ein Schiffsmast wirkt. Dies symbolisiert die Reise der Seele übers Meer zur → *Insel der Toten.*
Im südöstlichen Australien verwendeten die Koori bei ihren komplizierten Boro-Mannbarkeitszeremonien gefurchte und erhabene Erdzeichnungen. Die Reliefs schlossen Darstellungen von Reptilien, Tieren sowie Männern und Frauen ebenso ein wie abstrakte Formen. Ebenso wurden riesige irdene Abbildungen von → *Biame* geformt. Manche dieser Figuren waren länger als

20 Meter. Die → *Ältesten* führten die initiierten jungen Männer zu einer solchen riesigen Gestalt und erläuterten dort ihre Gesetze und die Strafen, die in Kauf zu nehmen waren, wenn sie gebrochen wurden.

Siehe auch *Erdmalerei; Felsgravierungen.*

Erste Frau. Dieser Mythos wird von den → *Ältesten* des Kalkan-Sippenverbands der → *Wik Munggan* erzählt. → *Mond* und → *Morgenstern* waren ursprünglich zwei frisch initiierte junge Männer, die aus dem Nordosten in Richtung Süden durch das Land zogen. Das geschah in der → *Traumzeit,* und es gab bis dahin noch keine Frauen. Während sie unterwegs waren, sangen sie und schufen dabei die Flüsse. Der Mond war der ältere Bruder, Morgenstern war der jüngere. Ersterer ließ den anderen all jene Aufgaben durchführen, die schließlich zum Tätigkeitsbereich der Frau gehören sollten.

Irgendwann auf ihren schöpferischen Reisen legten sie sich zum Schlafen nieder, und während der Nacht stand der Ältere auf und kastrierte seinen Bruder. Er vollführte dort einen Schlitz, wo sich des Bruders Genitalien befunden hatten, und drückte dessen Brustkorb, um Brüste daraus zu formen. Und damit war die erste Frau erschaffen.

Erstes männliches Kind. Kinder, so heißt es, finden sich an Fruchtbarkeitsstätten. Die → *Ältesten* der → *Wik Munggan* kennen einen Mythos, der von der Erschaffung des ersten männlichen Kindes und der sich daraus ergebenden Fruchtbarkeitsstätte handelt. In der → *Traumzeit* kam einst ein einzelner Mann von Westen her und begegnete einer Frau. Sie beschlossen zusammenzubleiben und wollten danach ein Kind haben. Sie fertigten es aus Lehm und verwendeten scharlachrote Samen als Augen, Grashalme als Haare und Schnüre als Gedärme. Der Mann legte anschließend dieses Wesen mit dem Kopf voran in die Vagina und schob dann roten Kautschuk vom Blutholzbaum, gefolgt vom milchigen Saft des Milchholzbaumes, hinein. Er bearbeitete die Vagina, und schließlich wurde die Kreatur lebendig. Sie begann zu wachsen, und der Leib der Frau nahm an

Umfang zu, ebenso wie ihre Brüste. Jetzt bewegte und drehte sich das Kind.

Der Ehemann zog auf die Jagd, und während seiner Abwesenheit entband die Frau. Der Kopf des Säuglings trat zuerst hervor, danach kam der rote Kautschuk heraus, und das Kind war geboren. Die Frau vergrub die Nachgeburt in einem Loch im Boden. Der Ehemann kehrte zurück und stellte fest, daß er Vater eines Knaben geworden war. Er versorgte seine Frau, indem er für sie → *Yamswurzeln* ausgrub, die sie aß. Für sich selbst fing er einen kleinen Wels, die großen ließ er unbehelligt. Nach einiger Zeit dunkelte die Haut des Säuglings, und die Nabelschnur vertrocknete und fiel ab. Die Frau brachte diese zum Manne. Sie sammelte Yamswurzeln und kleine Fische, strich sich Lehm auf die Stirn und rieb auch ihre Brüste mit Lehm ein. Sie legte einen Grasrock an, nahm ihr Kind auf, bemalte sein Gesicht entlang der Nase mit einem weißen Streifen und rieb seinen Körper mit Holzkohle ein. Danach trug sie es zusammen mit Wurzeln und Fischen zum Vater. Dieser nahm seinen Sohn entgegen.

Wie so oft in diesen Geschichten versanken die drei später in der → *Erde* und wurden zu einer heiligen Stätte (→ *Djang*). Der Name dieses Ortes ist Pukauwayangana, die Fruchtbarkeitsstätte für Knaben. Männer, die an diesen Ort kommen, zeugen männliche Kinder, und Frauen werden hier schwanger.

Siehe auch *Empfängnisglaube; Kindsgeburt.*

Eule. Diesem Nachtvogel wird nachgesagt, er könne den → *Tod* riechen. Die Eule ist der Wächtervogel der todbringenden Geister, denn sobald sie gemerkt hat, daß jemand dem Tode nahe ist, führt sie diese dorthin. Ihr Erscheinen war also eine Ankündigung des Todes. Das gleiche glaubte man auch vom Mopoke, dem Kuckuckskauz.

F

Fadenkreuz → *Waningga*.

Felsgravierungen sind die bei weitem ältesten künstlerischen Arbeiten der → *Aborigines*. Sie sind überall auf dem Kontinent verbreitet und reichen von isolierten Ritzzeichnungen bis zu riesigen Galerien auf flachen Felsflächen.
Im Gebiet des Hawkesbury River in New South Wales finden sich große eingravierte Gestalten männlicher Ahnen (→ *Ahnenwesen*), von denen gesagt wird, sie stellten → *Biame* dar, die Allvatergottheit (→ *Allvater*) dieser Gegend.
  Siehe auch *Erdplastiken; Felsmalerei.*

Felsmalereien können an vielen Stellen in Australien besichtigt werden. Viele sind Tausende von Jahren alt, und aus ihnen wird ersichtlich, wie die Ahnen der → *Aborigines* lebten. Dieser Kunststil wird jedoch auch noch heute praktiziert. Die berühmte Quinkin-Gegend (→ *Laura*) im nördlichen Queensland und der → *Kakadu-Nationalpark* sind Orte, die prächtige Beispiele von Felsmalereien zu bieten haben.
  Siehe auch *Felsgravierungen; Kuringgai-Chase-Nationalpark; Marwai, der Meistermaler; Mimi-Geister; Rindenmalerei; Yuendumu.*

Feuer. In den Mythen wird das Feuer oftmals durch einen männlichen Ahnen, beispielsweise den Krähenmann, von einer Ahnenfrau als Symbol der Wärme und des Lichts entgegengenommen oder aber ihr gestohlen. Der neue Besitzer behält es nun für sich, und es muß ihm daraufhin wieder entwendet oder durch Arglist weggenommen werden. Oft verbleiben dem Körper des Vogels oder Vierbeiners sichtbare Zeichen dafür, sich des Feuers bemächtigt zu haben. So ist auch die Schwarzfärbung der → *Krähe* zu erklären, die bei dem Versuch, das Feuer zum Wohle aller zu erkämpfen, verbrannt wurde.

Es gibt viele Geschichten über das Feuer, dessen Diebstahl und dessen erstes Entzünden. Im → *Arnhem-Land* waren die Frauen die Hüterinnen des Feuers, und es wurde ihnen von ihren Söhnen entwendet, die sich zu → *Krokodilen* verwandelten. Diese hatten es ihrerseits so lange in ihrer Obhut, bis es ihnen durch den Regenbogenvogel gestohlen wurde, der es allen Menschen gab. Bei den → *Wik Munggan* wird erzählt, daß es in der → *Traumzeit* einen Mann namens Feuer gab, der als einziger wußte, wie man Feuer macht. Einst wollten die Männer einen Brand entfacht haben, um Wild aus dem hohen Gras zu treiben. Feuer war einverstanden, ihnen zu helfen. Er brach zwei Zweige ab. Einen legte er auf den Boden und bohrte ein Löchlein hinein. Dann nahm er den anderen Zweig, steckte ein Ende in das Loch und fing an, ihn schnell hin- und herzudrehen. Er drehte und drehte, doch nichts passierte. Er versuchte es mit einem anderen Zweig – vergebens. Er brach einen grünen Zweig ab und sagte: »Dies ist der richtige.« Er zupfte etwas Gras aus, legte es daneben und leitete den Funken, den er nun durch die Reibung entzündete, hinein. Er blies das Gras an, worauf sich darin ein Flämmchen entwickelte. Und so lehrte Feuer die Männer, wie man durch Aneinanderreiben von Holzstöckchen Feuer macht.

Dem Feuer und allem daraus Hervorgegangenen werden heilende Eigenschaften nachgesagt. Die Asche bestimmter Pflanzen wird auf Wunden und erkrankte Körperpartien aufgetragen. Aromatische Pflanzen und Blätter werden gemeinsam mit grünen Zweigen und Blättern über dem Feuer zu einer Plattform hergerichtet, die einem Kranken als Unterlage dient. Im Rauch und in dem aus der Plattform aufsteigenden Dampf sind die heilenden Eigenschaften enthalten. So erkrankte einmal ein Kind an Kinderlähmung. Es wurde zu einem → *Schamanen* gebracht, der es über einem Feuer auf einer Schicht aus grünen Zweigen und Pflanzen dem Rauch aussetzte und es auf diese Weise von seinem Leiden heilte.

Siehe auch *Adler; Erde, Wasser, Feuer und Luft; Mudung-*

kala; Trickster-Charakter; Willy Wagtail; Wudu-Zeremonie der Kimberley-Region.

Finke-River-Mission → *Hermannsburg.*

Fleischgruppen → *Sippengruppen.*

Fliegen. Die → *Ältesten der* → *Wik Munggan* kennen folgenden Fliegenmythos. In der → *Traumzeit* lagerten eines Tages ein Fliegenmann und seine Frau an einem Ort, als Tata, der → *Frosch,* sie aufsuchte. »Ich bin gekommen, um euch zu meinem Lager zu führen«, sagte er. Sie antworteten, daß sie müde seien und ihn am nächsten Morgen begleiten würden.

Am folgenden Morgen traten sie ihre Reise an und sammelten unterwegs Honig. Sie erreichten Tatas Lagerplatz und blieben dort. Tags darauf gingen sie noch mehr Honig suchen. Sie baten den Frosch, ihn mit Wasser zu vermengen, doch er weigerte sich. Sie baten ihn erneut, und wiederum weigerte er sich. Sie fingen an zu streiten und zu kämpfen. Nachdem sie einander verwundet hatten, trennten sie sich. Es wird erzählt, daß Tata im Kampf einen flachen Kopf erhielt und Gesicht und Körper der Fliege → *schwarz* wurden, weil Tata sie mit einem Feuerbrand angegriffen hatte.

Der Mann und seine Frau gingen zu ihrem Lager zurück und stiegen in die → *Erde* hinab. Bevor dies geschah, sagte der Mann: »Dies ist die der Fliege geweihte Stätte. Wenn fortan Menschen hierherkommen und die Fliegen wegjagen und mich somit aufwecken, werde ich ihnen Fliegen in die Augen schicken, so daß ihnen diese anschwellen.«

Fliegende Füchse → *Flughunde.*

Flinders Range, eine Bergkette im Gebiet der → *Adnyamathanha* nördlich von Adelaide, der Hauptstadt von South Australia. Ein großer Teil des Bergzuges wurde in den Gammon-Ranges-Nationalpark umgewandelt.

Die → *Ältesten* der Adnyamathanha kennen die Geschichte, die von der Erschaffung der Flinders Range handelt. Vor langer Zeit war das ganze Land flach, und es lebten da ein Känguruh namens Urdlu und ein Euro bzw. Bergkänguruh namens Mandya, die in der Ebene umherstreiften. Sie taten sich vor allem an der Wurzel der Wildbirne gütlich, der sie den Namen Ngarndi Wari gaben. Urdlu fand im allgemeinen viel Nahrung, während Mandya mit weniger vorliebnehmen mußte. Einmal kam das Euro zum Känguruh und bat es um etwas zu essen, und dieses kam seiner Bitte nach. Dem Euro schmeckte das sehr gut; dann war Schlafenszeit. Am nächsten Morgen schlich Mandya sich heimlich weg und folgte der Fährte Urdlus, bis es herausfand, wo dieses die Nahrung hergeholt hatte. Urdlu wachte auf, stellte fest, daß das Euro seinen Schlafplatz verlassen hatte, und nahm seinerseits dessen Spuren auf. Als es das Euro fand, versetzte es ihm eine ordentliche Tracht Prügel. Das Euro flüchtete und legte sich erschöpft zum Schlafen nieder. Seine Hüfte begann zu schmerzen, und es tastete dorthin und zog einen Kiesel aus der wunden Stelle. Es blies ihn an, und augenblicklich wuchsen Hügel aus der Ebene. Je mehr es blies, desto mehr Hügel wölbten sich empor. Urdlu schaute zu und sah die Hügel wachsen. Das Känguruh ist ein Tier der Ebene, und es bekam Angst, seine Heimat zu verlieren. Also wischte es mit einem Schwung seines Schwanzes die Hügelkette dorthin zurück, wo sie heute ist.

Siehe auch *Akurra-Schlange; Arta-Wararlpanha; Madkandyi, der Schreckliche Wirbelwind; Westliche Wüste.*

Flughunde. Diese auch als Fliegende Füchse bekannte Großfledermausart ist eine streitsüchtige Familie. Die Tiere hängen ständig kreischend und fauchend verkehrt herum an Ästen, verstecken sich tagsüber im Dickicht und plündern nachts früchtetragende Bäume. Ihnen wird die Erfindung der ersten Speerschleuder zugeschrieben, einer Vorrichtung, die in ihrer Form dem Bein und der Klaue ähnelt, mit der sich die Flughunde mit dem Kopf nach unten festkrallen.
Ihre streitsüchtige Natur kommt in einem Mythos der → *Wik Munggan* zur Sprache. In der → *Traumzeit* waren die Flughunde Menschen. Sie pflegten die Nasen ihrer Speerschleudern mit

Kautschuk anzuheften und klebten die Stücke einer zerteilten Spiralmuschel mit Bienenwachs darauf fest. Sie verwendeten einen kleinen Speer, eine Kurzform mit hölzerner Spitze und ohne Widerhaken. Sie schnitten auch Akazienholz ab, kürzten die vier hölzernen Zinken und fixierten diese mit Kautschuk am Speerschaft. Aus Knochen formten sie Widerhaken, glätteten sie auf einer flachen Palette und befestigten sie dann mit aus den Fasern des Feigenbaumes gefertigter Schnur. Sie bestrichen ihre Speere mit rotem Ton und bemalten sie mit den Fingern mit → *weißem Ocker* oder Pfeifenton. Danach trugen sie sie auf den Schultern.

Während einer Auseinandersetzung fingen sie an, sich mit Speeren zu bewerfen. Dabei wurde ein schwarzer Flughund namens Mukama von einem roten Flughund mit Namen Wuka getroffen. Dieser bot Mukama an, er solle ihm zum Ausgleich den Oberschenkel verletzen. Doch Mukama tötete ihn. Wuka wurde in ein Loch gelegt, und die anderen verbrannten ihn in einem Erdloch, indem sie Rinde vom Teebaum darüberlegten und alles mit Sand abdeckten. Auf diese Weise werden heute Flughunde gebraten. Um das Grab herum stellten sie Pfähle auf, an deren Spitzen sie Jabirufedern steckten, während sie die Mitte mit Emufedern und den Fuß wieder mit Jabirufedern versahen. Ringsum schmückten sie alles mit Emufedern und ließen ihn dort zurück.

Wukas Tötung war der Anlaß für eine Fehde, in deren Verlauf einer der schwarzen Flughunde umkam. Sie gruben ein Loch, begruben und verbrannten ihn und errichteten danach über ihm zwei Pfähle: einen am Kopf und den anderen am Fußende. Der Konflikt dauerte an, bis sie alle in den Boden versanken.

Dies war der Anfang der Spezies Flughund. Die Stelle, an der die Flughundahnen in die Erde stiegen, verwandelte sich in ein Wasserloch. Die Menschen schlagen mit der flachen Hand aufs Wasser und sagen: »Möge es überall Flughunde in Überfluß geben.«

Fogarty, Lionel → *Cherbourg-Aboriginal-Siedlung.*

Fomalhaut. Dieser Stern im Bild des Südlichen Fisches galt bei vielen Stämmen der → *Koori* als → *Moiety-Ahne* Würgadler (→ *Würgadler und Krähe*).

Frauen-Ahnenwesen. Mythen über weibliche → *Ahnenwesen* finden sich überall in Australien. Die Wesen unternehmen lange Reisen, wobei sie die Landschaft gestalten und Fauna und Flora benennen. In der → *Westlichen Wüste* ist beispielsweise neben dem → *Zwei-Männer-Mythos* auch der Mythos von den → *Zwei Alten Frauen* bekannt, der den Weg zweier Ahnfrauen schildert, die von der Wüste im Zentrum Richtung Süden bis zum Südlichen Ozean und wieder zurück reisen.
Während sie unterwegs waren, schufen die beiden Frauen zahlreiche natürliche Merkmale, die heute Lebensquellen darstellen, die mit den spirituellen Substanzen und Energien der Frauen ausgestattet sind.
In angrenzenden Gebieten der Wüste wurden sie Kurinpi-Frauen genannt und sind zwei kenntnisreiche und geachtete Wesen, die durchs Land reisen und es dabei benennen und Zeremonien abhalten. Es wird erzählt, sie hätten die Männer gelehrt, wie man den Speer mit gestrecktem Arm aus der Schulter heraus wirft, und sie hätten diesen auch die rituellen Gegenstände und zeremoniellen Wahrzeichen, die sie bei sich trugen, überlassen. Nach anderer Auslegung allerdings wurden ihnen diese Dinge von den Männern gestohlen. Der Diebstahl bzw. die Übergabe von Zeremonien und Zeremonialgegenständen von den bzw. durch die Ahnfrauen ist Thematik vieler Mythen, in denen Frauen die Hauptrolle spielen (siehe auch → *Feuer*).

Frosch. Frösche werden mit Wasser assoziiert, und in Dürregebieten lebt eine Art von ihnen, die sich in Perioden bevorstehender Wasserknappheit an Wasser satt trinkt, sich dann im Boden vergräbt und so nötigenfalls jahrelang die Zeit bis zum nächsten Niederschlag überbrückt. Die → *Aborigines* wissen das, und wenn Trockenheit herrscht, graben sie diese Frösche des Wassers wegen aus.
Der Frosch ist in die Mythologie als großer Wassertrinker einge-

gangen, und einmal, so wird berichtet, hat er das gesamte Wasser der Welt verschluckt. Die → *Koori* kennen etliche Mythen über Tiddalick, den Frosch, und im folgenden sollen einige wiedergegeben sein:
Dies ist die Darstellung der Kurnai-Koori aus Gibbsland in Victoria. Einst war Tide-Lek (der Name der Kurnai für Tiddalick) krank und trank so viel Wasser, daß es auf der ganzen Welt keinen einzigen Tropfen mehr gab. Für niemand anderen war etwas übriggeblieben. Tide-Lek wollte die anderen nicht länger dürsten lassen, konnte jedoch das Wasser nicht wieder von sich geben. Schließlich kam man auf den Gedanken, daß eine Möglichkeit, ihn es wieder ausspeien zu lassen, darin bestünde, ihn zum Lachen zu bringen. Jeder versuchte es, doch keiner hatte Erfolg. Endlich begann der Aal No-Yang auf seinem Schwanz zu tanzen und wand sich so komisch, daß Tide-Lek lachte. Das gesamte Wasser sprudelte aus seinem Maul und verursachte eine Überschwemmung, bei der viele ertranken. Andere entkamen, indem sie an höher gelegenen Orten Zuflucht nahmen.
Der Pelikan Borun beschloß, die Überlebenden zu retten. Er baute ein großes Kanu, nahm die vom Wasser Eingeschlossenen auf und brachte sie auf sicheres Land zurück. Auf einer Insel fand er ein Weibchen vor, das er zur Frau haben wollte. Sie hatte jedoch Angst vor ihm, also wickelte sie einen Baumstamm in ihre Decke aus Possumfell und legte das Bündel in die Nähe des → *Feuers,* so daß es aussah, als schliefe sie. Als der Pelikan kam, rief er nach ihr; er erhielt jedoch keine Antwort, tastete die Possumfelldecke ab und entdeckte den Baumstamm. Außer sich vor Begierde und Zorn beschloß er, sich an allem und jedem zu rächen. Er begann sich mit → *weißem Ocker* zu bestreichen; doch dabei wurde er zu Stein und ist nun der weiße Felsen White Rock, das nördlichste Eiland in der Gruppe der Seal Islands, etwa 13 Kilometer südöstlich von Rabbit Island und östlich von Wilson's Promontory. Bis dahin waren alle Pelikane → *schwarz* gewesen, doch jetzt sind sie dank des Pfeifentons, den ihr Ahne benutzte, schwarz und weiß.
Im östlichen Australien gibt es einen ähnlichen Mythos über den Riesenfrosch Tiddalick. Zu Anbeginn, in der → *Traumzeit,* gab es

kein Wasser, und alles ging vor Durst zugrunde. Das gesamte Wasser war von Tiddalick verschluckt worden. Die Ahnen kamen zusammen, um zu beraten, wie der Welt Wasser gegeben werden könne. Sie wußten, daß sich das gesamte Wasser im Bauch Tiddalicks befand. Wie sollte er aber davon befreit werden? Sie befanden, daß er zum Lachen gebracht werden müsse. Ein Wurmahne kitzelte ihn, und Tiddalick öffnete das Maul, und sein Körper schüttelte sich vor Lachen. Heraus strömte das Wasser und füllte die Fluß- und Bachtäler sowie die → *Wasserlöcher*. Glücklich stillten alle Lebewesen ihren Durst, und die Pflanzenwelt begann zu wachsen. Der Riesenfrosch lachte und lachte so sehr, daß er seine Stimme verlor. Sie verkam zu einem heiseren Quaken, das heute die → *Koori* an jene Zeit erinnert, als die *Erde* ausgedörrt und trocken war.

Siehe auch *Ameisenigel; Fliegen; Große Corroborees; Kreuz des Südens; Zwei Brüder.*

G

Gaiya → *Riesenhunde.*

Galaxis. Die Wotjabaluk-Gemeinschaft der → *Koori* in Victoria sieht die Galaxis als den Rauch der Lagerfeuer der Ahnen an. Der dunkle Fleck nahe dem → *Kreuz des Südens,* der sogenannte Kohlensack, ist die Stelle, an der der riesige → *Traumbaum des Lebens* befestigt wurde, um es den Menschen zu ermöglichen, in die → *Himmelswelt* aufzusteigen.
Siehe auch *Sterne und Sternbilder.*

Galiabal → *Bundjalung-Nation.*

Gallerlek, der Rosakakadu → *Aldebaran.*

Gambad → *Djamar.*

Gammon-Range-Nationalpark → *Flinders Range.*

Gayandi → *Allväter.*

Geheime und heilige Kenntnisse. Viele der Zeremonien und Gesänge der → *Aborigines* werden von einem Kreis Auserwählter bewahrt, der in den jeweiligen Kult eingeweiht ist, der sich um die Ahnengestalten entwickelt hat. Im Laufe ihres Lebens erwerben sie von den → *Ältesten* ein zunehmend umfangreicheres Wissen über die Ahnen.
Wegen bestimmter Gesetze über Grundbesitz, die Aborigines zur Beweispflicht anhalten, sind diese oftmals gezwungen, geheime oder heilige Kenntnisse an nichtinitiierte Menschen preiszugeben. Dies trifft auch auf → *heilige Stätten* zu, von denen viele

verborgen bleiben – nicht nur um sie zu schützen, sondern auch, um Menschen vor der dort gespeicherten Energie zu bewahren.

Gelber Ocker ist im → *Arnhem-Land* eine heilige Farbe der → *Yiritja*-Moiety.
  Siehe auch *Rindenmalerei; Roter Ocker; Rot, Schwarz, Gelb und Weiß; Weißer Ocker.*

Gemeinschaft, ein Begriff, der sich insofern von »Stamm« unterscheidet, als er die örtlichen Bindungen bezeichnet, die entstanden, als → *Aborigines* durch die Europäer in bestimmten Gegenden oder in Reservaten und Missionsstationen zusammengeführt wurden, ohne daß auf Stammesunterschiede Rücksicht genommen wurde. Oftmals kamen hier Menschen zusammen, deren → *Sprachen* sich voneinander unterschieden, und im Verlauf der Zeit begann eine Sprache zu überwiegen, entweder eine Spielart des Englischen oder eine → *Aboriginal*-Sprache, etwa Walmatjarri in den *Kimberleys* Westaustraliens um Fitzroy Crossing. Es sind solche Zusammenführungen, welche die Entstehung regionaler Bezeichnungen für Aborigines zur Folge hatten, so wie → *Koori,* Goori oder Boori in Victoria und Neusüdwales, Murri in Queensland, → *Nanga* in Teilen Südaustraliens, Nungar oder → *Nyungar* im südwestlichen Australien und Yolngu im → *Arnhem-Land.*
  Siehe auch *Handel; Sippengruppen; Stämme.*

Gertuk, der Kuckuckskauz → *Zwei Brüder.*

Geschlechterrollen sind ein Teil der Kultur der → *Aborigines,* denn eine der unumstößlichen Dualitäten der Aborigines ist diejenige zwischen Mann und Frau. Sie wird mehr oder weniger symbolisiert in der Frau als Sammlerin, im Mann als Jäger, auch wenn sie zurückgeht auf ein Urbild der Frau als Kindsgebärerin oder Gebärmutterträgerin und des Mannes als unfruchtbar und unfähig, Leben hervorzubringen.
Während ihrer fruchtbaren Jahre besteht ein Zusammenhang zwischen der Frau und den Zyklen der → *Erde.* Ihre Rolle und

natürliche Veranlagung sind identisch mit den Funktionen der Erde: Leben spenden, aufziehen, heilen, erhalten und Dienst an lebendigen Dingen erweisen. Frauen und Erde sind eins, und sie beide sind, anders als Männer, Lebensspender und -beschützer. Die Funktion der Männer ist eine andere, und zwar deswegen, weil sie keinen Mutterleib und keine natürlichen Blutungen haben. Das bedeutet, daß die Männer mit den großen Geheimnissen und Energien des Lebens durch Zeremonien Verbindung aufnehmen müssen. Um mit der Fruchtbarkeit der Natur in Berührung zu bleiben, muß ein Mann eine eher abstrakte Spiritualität, die sich in den großen Urbildern symbolisiert, entwikkeln und mit ihr in Kontakt bleiben, und auf diese Weise seine Bindung an die natürlichen und schöpferischen Prozesse aufrechterhalten.

Siehe auch *Erde; Erde, Wasser, Feuer und Luft; Gunabibi-Zeremonien; Initiationsprozeß; Menstrualblut; Sonne; Yamswurzeln.*

Gidabal → *Bundjalung-Nation.*

Gigu-Almura → *Cape-York-Halbinsel.*

Gigu-Imudji → *Cape-York-Halbinsel.*

Gigu-Warra → *Cape-York-Halbinsel.*

Gigu-Yalanji → *Cape-York-Halbinsel.*

Gin-Gin → *Mornington Island.*

Ginibi, Ruby Langford (geb. 1934), eine auf der Box Ridge Mission von Coraki im nördlichen Neusüdwales Geborene und Älteste der Bundjalung (→ *Bundjalung-Nation*). Sie hat eine Reihe von Büchern geschrieben, deren bekanntestes »*My Bundjalung People*« (1994) ist.

Glennie's Chair → *Duwoon.*

Gnawdenoorte → *Allväter; Emu.*

Gneeanggar, der Keilschwanzadler → *Sirius.*

Goanna Headland → *Australische Eingeborenenmythologie; Bundjalung-Nationalpark.*

Goanna, der Waran → *Bundjalung-Nationalpark; Djanggawul-Mythologie und -Zeremonien; Große Corroborees; Große Schlachten; Kanus; Pea Hill; Yugumbir-Leute.*

Gold Coast (Nerang). Die »Goldküste« im südlichen Queensland liegt auf dem Gebiet der Bundjalung, und die Hinweise auf Reisen ihrer Ahnen sind noch heute weit verbreitet. Burleigh Heads zum Beispiel befindet sich dort, wo → *Yar Birrain*, einer der drei Brüder, das Land betrat (→ *Bundjalung-Nation*).
Längs der Küste gibt es wichtige Stätten, die dem → *Traumzeittotem* des Delphins heilig sind. Der Kulturbringer Gowonda, ein großer Jäger und Abrichter von Jagdhunden, verwandelte sich gemeinsam mit seinen Hunden zu einem Weißflossendelphin und sorgte für die Menschen, indem er Fische in ihre Netze trieb. Er ist an seiner weißen Flosse zu erkennen, die ihn als Leittier innerhalb einer Gruppe von Delphinen ausweist.

Gondwanaland, eine einst riesige südliche Landmasse, die aus Australien, Neuguinea und Teilen Indonesiens bestand. Überall in Australien berichten zahlreiche Mythen von großen Fluten (→ *Große Flut)*, die verschiedene Teile Gondwanalands im Meer versinken ließen. Diese Überlieferungen könnten sich auf den Anstieg der Meere am Ende der letzten Eiszeit vor Tausenden von Jahren beziehen.
David → *Mowaljarlai* setzt Australien einem riesigen menschlichen Körper gleich und nennt ihn Bandaiyan. Der mythische Kontinent ist füllig und abgerundet und unterscheidet sich damit vom heutigen Australien, das teilweise aus Inseln besteht. Mög-

licherweise ist hiermit das alte Gondwanaland vor dem Anstieg der Meere gemeint.

Siehe auch *Yarra River und Port Phillip*.

Goolaga → *Mumbulla-Staatsforst*.

Goolbalathaldin → *Roughsey, Dick*.

Goonana → *Mornington Island*.

Gowonda → *Delphine; Gold Coast*.

Grasshouse Mountains, liegen nördlich von Brisbane auf dem Gebiet der Nalbo. Die Geschichte ihrer Erschaffung ist die, daß einst der Krieger Tibrogargan sah, wie der Ozean zu steigen begann. Er versammelte seine Kinder, führte sie in die Berge und schickte Coonowrin, einen seiner Söhne, um seiner Mutter zu helfen, die schwanger war. Der Knabe lief aber fort, und Tibrogargan war so zornig, daß er ihm mit seiner Keule auf den Kopf hieb und ihm den Hals ausrenkte. Dieser Vorfall läßt sich noch heute in den Glass House Mountains nachvollziehen. Dort steht Coonowrin mit seinem krummen Hals mit Beerwah, neben seiner Mutter.

Great Barrier Reef. Das der Nordostküste von Queensland vorgelagerte Barrier Reef ist eines der größten Naturwunder der Welt. Die → *Aborigines,* die längs der Küste leben, haben Geschichten aus Zeiten überliefert, als das Barrier Reef die Küstenlinie bildete und die Gewässer anstiegen.
Damals waren ein Mann namens Gunya und seine beiden Frauen mit dem Kanu unterwegs. Zum Fischen hielten sie an und fingen einen Fisch, der tabu war. Dies hatte zur Folge, daß sich eine Flutwelle erhob und auf sie zuschoß. Doch Gunya besaß eine Zauber-Speerschleuder *(→ Woomera),* ein Gerät, das dem Speer zusätzlichen Schwung verleiht, mit Namen Balur, und dieses warnte sie vor der Gefahr. Gunya richtete die Zauberwoomera im Bug seines Kanus senkrecht auf, und sie beruhigte die Fluten dermaßen, daß sie ans Ufer gelangen konnten. Sie eilten auf die

Berge zu, aber das Wasser folgte ihnen. Sie erreichten den Gipfel eines Berges, und Gunya bat seine Frauen, ein → *Feuer* zu entfachen und einige große Steinbrocken zu erhitzen. Die heißen Steine rollten sie auf die vorrückenden Wogen hinab. Diese hielten dort inne, kehrten jedoch nie an ihren Ausgangspunkt zurück.

Große Corroborees. Tulo Roberts von den Guugu Yimidhirr der → *Cape-York-Halbinsel* erzählt den Mythos vom Großen Corroboree oder von der Abfolge von Zeremonien, die sich in der → *Traumzeit* zutrugen. Hierbei handelt es sich um ein friedliches Pendant zu den → *Großen Schlachten,* die in anderen Mythen vorkommen.

In der Traumzeit kamen alle Lebewesen der → *Erde* und des Wassers zu einer großen Vielzahl an Zeremonien zusammen. Doch sie hatten sich eine Gegend ausgesucht, in der es kein Wasser gab, und nach drei oder vier Nächten verspürten sie großen Durst. Sie suchten nach Wasser und fanden keines.

Nur die Dugul-Schwestern, die beiden Seeschildkröten, beteiligten sich nicht an der Suche. Sie verfügten über einen geheimen Wasservorrat und schlichen sich stets fort, um ihren Durst zu stillen. Dies blieb den anderen nicht verborgen, und sie entsandten Späher, die sie dabei beobachten sollten. Doch Dhagay, der Sandgoanna, Balin-Ga, der Echidna oder → *Ameisenigel,* und letztlich die Teppichschlange – sie alle blieben erfolglos. Schließlich blieb ihnen keine andere Wahl, als die Todesotter Walanggar auf die Fährte der Schwestern anzusetzen. Und diesmal gelang das Vorhaben. Sie sah, wie sich die beiden Schwestern gegenseitig in die Brust stießen und sich dann an dem daraufhin ausströmenden Wasser satt tranken. Sie berichtete es den anderen, und sie entschlossen sich, den besten Tänzer zu ermitteln. Der → *Emu* Burriway mit seinen langen Beinen tanzte als erster, war jedoch nicht schnell genug. Dann folgten nacheinander das Känguruh, Gaadar, das Wallaby, und Gangurra, das Wallaroo, die ja beide auch Känguruhs sind; selbst der alte Ameisenigel Balin-Ga kam an die Reihe. Aber alle wurden als zu langsam eingeschätzt. Am Ende sollte Dyaydyu, die Känguruhratte, ihr

Können zeigen. Sie präsentierte einen Schüttelbeintanz (→ *Tanz*), der Yimbaalu genannt wurde. Sie wurde als die Schnellste und Beste eingestuft; dann schmiedeten die Tiere Pläne für die Darbietungen der nächsten Nacht.

In der folgenden Nacht führte Dyaydyu den Tanz an, während die beiden Seeschildkröten-Schwestern dem Brauch entsprechend bei den Frauen saßen und sich am Klatschen und Singen beteiligten. Sie saßen gleich in der ersten Reihe, und die Känguruhratte führte eine Reihe von Tänzen zu ihnen hin. Sobald sie bei den Dugul-Schwestern angelangt war, sprang sie auf und trat den beiden, einer nach der anderen, in die Seiten. Wasser sprudelte aus ihren Körpern, ergoß sich über den Boden und floß immer weiter, bis es überall Seen, Bäche und Wasserlöcher gebildet hatte.

Am Ende des Corroboree tauschten Meeres- und Landtiere untereinander die Häute: Das Krokodil wollte gern die feste Haut des Goanna haben, weil es im Wasser lebte. Der Seeigel tauschte seine harten Stacheln mit dem Ameisenigel, dessen weiche Stacheln sich fürs Meer besser eigneten. Selbst Ngawiya, die Riesenmeeresschildkröte, und die Landschildkröte wechselten die Panzer, doch letzte war beim Anlegen ihres neuen Kleides in derartiger Hast, daß sie am verkehrten Ende hineinschlüpfte. Danach trennten sich die Lebewesen und kehrten in ihre angestammten Gebiete zurück, die sie noch heute bevölkern.

Siehe auch *Frosch*.

Große Flut. Mythen von großen Fluten finden sich überall in Australien. Die Mythologie der Menschen aus den → *Kimberleys* hebt eine große → *Traumzeit*-Flut hervor, die den größten Teil der Menschheit auslöschte. Daisy → *Utemorrah* berichtet von einer Zeit, als alle Menschen ertranken. Irgendwann in den Tiefen der Traumzeit wurde die Eule Dumbi von Kindern gehänselt. Sie quälten sogar den heiligen Vogel, der mit den → *Wandjina* in Verbindung stand. Doch schließlich gelang es ihr wegzufliegen, und bei den Wandjina beklagte sie sich über das ihr Widerfahrene. Die Wandjina wurden zornig und schickten Donner, → *Blitz* und Regen. Die Fluten rauschten vom Himmel und hörten nicht auf, und die Gewässer stiegen immer weiter an, bis alle Menschen darin umgekommen waren – außer zwei Kindern, einem Knaben und einem Mädchen, denen es gelang, sich am Schwanz eines Kängurus festzuhalten, und die dadurch auf höher gelegenen Boden gezogen wurden. Laut Daisy Utemorrah sorgten diese beiden Kinder für das Fortbestehen der Menschheit.

Siehe auch *Gondwanaland; Überschwemmungen; Wullunggnari; Yarra River und Port Phillip.*

Große Mutter, für viele → *Aborigines* die *Erde*. Für andere ist sie → *Gunabibi* oder Kunapipi. Zum → *Arnhem-Land* scheint ihr Kult von Indonesien her gekommen zu sein, nachdem indischtantrische Kulte bis nach Java und Sumatra vorgedrungen waren und dort viele Jahrhunderte lang eine Blütezeit erlebt hatten.

Siehe auch *Allmütter.*

Große Schlachten. Das Leben der → *Aborigines* beruht auf Dualitäten, wie Moieties, und anderen Unterteilungen, wie Licht und Schatten, der Intensität von → *Rotem Ocker* und der Passivität von → *Weißem Ocker*. Dies wird in der Gesamtheit der mythologischen Geschichten sichtbar, die von großen Schlachten zwischen zwei Widersachern oder Gruppen handeln.
Viele mythologische Schlachten fanden in der → *Traumzeit* statt und hatten die Umgestaltung der Traumzeitwelt in die gegenwärtige Welt zur Folge. Die Traumzeit war durchaus kein statisches Zeitalter, sondern eine Phase großer Veränderungen, da eine kosmische Periode von einer anderen abgelöst wurde.
Eine große Schlacht, so wird von den → *Ältesten* berichtet, trug sich an der Mündung des Logan River im Gebiet der Bundjalung im nördlichen Neusüdwales zwischen den Ahnen der Lebewesen von → *Erde,* Luft und Wasser zu. Yowrgurraa, der Goanna, führte die Landtiere in den Kampf und war mit einem Speer bewaffnet. Der Sperber als Lebewesen der Lüfte stieß nieder und packte den Speer, flog dann über die Gewässer und stieß dem Delphin den Speer in den Rücken. Mit einem mächtigen

Luftstoß blies der Delphin den Speer hinaus, und ein reißender Strom von Wasser und Blut ergoß sich aus der Wunde und überflutete das Land. Ihm verdanken die Inseln, Sümpfe, Kanäle und Wasserarme an der Mündung des Logan River und weiter südlich bis zur heutigen Stadt Broadwater ihre Entstehung.

Ein weiteres Beispiel ist die große Schlacht von → *Uluru* (Ayers Rock), dem großen Felsmonolithen in Zentralaustralien, die das Ende der Traumzeit kennzeichnete.

Siehe auch → *Yugumbir*.

Große Vatergottheiten → *Allväter*.

Großer Hund (Canis Major). Die Wotjobaluk, ein → *Koori*-Volk in Victoria, glaubten, der kleine Stern zwischen den größeren im unteren Teil des Sternbildes Großer Hund sei Unurgunite, während die beiden größeren als seine Frauen galten. Der am weitesten entfernte war die Frau, in die sich → *Mityan, der Mond,* verliebte.

Gubba Ted Thomas, ein bedeutender Ältester und Bewahrer der Überlieferungen und Traditionen der Yuin des südöstlichen New South Wales.

Gulibunjay und sein Zauberbumerang. Diese Geschichte gehört zum Repertoire der *Yarrabah*-Aboriginal-Siedlung. Gulibunjay, ein Mann in der → *Traumzeit,* hatte einen Sohn namens Wangal, der ein lebender → *Bumerang* war. Einst warf er den Bumerang in Richtung Ozean. Er beschrieb einen weiten Bogen und schnitt eine Schneise in den Wald, bevor er zum Ozean zurückschwang. Zuerst traf er einen Hirschhornfarn, danach einen roten Pendabaum.

Gulibunjay folgte der von seinem Bumerang-Sohn durch den Wald geschlagenen breiten Bahn. Nach seinem Sohn suchend schritt er voran und benannte die verschiedenen Pflanzen, Tiere und Naturmerkmale der Gegend. Als er ans Meer kam, erkannte er, daß Wangal ertrunken war. Also ließ er sich auf einem Berg nieder, wo er noch heute sitzt, aufs Meer hinabschaut und um seinen Sohn trauert.

Gumbainggeri → *Bundjalung-Nation.*

Gunabibi (oder Kunapipi) ist eine in etwa der griechischen Göttin Demeter entsprechende Allmuttergottheit, deren Kult und Zeremonien im nördlichen Australien weit verbreitet sind, die Grenzlinien überschreiten und Menschen verschiedener → *Sprachen* umfassen. Der Kult ist vermutlich aus Asien über den Roper River nach Australien gekommen, und er dürfte bei seiner Ausbreitung nach Süden andere einheimische Zeremonien hinzugefügt bzw. angeglichen haben.

Der Gunabibi zugrundeliegende Mythos ist jener über die → *Wawilak-Schwestern,* die von der Riesenschlange *Yulunggul* verschlungen wurden. Hierbei scheint es sich um einen einheimischen Mythos zu handeln, der den Gesetzmäßigkeiten eines übernommenen Kults der *Großen Mutter* eingegliedert wurde. Gunabibis überseeischer Ursprung wird in einem der ihr gewidmeten Gesänge unterstrichen:

> Gezeitenwasser fluten, weißgeschäumte Wogen;
> Regenwasser schwemmen in den Fluß;
> Papierrindenbäume; weiche Rinde fällt ins Wasser;
> Regen strömt aus den Wolken;
> Die Wasser der Flüsse wirbeln;
> Sie taucht auf und schreitet an trockenes Land.

Siehe auch *Allmütter; Gunabibi-Zeremonien.*

Gunabibi-Zeremonien. Die Allmuttergottheit → *Gunabibi* (oder Kunapipi) steht im Mittelpunkt eines von Leben erfüllten Riten- und Zeremoniengeflechts. Die heiligen Gunabibi-Zeremonien sind heute äußerst geheim, doch aus veröffentlichten Berichten ist zu entnehmen, daß Bindungen zu den tantrischen Kulten Indiens bestehen, die im 6. Jahrhundert nach Java und Sumatra vordrangen und von dort zum *Arnhem-Land* gelangten. Gunabibi-Zeremonien werden gewöhnlich in der Trockenzeit

abgehalten, wenn es Nahrung im Überfluß gibt, und sie können sich auf zwei Wochen bis zwei Monate erstrecken. Die Zeremonienmeister gehören gewöhnlich der → *Duwa-Moiety* an. Ein *Boro-Ring* oder eine Zeremonialstätte wird vorbereitet, und wenn die Zeremonie beginnen kann, läßt ein Mann ein → *Schwirrholz* kreisen. Damit wird das tiefe Brüllen der großen Schlange → *Yulunggul* wiedergegeben, die gekommen ist, um die → *Wawilak-Schwestern* zu verschlingen. Der Zeremonienmeister ruft eine Antwort, der sich Schreie anschließen, die von den Frauen in Nachahmung der Schreie der beiden Schwestern ausgestoßen werden, als sie die Riesenschlange herannahen sahen. Es folgt nun eine Anzahl von Ritualen, während derer Knaben die Mannbarkeitszeremonien durchlaufen, bis sie schließlich in den Boro-Ring gebracht werden, in dem sie durch in den Kult eingeweihte Männer in Tänzen unterwiesen werden.
Während der Nacht erfolgt ein Austausch von Rufen zwischen den Männern und den Frauen im Hauptlager. Schließlich nehmen die Männer angezündete Fackeln und tanzen auf das Hauptlager zu, in dem sich die Frauen unter Decken verbergen, mit Ausnahme von zwei alten Frauen, die umhergehen und dabei all die Nahrungsmittel, die den Frauen zu diesem Zeitpunkt verboten sind, und auch Begebenheiten aus der Mythologie der Wawilak-Schwestern aufzählen, die Frauenangelegenheiten betreffen. Danach wird im Boden des Boro-Kreises eine große Vertiefung ausgehoben, in die sich die Männer begeben und in der sie tanzen und die Landtiere, Vögel und Pflanzen symbolisieren, die geflüchtet waren, als die Wawilak versucht hatten, sie zu verspeisen; und letztendlich wird das Verschlingen der beiden Schwestern aufgeführt.
Zwei oder drei Nächte vor dem Ende der Zeremonie sitzen die Männer im Boro-Ring um die Feuer und beginnen, Teile des Gunabibi-Gesangszyklus zu singen, und die Frauen treten ein, manche mit federgeschmückten Stirnbändern aus Kordel. Sie führen den Bandicoot-Tanz auf, verlassen danach den Kreis und kehren wieder. Die Zeremonienmeisterin der Frauen stellt zwei Gegenstände auf. Einer ist ein Pfosten, der aus mit Schnur zusammengebundener Papierrinde besteht, der andere ein mit

→ *rotem Ocker* bemalter Pfahl. Danach folgt ein Tanz, der sich auf denjenigen Abschnitt des Mythos bezieht, in dem Yulunggul → *Blitz* und Donner geschickt hat, als sich die Schwestern in ihrer Hütte aufhielten. Der Blitz spaltete einen Streifenrindenbaum. Dessen Holz flog in Stücken davon, und sie waren es, woraus Schwirrhölzer angefertigt wurden.

In der letzten Nacht werden die gleichen Tänze wiederholt, und unmittelbar vor Tagesanbruch versammeln sich alle Männer der Duwa-Moiety an dem einen Ende der Zeremonialstätte und die Männer der → *Yiritja* am anderen. Alle sind mit weißer Farbe bemalt, und einige tragen → *Speere*. Sie tanzen aufeinander zu. Die Schwirrhölzer dröhnen, und vom Hauptlager dringen die schrillen Schreie der Frauen herüber. Dann begeben sie sich an den Rand des Boro-Rings und errichten eine Schutzhütte, in der die Geburt des Kindes durch die jüngere Schwester der Wawilak pantomimisch dargestellt wird. Danach wird die Schutzhütte niedergerissen. Nachdem sie sich nun zur Läuterung ein Abbild der Riesenschlange Yulunggul auf die Körper gemalt haben, werden die Männer rituell dem Rauch ausgesetzt, bevor sie ins Hauptlager zurückkehren.

Die Gunabibi-Rituale sind ein Ausdruck der heiligen Mythologie, welche die den → *Ahnenwesen* innewohnende Kraft freisetzt, und sie stellen insofern eine wichtige Zeremonie dar, als Frauen als solche die heilige Boro-Stätte betreten und genaugenommen sogar die Führung übernehmen, um die Zeit wiederaufleben zu lassen, da Zeremonien Frauenangelegenheiten waren. Die Gunabibi-Zeremonie ist ebensosehr die heilige Zeremonie der Frauen wie die der Männer, und dies offenbart sich in der zentralen Rolle, die Frauenfragen darin einnehmen.

Gunya → *Great Barrier Reef.*

H

Haar der Berenike (Coma Berenices). Dieses Sternbild wurde von den → *Koori* in Victoria als ein Schwarm kleiner Vögel angesehen, die das Wasser tranken, das sich in der Höhlung einer Baumgabelung angesammelt hatte.

Haarschnur. Schnüre aus menschlichem Haar fanden bei den → *Aborigines* in vielerlei Zeremonien Anwendung. Initiierte Männer legten sich einen Gürtel aus Haarschnur um. In der alten Zeit wurden bei den → *Bibbulmum* die jungen Männer bei der Initiation mit einem Stirnband und einem Gürtel aus Menschenhaar geschmückt.
  Siehe auch *Handel; Waningga*.

Haar- und Nagelreste wurden stets eingesammelt und verbrannt, da sie im Zauber gegen jenen Menschen verwendet werden konnten, von dem sie stammten.

Handel war für die → *Aborigines* sehr wichtig. Er konnte entweder als Austausch verschiedener Gegenstände zwischen Einzelpersonen stattfinden, die unterschiedlichen Gemeinschaften angehörten, oder auch in Form regelmäßiger Handelsmessen, wenn viele Stämme zusammenkamen, um Waren zu tauschen. Die → *Bibbulmum* hielten während des Jahres an unterschiedlichen Stellen »Mana Boming«, Handelsmessen, ab, auf denen zahlreiche Dinge wie Beutel aus Känguruhhaut, → *Speere* und → *Bumerangs* den Besitzer wechselten. Eines dieser überregionalen Treffen fand im Gebiet von Perth statt. Die dort lebenden Menschen verfügten beim Lake Monger über eine Fundstelle für Ocker, und dieser war ein gängiger Handelsartikel.
Handel war auch über große Entfernungen hinweg möglich, zum

Beispiel zwischen dem nördlichen Territorium und den Regionen des Südwestens, wobei die Waren von Mensch zu Mensch weitergereicht wurden, bis sie ihren endgültigen Bestimmungsort erreicht hatten. Für die Beförderung von Stamm zu Stamm wurden die Handelsartikel zu Bündeln geschnürt und sämtlich mit dem Totemzeichen des Absenders oder mit Ahnenzeichen versehen. Diese Bündel konnten Gegenstände wie *Schilde,* Rhythmushölzer, Keulen, Bumerangs, → *Haarschnur,* in Perlmuscheln eingeritzte Schamhaarornamente und Ocker enthalten. Empfänger waren Männer der gleichen → *Sippengruppe,* Onkel, Brüder oder Väter. Nach dem Erhalt der Waren schickten diese andere Dinge zurück. Falls ein Stamm über ausreichend erhaltene Waren verfügte oder sogar einen Überschuß daran hatte, tauschte er diese bei anderen Gruppen ein. Auf diese Weise entwickelte sich ein Handelsnetz, in dem Waren über Hunderte von Kilometern von einem Stamm oder Gebiet zum anderen weitergegeben wurden.

Siehe auch *Perlmuschelornamente; Pituri; Roter Ocker.*

Harney, Bill → *Idumdum.*

Hasen-Wallaby → *Winbaraku.*

Hautgruppen → *Sippengruppen.*

Heilendes Feuer → *Feuer.*

Heilige Stätten. Hierbei handelt es sich um machtvolle Plätze auf der → *Erde,* die in der → *Traumzeit* von den Ahnen geweiht und mit besonderen Kräften ausgestattet worden waren. Durch → *Traumzeitpfade* oder → *Gesangslinien* sind sie miteinander verbunden und ähneln lose auf einer Schnur aufgereihten Perlen. Sie sind als riesige Batterien beschrieben worden, die ständig Energie abgeben, um alle Arten stark und am Leben zu erhalten. Sie zu zerstören heißt, einen Teil der Energie der Erde zu vernichten und damit alles zu schwächen, was kreucht und fleucht. Sie sind auch mit Energieknotenpunkten entlang des Netzes von

Kraftlinien verglichen worden, das kreuz und quer die Erde überspannt.

Siehe auch *Auwa; Djang; Geheime und heilige Kenntnisse; Thalu-Stätten; Walkabout.*

Hermannsburg. Der auch als Finke-River-Mission bezeichnete Ort, 120 Kilometer südwestlich von Alice Springs gelegen, wurde 1877 durch deutsche Missionare gegründet und war die Heimat des berühmten Malers Albert → *Namatjira* und jener Ausgangspunkt, von dem sich die Aquarellmalerei der einheimischen → *Arrernte* zu einer anerkannten künstlerischen Bewegung entwickelte.

1980 wurde die Mission, inzwischen eine Kleinstadt, den Arrernte überlassen und unterliegt jetzt der Verwaltung des Ntaria Council.

Missionsstationen wie diese, wenngleich sie der einheimischen Kultur in hohem Maße drastische Veränderungen auferlegten, erlaubten doch vielen hier beheimateten Menschen, die Zeiten des Tötens zu überleben, als es von den weißen Eindringlingen als eine Art Sport angesehen wurde, den → *Aborigines* nachzustellen und sie umzubringen. Wie Fauna und Flora wurden die Ureinwohner oftmals lediglich als Ungeziefer betrachtet, das es auszurotten galt. Die Missionare halfen, die Leiden jener Zeiten zu lindern, obwohl infolge ihres Einflusses und ihrer Macht viele wichtige kulturelle Überzeugungen und Praktiken verlorengingen.

Himmelswelt, die Welt oberhalb der → *Erde*. Am unteren → *Murray River* erzählen die → *Ältesten,* wie der Kulturbringer Ngurunderi seinen langen Marsch zur Himmelswelt der Toten antrat, indem er der untergehenden → *Sonne* entgegenging. Er hatte seine Söhne mitgenommen. Einer von ihnen ging unterwegs verloren und ließ einen → *Speer* zurück. Ngurunderi band eine Schnur ans Speerende und warf ihn in die Luft. Er fand sein Ziel im vermißten Knaben, der zu seinem Vater zurückgezogen wurde. Diese Geschichte aus der → *Traumzeit* klärt darüber auf, was mit der Seele geschah, nachdem ein Mensch gestorben war:

Sie wurde in ihre endgültige Heimat im Himmel gezogen, dort mit Jubel empfangen und führte fortan ein glückliches Dasein.
Siehe auch *Ausgestorbene Riesenbeutler; Australiten; Baum zwischen Himmel und Erde; Biame; Brachvögel; Bunjil; Emu; Insel der Toten; Kosmographie; Milchstraße; Mundjauin; Narroondarie; Schamanen; Schlangengeist; Streichholzbaum; Tod; Traumbaum des Lebens; Universum; Unterwelt; Zwei Brüder.*

Hohlstammsärge wurden von den → *Aborigines* des → *Arnhem-Landes* angefertigt, um die Gebeine ihrer Toten aufzubewahren. Diese Särge, die aufrecht stehen, sind kunstvoll mit den Abbildern der Geisterahnen der Verstorbenen bemalt.
Gesang und Ritual vom hohlen Baumstamm bilden das Mittelstück der umfangreichen Djambidji-Bestattungszeremonien (→ *Dhambidji-Liederzyklus*). Der Hohlstamm wird zunächst als abgestorbener Baum, danach als Sarg und schließlich als lebendiges, sich bewegendes Geisterwesen angesehen. Er existiert auch als von Menschenhand geschaffenes Kunstwerk, als Denkmal für die verstorbene Person, deren zerstoßene Gebeine darin bestattet sind.
Siehe auch *Baum zwischen Himmel und Erde; Erdplastiken; Honig; Rindenmalerei, Woijal.*

Holzkohle → *Schwarz.*

Honig, der im → *Djambidji-Liederzyklus* vom → *Arnhem-Land* vorkommt, hat sich zum Symbol der Nahrung für Geisterwesen entwickelt, die einen Hohlstamm besiedeln, während dieser sich von einem abgestorbenen Baum in einen Sarg (→ *Hohlstammsärge*) und danach in ein lebendiges Geisterwesen verwandelt und die Seele zur → *Insel der Toten* überführt. Die Gebeine der Verstorbenen werden zur Honigwabe selbst, und die Wabe und die Flüge der Bienen, die zu ihr kommen, sind Hinweise auf das Werden und Neuwerden der gesamten Natur – ein ständiger Kreislauf all dessen, was existiert.
Siehe auch *Krokodile.*

Hunde (bzw. Dingos) sollen Archäologen und anderen Wissenschaftlern zufolge erst vor einigen tausend Jahren aus Asien kommend Australien bevölkert haben. Das mag stimmen oder auch nicht, denn obgleich es auch in der Mythologie Anhaltspunkte dafür gibt, daß sie das Meer überwanden, so ereignete sich das doch in der → *Traumzeit,* und sie wurden in der Folgezeit für zahlreiche Gruppen der → *Aborigines* zu → *Ahnenwesen,* besonders in der → *Westlichen Wüste* und in Zentralaustralien. Die → *Ältesten* der → *Bunuba* der → *Kimberleys* überliefern einen Mythos über die Ankunft der Hunde in Australien. Von den Melatji-Gesetzeshunden heißt es, sie seien am King-Sund an Land gewatet, nachdem sie den Indischen Ozean durchschwommen hätten. Von dort aus begannen sie ihre Reise in Richtung Napier Range und King Leopold Range. Sie kamen sogar bis nach Fitzroy Crossing, wandten sich dann wieder zurück zum Windjana Gorge, wobei sie auf ihrem Weg alle bedeutenden Wasserstellen der Gegend passierten. Sie stehen daher mit der Wasserschlangenmythologie in Verbindung.

Der Rüde hieß Yeddigee und die Hündin Lumbiella. Am Tunnel Creek, einem bekannten Lieblingsort des Kämpfers → *Jandamara,* warf sie Junge. Die Ältesten der Bunuba erklären, daß sich die Hunde schließlich an einem Ort namens Barralumma in der Napier Range selbst auf den Felsen abgebildet hätten, und dort seien sie noch heute zu sehen.

Weit im Osten jedoch, im zentralaustralischen Winbaraku, finden sich die Melatji-Hunde. Sie werden mit Jarapiri, dem Riesenschlangen-Ahnen, in Zusammenhang gebracht, der blind war und von einem anderen Ahnenwesen wie auch von den Melatji-Hunden nach Norden zu einer Höhle bei Ngama in der Nähe der Aboriginal-Ortschaft → *Yuendumu* getragen wurde.

Ngama ist für die Warlpiri eine heilige Gesetzesstätte, die sich in der Obhut der Ältesten befindet. Hier gebaren die Melatji-Hündinnen Junge, und die Melatji-Rüden zogen die Riesenschlange Jarapiri aus der → *Erde* und schöpften ihr Wissen ab. Ein großes Gemälde erinnert an diese Heldentat. Die Rüden tragen Jarapiri triumphierend auf den Schultern. Dieser, den viele Aboriginal-Gemeinschaften als Stifter von Gesetz, Kultur, Zeremonien,

Waffen, Werkzeugen, Gesängen und Geschichten verehren, wird dadurch mit den weit entfernten Kimberleys im äußersten Norden von Western Australia in Verbindung gebracht.

Noch weiter östlich, bei der Mingunburri-Gruppe der → *Bundjalung-Nation,* die unmittelbar hinter den Grenzen nach New South Wales und Queensland an den Quellflüssen des Albert River leben, erzählt man sich den Mythos von zwei Hunden. Auf ihrem Territorium erhebt sich der festungsgleiche Mount Widgee, eine heilige Stätte der beiden Hunde.

Der mit diesem heiligen Ort verknüpfte Mythos bezieht sich auf zwei Männer namens Nyimbunji und Balugaan und die beiden Hunde Barrajan, einen Rüden, und seine Hündin Ninerung. Die beiden Tiere jagten ein Känguruh bis zu einem Ort namens Ilbogan, wo es in den dortigen Tümpel sprang und in eine Wasserschlange verwandelt wurde. So liefen sie also wieder nach Mount Widgee zurück, wurden aber auf dem Weg ins Lager von den dort lebenden Aborigines eingefangen und getötet, die daraningen, sie zu braten. Nyimbunji und Balugaan hatten sich auf die Suche nach ihren Hunden gemacht und erblickten den Rauch des Feuers, in dem sie brieten. Sie nahmen Rache an den Mördern ihrer Hunde, hüllten dann die Kadaver in Rinde und trugen sie zurück in die Berge, jedoch fielen an verschiedenen Stellen längs des Weges Teile der getöteten Tiere herunter. Am Mount Widgee brachten sie die Überreste der Hunde zum Wasserfall am Ursprung des Widgee Creek, wo sie sich in Stein verwandelten und einer nach Osten, der andere nach Westen fiel. Die Menschen glaubten, daß die Hunde nachts als Riesendingos zum Leben erwachten und das Gebiet durchstreiften. Die Mythologie über die → *Riesenhunde* ist umfangreich, und Geschichten über sie sind in ganz Australien verbreitet.

Eine Version dieses Mythos ist auf der → *Cape-York-Halbinsel* im äußersten Norden von Queensland bekannt. Hier gehören die beiden Hunde einer alten Frau.

Wenn man die Lamington Range von der flachen Küstenebene der → *Gold Coast* nördlich von Brisbane aus betrachtet, hat sie die Form eines Hundes. Dessen Umrisse sind auch heute noch erkennbar.

Bei den → *Bibbulmum* kennen die Ältesten die Geschichte von zwei Hunden, einem Rüden und einer Hündin, die von Albany aus nach Norden zogen. Sie begegneten zwei Männern und verschlangen sie. Nach einiger Zeit spürten sie, wie die Männer in ihnen sich bewegten und aus ihren Mägen herauszugelangen versuchten. Sie würgten sie hoch, und die Männer verwandelten sich jeweils in einen weißen Stein und in ein riesiges Schlangenei. Danach bekamen die Hunde einen fürchterlichen Durst und trennten sich, um nach Wasser zu suchen. Der Rüde wandte sich nach Nordosten, während die Hündin gen Südwesten zog und Wasser entdeckte. An einem Ort namens Nyeerrgoo grub sie ein Loch in den Boden. Daraus wurde eine ständige Wasserstelle der Bibbulmum. Früher konnte man sich dem Wasser nur nähern, wenn man nackt war. Sobald sie sich aller Kleidung entledigt hatte, mußte die Person den Gang betreten, den die Hündin auf ihrer Suche nach Wasser angelegt hatte, dann mit der Hand aufs Wasser schlagen und ein aus Rinde gefertigtes Gefäß füllen. Wenn jemand die Höhle bekleidet betreten habe, so wird berichtet, sei das Wasser dermaßen angestiegen, daß der Frevler oder die Frevlerin ertrunken sei, oder der Geist der Hündin habe den Eindringling so lange angeheult, bis er oder sie gestorben sei.

Siehe auch *Parachilna*.

Hydra → *Nördliche Wasserschlange*.

I

Idumdum (Bill Harney) stammt aus der Wardaman-Gegend im Nordterritorium. Er ist ein Bewahrer der spirituellen Überlieferung, welche die Blitzbrüder (→ *Blitz*) und die heilige Stätte → *Ingelaladd* zum Thema hat. Sein Vater, Bill Harney senior, hat eine Reihe von Büchern über die → *Aborigines* des Nordterritoriums geschrieben.

Igabaum → *Adnyamathanha*.

Ilara, die Unterwelt → *Universum*.

Ingelaladd ist eine → *heilige Stätte* 100 Kilometer westlich der Stadt Katherine im Northern Territory. Dort stiegen die Blitzbrüder (→ *Blitz*) in die *Erde* hinab. Hier sind zahlreiche Felsmalereien zu besichtigen und an den Wänden einer Höhle Abbilder der → *Ahnenwesen* in → *rotem Ocker* dargestellt.

Initiationsprozeß. Die vorgeschriebenen großen Initiationszeremonien für heranwachsende Knaben hatten landesweit einen sehr unterschiedlichen Verlauf. Bei den → *Bibbulmum* war es ein langwieriger erzieherischer Prozeß, in dessen Verlauf die Nasenscheidewand durchbohrt wurde, um ein Endstadium des Verfahrens anzuzeigen. Bei anderen Gruppen wurden zum Abschluß der Zeremonien das Ausreißen von Zähnen und die Beschneidung praktiziert. Oftmals zog sich der gesamte Prozeß über mehrere Jahre hin. Während dieser Zeit wurde der Initiant durch sein Land geleitet, gewöhnlich von einem Onkel mütterlicherseits, der ihn die Reisewege der Ahnen und die sie erläuternden Gesänge und Geschichten lehrte. Der Initiationsprozeß ist noch heute bei vielen Gruppen der → *Aborigines* von großer Bedeutung, auch wenn sich seit der Ankunft der weißen Eindringlinge erhebliche Veränderungen vollzogen haben und das Verfahren beträchtlich abgekürzt wurde.

In den nördlichen Teilen von Western Australia war der Initiationsprozeß besonders kompliziert und setzte im Alter von acht oder neun Jahren ein, zu dem Zeitpunkt, da der Knabe ins Lager der unverheirateten Männer übersiedelte. Die erste Stufe der Initiation begann, wenn die älteren Männer – die nach dem Verwandtschaftssystem Großväter, Väter oder Onkel mütterlicherseits sein konnten – beschlossen, daß es Zeit für den Knaben sei, ihn in der Befolgung der Gebote zu unterweisen.

Das Verfahren ging mit einer Zeremonie an, während der ein kleiner, spitzer Känguruhknochen durch die Nasenscheidewand des Knaben gestoßen wurde. Am folgenden Morgen wurde der Känguruhknochen herausgezogen und durch einen Truthahnknochen ersetzt. Damit nahm auch das strenge Fernhalten von Frauen und Mädchen seinen Anfang. Die zweite Stufe begann, wenn der Pate, ohne den Knaben darauf vorzubereiten, aus Holzkohle und Fett eine Salbe anmischte und seinen Schützling am ganzen Körper damit einrieb. Danach knüpfte er ein aus Possumfellstreifen gefertigtes Band um den Kopf des Knaben. (In anderen Gegenden erfolgte zu diesem Zeitpunkt das Ausschlagen eines Zahnes oder mehrerer Zähne.) Dieses zweite Stadium schloß mit einer abendlichen Zeremonie.

Am nächsten Tag wurde der Junge von seinem Paten auf eine Rundreise mitgenommen, die mehrere Monate dauerte und ihn letztlich zum Hauptlager zurückführte. In einiger Entfernung davon wurde der Jugendliche mit Holzkohle und Fettsalbe eingerieben, danach trug ihm der Pate ein wenig → *roten Ocker* auf Stirn und Wangen auf, bevor er den Körper mit einem Muster bemalte, das sein → *Traumzeittotem* symbolisierte. Schließlich bekam der Knabe jeweils um den Hals sowie unter seinen rechten und linken Arm einen Possumfettstreifen gelegt. Sein Betreuer und die anderen Männer aus dem Lager schmückten sich und vollzogen dann im → *Boro-Ring* eine Zeremonie.

Zeitig am nächsten Morgen beweinten ihn seine weiblichen Verwandten, bevor sie ihn mit den Männern allein ließen. Der Pate trug den Knaben in eine heilige Schutzhütte, wo er sich dem Ritus der Beschneidung zu unterziehen hatte. Bis zur Heilung mußte er dort bleiben. Nach acht oder neun Tagen war er Mittelpunkt einer Zeremonie des → *Räucherns*. In deren Folge stimmten die Männer heilige Gesänge an, wobei sie das → *Feuer* austraten. Nun schlossen sich Zeremonien an, die bis in den folgenden Morgen andauerten, während denen der Jugendliche Kenntnisse erhielt, mit denen nur die initiierten Männer vertraut waren. Frauen, Kindern oder nichtinitiierten Männern war die Anwesenheit bzw. Teilnahme strikt untersagt.

Nach mehreren Tagen erhielt der Initiant Kenntnis von den Geboten und die Erlaubnis, ins Männerlager als vollinitiierter Mann zurückzukehren, der sich an Männertätigkeiten beteiligen und die wichtigen Zeremonien und dazugehörigen Mythen und Gesänge lernen konnte. Erst nachdem er sich dem Prozeß, die Gebote zu durchlaufen und ein vollwertiger Mann zu werden, unterzogen hatte, war ihm gestattet zu heiraten.

Siehe auch *Geschlechterrollen; Kulama-Zeremonien; Moiya und Pakapaka; Perlmuschelornamente; Pituri; Skorpion; Wollumbin*.

Injebena → *Delphine*.

Inma-Bretter sind für eine Reihe von Wüstenbewohnern heilige Seelenhölzer. Sie verbinden jedes Individuum mit seinen Ahnen sowie den Gesängen und den → *Traumzeitpfaden* seiner Gegend. Außerdem sind Inma-Bretter Zauberwaffen, die direkt aus den Händen der Ahnen stammen.

Laut den → *Aboriginal*-Gemeinschaften der → *Westlichen Wüste* stellt die lange Reihe dunkler Flecken in der → *Milchstraße* zwischen → *Zentaur* und Schwan das heilige Inma-Brett dar, das die Zwei Männer, die Wati Gudjara genannten Ahnen, anfertigten und, wie in der folgenden Strophe besungen, in den Himmel schleuderten: »*Pulina-pulina kaduana wanala rawu janani warai.*« Pulina-pulina bezieht sich auf die dunklen Stellen in der Milchstraße. Eine Übersetzung könnte lauten: »In den Himmel hinein, über eine weite Strecke reist das Inma.«

Siehe auch *Rangga; Schwirrholz, Tjuringa; Zwei-Männer-Mythos*.

Insel der Toten. In vielen Teilen Australiens herrscht der Glaube vor, daß es zwischen der → *Erde* und der → *Himmelswelt* einen Zwischenaufenthaltsort auf einer Insel gebe.

So soll beispielsweise der Ahne Ngurunderi bei der Känguruh-Insel vor der Küste von South Australia ins Meer gestiegen sein. Die Seelen der Toten folgten dieser Route, indem sie zunächst zur Reinigung auf die Insel übersetzten, bevor sie ihre Reise fortführten.

Bei den → *Nyungar* wird Rottnest Island vor der Küste von Western Australia, heute ein beliebtes Ausflugsziel, noch häufig als Insel der Toten angesehen, und viele weigern sich, sie zu betreten. Als hier erstmals Europäer auftauchten, hielt man sie für von den Toten zurückgekehrte Geister, weil sie die Farbe toter Körper hatten und vom Meer her kamen. Sie wurden daher Djangara, »Geister« oder »Gespenster«, genannt.

Siehe auch *Bralgu; Erdplastiken; Honig; Morgenstern; Tod*.

Inwati → *Kulama-Zeremonien*.

Irwardbad, die Mulgaschlange → *Oobar*.

Ita, der Sumpffischmann → *Menstrualblut*.

J

Jabiru, der Storch → *Duwa-Moiety*.

Jahreszeiten. Die → *Bibbulmum* unterteilten das Jahr in sechs Jahreszeiten. Der Sommer hieß »Birok«; Früh- und Spätherbst waren »Burnoru« und »Geran«; der Winter hieß »Maggoro«; und Vor- sowie Spätfrühling trugen die Bezeichnungen »Kambarang« und »Jilba«.
Auch die Bunitj im äußersten Norden teilten ihr Jahr aufgrund der saisonalen Veränderungen in sechs Zeitspannen ein. Es waren dies: »Gunumeleng« (Oktober bis Dezember), die Zeit vor Einsetzen des Monsuns; »Gudjewg« (Januar bis März), die Monsunzeit mit ihren starken Regenfällen; »Bang-Gereng« (April), das Ende der Regenfälle; »Yegge« (Mai/Juni), die Phase des Austrocknens; »Wurrgeng« (Juni/Juli), die kühle Jahreszeit; »Gurrung« (August/September), die heiße und trockene Jahreszeit.
Siehe auch *Monsun*.

Jaknia, der Braunreiher → *Jirakupai*.

Jalgumbun (Mount Lindsay) ist ein steil aufragender Berg im Gebiet der Bundjalung, von dem es heißt, er sei ein Aufenthaltsort von → *Schamanen*. Hier wohnt Njimbun, der behaarte Geistermann, und der ist leicht in Zorn zu bringen. Die ortsansässigen → *Aborigines* warnen, man solle sich beim Besuch der Stätte hüten, Njimbun zu verärgern. Noch heute zeige er sich den Menschen.

Jandamara (ca. 1870–1897), auch unter dem Namen Pigeon bekannt, war ein Kämpfer der → *Bunuba*, die um die Jahrhun-

dertwende den weißen Eindringlingen erbitterten Widerstand leisteten. Ihm wird auch nachgesagt, ein Maban, ein → *Schamane,* gewesen zu sein. Er konnte nicht getötet werden, da er seine Seele in seinem Daumen aufbewahrte – oder nach einer anderen Version in seinem großen Zeh –, der in das machtvolle Wasser eines heiligen Weihers getaucht worden war. Letztendlich fiel er einem Verrat zum Opfer, wobei ihm in den Daumen (bzw. Zeh) geschossen wurde.
Banjo → *Woonamurra,* ein Bunuba-Ältester, ist der Bewahrer der Lebensgeschichte Jandamaras.

Jangalajarra, die Riesenschlange → *Pea Hill.*

Jarapiri. Die große Schlange Jarapiri war ein Schöpferahne, dessen Heldentaten die Grundlage eines Großteils der Mythologie und Zeremonien der Warlpiri-Leute aus Zentralaustralien bilden. Jarapiri gehört zum großen Geflecht von Schlangenmythen, das ganz Australien überspannt.
  Siehe auch *Hunde; Regenbogenschlange; Warlpiri-Schöpfungsmythos; Yuendumu.*

Jarapiri Bomba → *Winbaraku.*

Jigara → *Bundjalung-Nation.*

Jinabuthina (Pompey) war ein Ältester der Diyari, der im späten 19. Jahrhundert den Kampf gegen die Europäer in seiner Gegend anführte. Er wurde erschossen, als er an der Spitze von 80 Kriegern die Farm Umberatana angriff.
  Siehe auch → *Diyari.*

Jindjiparndi → *Burrup-Halbinsel; Ngarluma- und Jindjiparndi.*

Jinijinitch, die Weiße Eule → *Zwei Brüder.*

Jirakati, der Weißkopfseeadler → *Kulama-Zeremonien.*

Jirakupai. Der Mythos von Jirakupai wird auf Bathurst Island erzählt. In der → *Traumzeit,* dieser lang zurückliegenden Schöpfungsperiode, lebte Jirakupai an einer Süßwasserlagune. Er hatte die beiden Schwestern Kuraruna und Jaknia geheiratet. Jirakupai galt als geschickter Speermacher sowohl für die langen »männlichen« Speere, die mit einer Reihe von Widerhaken an einer Seite versehen sind, als auch für die kürzeren »weiblichen« Speere mit ihrer Doppelreihe von Widerhaken. Er hatte gerade eine Anzahl dieser Waffen fertiggestellt, als eine feindliche Horde von → *Melville Island* ihn überfiel und ihn mehrmals in den Rücken speerte. Er zog die Speere heraus und warf sie den Angreifern entgegen, danach wich er ins Wasser zurück und tauchte unter. Um der Gefangennahme zu entgehen, verwandelten sich seine Frauen in Vögel; Kuraruna wurde zum Nachtreiher und Jaknia zum Braunreiher, der in den Mangrovensümpfen häufig vorkommt.

Am nächsten Morgen sahen seine Feinde Jirakupai auf dem Wasser treiben, nicht länger als Mensch, sondern als Krokodil. Die Speerwunden in seinem Rücken waren zu einem Kamm verwachsen, sein Mund hatte sich in eine lange Schnauze und das Bündel Speere in einen Schwanz verwandelt, dessen äußerstes Ende mit seinem »männlichen« Speer mit Widerhaken an nur einer Seite versehen war.

Siehe auch *Kulama-Zeremonien.*

Jiritja → *Yiritja.*

Jitta Jitta → *Willy Wagtail.*

Jugambal → *Bundjalung-Nation.*

Jugumbir → *Bundjalung-Nation.*

Jukulpa, das Hasen-Wallaby → *Winbaraku.*

Julama → *Thomas, Rover.*

Jungai → *Bundjalung-Nation*.

Jurumu, der Keilschwanzadler → *Kulama-Zeremonien; Mudungkala*.

Juwuku, die Himmelswelt → *Universum*.

K

Kabi → *Cherbourg-Aboriginal-Siedlung.*

Kaboka, die Drossel → *Überschwemmungen.*

Kadigal → *Eora-Stamm.*

Kadimakara → *Ausgestorbene Riesenbeutler.*

Kakadu-Nationalpark, ein im Northern Territory gelegenes und vom Flußsystem des East Alligator River bewässertes Gelände. Die traditionellen Eigentümer, die → *Gemeinschaft* der Bunitj im Gagadju-Verband, haben dieses Gebiet an die australische Regierung als Nationalpark verpachtet. Der Park enthält Hunderte von heiligen Stätten und präsentiert die sehenwürdigsten Felsenkunstwerke Australiens.

Siehe auch *Darwin; Felsmalerei; Neidjie, Bill; Oobarr; Rindenmalerei; Warramurrungundji.*

Kalkadoon. Dieser Stamm in Queensland leistete den weißen Eindringlingen über lange Zeit erbitterten Widerstand. 1884 versuchte ein größerer Trupp von Kriegern, eine gutbefestigte Stellung zu stürmen. Obwohl sie hohe Verluste erlitten, setzten sie den Angriff fort, wurden aber letztlich besiegt.

Kameragal → *Eora-Stamm.*

Kanopus. Dieser Stern im Sternbild Schiffskiel war einigen Gruppen der→*Koori* zufolge der→*Moiety-Ahne* Waa (→*Krähe*).
Siehe auch *Rober Carol; Sirius; Tabugebiete; Tasmanischer Schöpfungsmythos.*

Kanus wie auch allen Waffen und Artefakten wird nachgesagt, sie stammten von den Ahnen aus der → *Traumzeit.*
Das erste Rindenkanu wurde vom Waran Goanna erfunden, der mit der Rinde von Bäumen in Verbindung gebracht wird, weil er ständig die Bäume hinauf- und hinabkletterte. Es heißt, daß der Goanna einst in der Traumzeit ein Mensch war und beschloß, ein Wasserfahrzeug zu bauen. Von einem Baum zog er einen langen Streifen Rinde ab, nähte ihn zusammen, stieg dann ein und paddelte los, um Fische zu speeren. Doch sein Gefährt war nicht dicht und leckte stark. Er ließ es zurück und ging stromaufwärts, bis er einen Backsgenossenbaum (*Eucalyptus obliqua*) fand. Erneut schnitt er ein großes Rindenstück ab. Er legte es über ein → *Feuer,* um es zu trocknen und biegsam zu machen, schnitt danach dünnen Bambus, brannte die Spitze im Feuer, spaltete das Rohr in Längsrichtung, drückte es flach und zerteilte es mit seinem Messer in Streifen. Er faltete das Rindenstück in der Mitte und nähte das eine Ende zusammen, indem er die Spitze des Rohres durch Löcher steckte, die er mit einer Ahle aus Wallabyknochen gebohrt hatte. Er nähte auch das andere Ende zusammen. Die kurzen Enden kappte er anschließend nach innen und unten. Er schnitt einige kurze Stücke zurecht, legte einen Stock auf jede Seite, und zwar über Kreuz, um das Kanu nach außen zu strekken, befestigte danach die Rinde mit starker Schnur an den Stöcken. Den gespreizten Fuß eines Mangrovenstamms schnitzte er zu einem Paddel zurecht, glättete ihn, erhitzte ihn über dem Feuer und richtete ihn. Damit war das erste funktionstüchtige Kanu fertig.

Siehe auch *Donnermann; Murray River; Seemöwe und Torres-Straßen-Taube.*

Karatgurk → *Krähe.*

Karluk, der Hund → *Nördliche Wasserschlange.*

Karora → *Bandicoot-Ahne.*

Kastor und Pollux → *Zwei Brüder.*

Katatjuta (die Olgas). Etwa 50 Kilometer westlich von → *Uluru* (Ayers Rock) gelegen und aus mehr als 50 Felskuppeln bestehend, erhebt sich Katatjuta bis zu etwa 600 Meter über die Ebene. Der Überlieferung nach ist es eine heilige weibliche Stätte, doch weigern sich ihre Bewohner, die Mythologie preiszugeben; und das, was bisher veröffentlicht wurde, mag stimmen oder auch nicht.

Männer sollten sich nicht ins Gebiet von Katatjuta begeben, doch aus der Ferne erwecken die Kuppeln den Eindruck, als seien sie der Körper einer Riesenfrau, an dem seit der → *Traumzeit* Sonne und Wind genagt haben. Katatjuta ist als »die Stätte der vielen Köpfe« übersetzt worden, und eine Anzahl von Traumzeitahnen soll mit dem Ort in Verbindung stehen. Der bedeutendste unter ihnen und durch den größten Monolithen symbolisiert, ist die Schlange Wanambi, die während der Regenzeit in einem der → *Wasserlöcher* auf dem Gipfel des Berges lebt, sich aber zu Beginn der Trockenzeit in eine der Schluchten begibt und mit dem Felsen verschmilzt. Daher gilt zumindest ein Teil der Stätte der → *Regenbogenschlange* als heilig, und es ist verboten, in diesem Gebiet → *Feuer* anzuzünden oder aus dem Wasserloch zu trinken, wenn nicht ihr Zorn entfacht werden und sie zum Angriff emporsteigen soll.

Viele Teile der Katatjuta beziehen sich auf Frauen, etwa die Höhlen an der Südseite des Walpa Gorge, einer Schlucht mit etwa 490 Meter hohen Wänden. Es wird berichtet, daß diese Höhlen einst Stapel von Korkholzbaumblüten waren, die in der Tjukurrpa oder Traumzeit von den Korkholz-Schwestern gesammelt worden waren. Auf der Ostseite liegen die Lagerstätten der Mäusefrauen und des Brachvogelmannes, deren Mythen die Grundlage einer Fruchtbarkeitszeremonie bilden, deren Einzelheiten nicht bekannt sind.

Eine besonders spektakuläre Felssäule ist der verwandelte Körper von Malu, dem Känguruhmann, der in den Armen seiner Schwester Mulumura, einer Eidechsenfrau, im Sterben liegt. Er wurde an dieser Stelle nach einer langen Reise aus dem Westen

von einem Rudel → *Hunde* getötet. Seine Verwundung ist eine Erosion im Felsen, und seine heraustretenden Gedärme erscheinen als Felshaufen am Fuß der Säule.
Andere Geschichten erzählen von den → *Pungalunga-Männern* und der Ahnengottheit Yuedum, die der Menschheit die Pflanzennahrung schenkte. Alles in allem scheint Katatjuta eine Fruchtbarkeitsstätte von großer Energie und damit den Frauen heilig zu sein.

Katherine Gorge → *Kulunbar.*

Kena → *Krokodile.*

Kimberleys. Diese Region in Western Australia ist die Heimat einer Reihe von →*Aboriginal*-Gemeinschaften, darunter die Worora, die → *Ngarinjin,* die Bunuba und die Wunambul. Früher kamen diese Gemeinschaften nur zu bestimmten Zeiten zusammen und lebten gewöhnlich in kleinen Familiengruppen, manchmal als Sippen bezeichnet, auf ihrem eigenen Grund und Boden. Durch ein verwandtschaftliches Netz und gemeinsame Kultur waren sie vereint, und sie trafen sich zu Festlichkeiten und Zeremonien. Nach der Landeroberung durch die britischen Invasoren wurden die Worora, Ngarinjin und Wunambul in der Siedlung Mowanjum vor den Toren von Derby zusammengeführt.
Sie teilten das gleiche System religiösen Glaubens, und obwohl sie von ihren Ahnen mit jeweils unterschiedlicher → *Sprache* versehen worden waren, beherrschten sie alle drei Sprachen, da sie sich häufig bei gemeinsamen Zeremonien begegneten. Durch die ahnenhaften Nachtschwalbenmänner waren sie in Moieties oder Hälften geteilt, offensichtlich aber ohne weitere Untergruppierungen, wie sie sich bei anderen Stämmen finden. Wodoi und Djingun, die Moiety-Gottheiten, verfügten in der → *Traumzeit,* daß Wodoi nur Djingun heiraten dürften, und umgekehrt. Obwohl Rivalität zwischen den beiden Moieties keine Seltenheit ist, müssen Ehen stets mit einer Person von der anderen Moiety geschlossen werden, womit Wechselbeziehungen entstehen, die eine gegenseitige Abhängigkeit garantieren.

Siehe auch *Bunuba; Djamar; Djanggawul und seine beiden Schwestern; Gemeinschaft; Große Flut; Hunde; Mowaljarlai, David; Noonkanbah; Palga; Regenbogenschlange; Riesenhunde; Thomas, Rover; Utemorrah, Daisy; Walmatjarri; Würgadler und Krähe; Yamadji; Zwei-Männer-Mythos.*

Kindgeister. Zahlreiche Gruppen von → *Aborigines* glauben, daß an gewissen energiereichen Stellen der → *Erde* oder an bestimmten → *Wasserlöchern* die Geister von Kindern auf einen geeigneten Mutterleib warten, um darin geboren zu werden. Eine Frau, die sich ein Kind wünscht, begibt sich an einen dieser Orte, damit der Kindgeist von ihr Besitz nehmen kann. Daß sie schwanger sind, erkennen Frauen oftmals daran, daß ihnen der Kindgeist im Traum erscheint; gelegentlich ist es der männliche Partner, der diesen Traum hat. Der Traum und die betreffende Fruchtbarkeitsstätte bestimmen das → *Traumzeittotem* des Kindes.

Für die → *Tiwi* von → *Melville Island* sind die Kindgeister kleine, dunkelhäutige Wesen, die es schon seit ewigen Zeiten gibt. Die Glaubensrichtung der Tiwi ähnelt denen anderer → *Aboriginal*-Gemeinschaften insofern, als daß ein solch kleines Wesen, das ein Mensch zu werden wünscht, sich in ein Lager der Menschen begibt und einem der verheirateten Männer im Schlaf ins Ohr flüstert und ihn fragt, wo seine Frau sei. Nachdem der Mann sie dem Geist gezeigt hat, wartet dieser auf eine günstige Gelegenheit, um in ihren Körper zu schlüpfen.

Siehe auch *Empfängnisglaube; Kindsgeburt; Mopaditis; Mudungkala; Traumzeittotem.*

Kindsgeburt. Ein Kind zur Welt zu bringen, war früher ausschließlich Frauenangelegenheit, bei der Männer nichts mitzureden hatten. Während der Niederkunft wohnte die Frau mit ein paar anderen Frauen abseits des Hauptlagers. Kein Mann durfte sich ihrem Lager nähern oder mit ihr reden.

Im folgenden Mythos der → *Wik Munggan* wird der Geburtsvorgang aus der → *Traumzeit* vom Schwarzen Schlangenmann und seiner Frau, der Taube, beschrieben:

Die Schwarze Schlange Yuwam und die Taube Kolet waren einst Mann und Frau und wohnten an einem Fluß, an dessen Ufern sie umherwanderten. Die Frau trägt ein Kind unter dem Herzen, und als ihre Zeit herannaht, setzt sie sich nieder, während sich der Ehemann entfernt. Sie kniet sich hin, ruht auf den Knien, als die Wehen einsetzen. Der Kopf tritt hervor, und sie hilft dem Kind heraus und legt es auf den Boden. Sie hält die Nabelschnur und beginnt, Namen aufzusagen. Sie sagt einen Namen nach dem anderen auf, bis die Nabelschnur nachgibt; und dann weiß sie, daß sie den richtigen Namen für ihr Kind gefunden hat. Während die Nachgeburt austritt, wiederholt sie diesen Namen. Alles ist vorüber, und sie legt das Kind auf ein Stück Papierrinde.

Der Mann kehrt zurück und läßt sich in geringer Entfernung von ihr nieder. »Ich frage mich, was es ist«, sagt er wie zu sich selbst. »Es ist ein männliches Kind«, sagt sie wie zu sich selbst. Sie sitzt allein da, legt sich dann nieder. Das Kind schreit, und sie gibt ihm die Brust.

Fünf Tage lang ruht die Mutter im Liegen. Ihr Ehemann bringt ihr → *Yamswurzeln,* stets die gleichen, aber keiner von ihnen ißt irgendwelchen Fisch, damit das Kind nicht krank wird und stirbt. Der Ehemann bäckt die Yamswurzeln und legt sie in der Nähe seiner Frau ab. Nach fünf Tagen sagt sie laut zu sich selbst: »Es ist getan.« Der Mann geht angeln, fängt ein paar Fische. Er zündet ein → *Feuer* an und brät sie. Er verzehrt einen kleinen Katfisch und einen Ritterfisch, legt danach etwas für die Abendmahlzeit beiseite. Die Frau begibt sich jetzt selbst auf die Suche nach Yamswurzeln. Da die Flüssigkeit noch immer fließt, ist es ihr verboten, sich vom Fisch zu ernähren. So wie es ihr nicht gestattet ist, etwas von dem Fisch zu essen, den ihr Mann fängt, darf er keine der Yamswurzeln verzehren, die sie ausgräbt.

Nach etwa sechs Tagen, wenn der Ausfluß der Frau aufhört, kann sie das Kind zu ihrem Mann bringen. Sie legt die Yamswurzeln und ein paar kleine Fische, die sie gefangen hat, in drei → *Dillybeutel,* die sie randvoll füllt. Ein Beutel ist für sie selbst, einer ist für ihren Ehemann, und der dritte ist fürs Kind. Aus

Schnüren hat sie einen Schurz angefertigt, den sie anlegt. Sie reibt sich das Gesicht mit Lehm und den Körper mit Asche ein und trägt weißen Ton auf die Stirn auf. Den Körper des Kindes reibt sie mit Holzkohle ein und zieht einen weißen Strich entlang seiner Nase. Sie trennt die Nabelschnur ab, um sie ihrem Mann zu geben. Sie befestigt einen Anhänger aus Bienenwachs daran, der mit Streifen gelber Rinde versehen ist, und legt die Schnur danach dem Baby um den Hals. Nachdem sie die Dillybeutel aufgenommen hat, hängt sie sich einen um den Hals, schlingt den zweiten über Schulter und Brust, so daß er unter dem Arm hängt, und legt sich dann den dritten auf den Kopf. Danach begibt sie sich zum Vater. Sie legt das Kind in seine Arme, und nach einer Weile reibt er es mit Schweiß ein, den er über Stirn und Gesicht verteilt. Dann nimmt er die Nabelschnur und legt sie sich selbst um den Hals. Die Mutter legt die Yamswurzeln neben ihrem Ehemann ab, nimmt dann einen Dillybeutel und streicht damit über den Mund des Kindes, damit es nicht ständig schreit. Schließlich legt sie sich auf den Bauch und sagt dabei: »Auf daß er nicht ständig anderen ums Essen nachläuft, sondern zu uns zurückkehrt und wir immer beieinander bleiben werden.«
Danach kehren in dieser Traumzeitgeschichte die Frau, Kolet die Taube, zu ihrer eigenen → *Djang*- oder → *Auwa*-Stätte und der Schwarze Schlangenmann und sein Sohn zu der ihren zurück.

Siehe auch *Empfängnisglaube; Erstes männliches Kind; Kindgeister.*

King-Brown-Schlange → *Oobar.*

Knochenzeigen (Bone pointing). Die Zeremonie des Knochenzeigens ist in Variationen über den ganzen Kontinent verbreitet. Sie dient dazu, einen Menschen aus der Entfernung zu töten. Der Knochen wird normalerweise aus dem Oberschenkel eines Kängurus oder Menschen angefertigt, wobei die wirkungsvollsten Zeiger diejenigen sind, die den Knochen eines ehemaligen Schamanen entstammen.
Die Zeremonie muß von einem Schamanen durchgeführt werden, der im allgemeinen von einem Helfer unterstützt wird. Der

Knochen wird in die Richtung des vorgesehenen Opfers gehalten. Es heißt, daß ein → *Quarzkristall* aus der Spitze austrete und durch den Raum in das Opfer eindringt. Die Verbindung ist hergestellt, nun wird die Seele des Opfers eingefangen und durch die Macht des Schamanen in den Knochen hineingezogen. Dessen Spitze verschließt der Schamane geschwind mit einem Klümpchen Wachs oder Ton. Dieses durch einen Zauberspruch energetisierte Klümpchen soll verhindern, daß die Seele wieder aus der Spitze entweicht. Ist die Seele erst einmal eingefangen, wird der Knochen in Emufedern und Blätter des einheimischen Tabaks gehüllt und vergraben. Er verbleibt für mehrere Monate in der Erde. Am Ende dieses Zeitraums wird er ausgegraben und verbrannt. Dabei geht auch das Opfer zugrunde, indem es zunehmend kränker wird. Hat sich der Knochen vollständig in Asche aufgelöst, ist das Opfer tot.

Koala. Das manchmal auch als Koalabär bezeichnete bärenähnliche Beuteltier lebt auf Bäumen und ernährt sich nur von den Blättern bestimmter Eukalyptusbäume. In Victoria wurde der Koala als Freund angesehen, der hilfreiche Ratschläge erteilte. Die → *Koori* kennen eine Reihe von Mythen über den Koala. Einer handelt von dem Waisenjungen Koob-Borr, dem einst während einer Dürre von seinen Leuten die Bitte um Wasser abgeschlagen wurde. Als er allein im Dorf zurückblieb, füllte er sämtliche Wasserbehälter aus dem letzten wasserführenden Bach und versteckte sie oben in einem Baum. Als die anderen zurückkehrten, weigerte er sich, ihnen Wasser zu geben, und wehrte jeden ab, der den Baum zu erklimmen versuchte. Schließlich überwältigten ihn zwei Männer und zerrten ihn auf den Boden. Er verwandelte sich in einen Koala und brachte sich geschwind auf einem anderen Baum in Sicherheit. Die Männer fällten den ersten Baum, und das Wasser floß in den Bach zurück. Von dieser Zeit an wurden die Koalas zwar von den Menschen verzehrt, aber diese durften sie nicht abhäuten oder ihr Fell bei Zeremonien verwenden, denn falls sie es täten, würde ihnen der Koala erneut alles Wasser wegnehmen.

Siehe auch *Yugumbir*.

Kolet, die Taube → *Kindsgeburt.*

Kongkong, der Fischadler → *Speere.*

Koob-Borr, der Waisenjunge → *Koala.*

Kookaburra, der Lachende Hans → *Emu; Tabugebiete.*

Koopoo, das Rote Riesenkänguruh → *Kulunbar.*

Koori. Dieser Verbund von → *Aborigines* lebt in den Bundesstaaten Victoria, Tasmanien und in den südlichen Teilen von New South Wales.
In Victoria waren sie früher als 38 verschiedene Gruppen mit eigenen Sprachen übers Land verbreitet. Diese Gruppen konzentrierten sich in fünf Nationen: den Kulin, den Mara, den Wotjobaluk, den Kurnai und den Ya-itma-thang. Andere → *Stämme* lebten an den Ufern des → *Murray River.* Nach dem Eintreffen der europäischen Siedler und großangelegten Massakern sowie der Enteignung ihres Grund und Bodens wurden die Überlebenden der 38 Gruppen ohne Rücksicht auf Nation, Sprache oder Kultur in einer Reihe von Missionsstationen zusammengeführt. Mit der Zeit nannten sich diese verbliebenen Reste Koori, was »Leute« bedeutet; doch nominell bestehen die 38 Gruppen fort, und Bewegungen zur Neubelebung sorgen zumindest teilweise für eine Aktivierung der alten Kultur, da vieles unwiederbringlich verlorengegangen ist.

Siehe auch *Aboriginal und Aborigines; Aldebaran; Antares; Arkturus; Atair; Berak, William; Bootes; Bunjil; Cooper, William; Corroboree; Delphin; Dorabauk; Emu; Eora-Stamm; Erdplastiken; Fomalhaut; Frosch; Gemeinschaft; Gondwanaland; Großer Hund; Haar der Bereneike; Kanopus; Koala; Kosmographie; Krähe; Kräutermedizin; Kreuz des Südens; Magellansche Wolken; Marmoo; Milchstraße; Mundjauin; Murray River; Neumond; Nördliche Wasserschlange; Oyster Cove; Rigel; Schamanen; Schwirrholz; Sirius; Sonne; Südlicht; Tabugebiete; Tasmanien; Traumbaum des Lebens;*

Trickster-Charakter; Trugerninni; White Lady; Wirnum; Würgadler und Krähe; Yarra River und Port Phillip; Zentaur.

Körbe und Beutel sind für die → *Aborigines* wichtige Behältnisse. Auch wenn sie oft als →*Dillybeutel* bezeichnet werden, sind sie doch eher Körbe als Beutel, da sie im Unterschied zu den Beuteln aus Schnur, die ebenfalls angefertigt werden, halbsteif sind. Die Männer transportieren in kleinen Körben heilige Gegenstände, und in der Mythologie der Aborigines dienen sie der Aufbewahrung von Wind und Wasser. Beutel wurden auch aus Känguruhhaut hergestellt und als Wasserbehälter benutzt. In einigen Geschichten verursacht das Durchstechen eines Lederbeutels große → *Überschwemmungen*.

In Zentralaustralien gibt es einen Mythos über zwei Brüder, von denen einer umsichtig war und für die Zukunft vorsorgte, indem er einen Beutel aus Känguruhhaut anfertigte und ihn mit Wasser füllte, während es der andere nicht tat. Als eine Dürre einsetzte, weigerte sich der umsichtige Bruder, sein Wasser mit dem anderen zu teilen. Als er auf Jagd ging, ließ er seinen Beutel zurück. Der andere Bruder, von Durst gepeinigt, packte den Beutel gierig und verschüttete das Wasser. Es ergoß sich in den Sand. Der umsichtige Bruder bemerkte das Verhängnis und eilte zurück, um soviel Wasser wie möglich zu retten; er kam jedoch zu spät. Das Wasser sprudelte weiterhin hervor und füllte die Mulden und eine Senke, die Teil des Meeres wurde. Beide Brüder ertranken in der Flut. Durch die sich ausbreitende Flutwelle wurden die Vögel aufgeschreckt, und sie versuchten, einen Damm zu bauen. Dazu verwendeten sie die Wurzeln eines Kurrajong-Baumes, wodurch dieser Baum als »Wasserbaum« bekannt wurde. In Zeiten der Trockenheit halten seine Wurzeln das Wasser länger als andere Bäume zurück, und sie können nötigenfalls angeschnitten werden, um mit ihrer Feuchtigkeit den Durst zu löschen.

Siehe auch *Pukamani-Bestattungszeremonien.*

Korkholz-Schwestern → *Katatjuta.*

Kosmographie. Die Weltsicht der australischen *Aborigines* war auf dem gesamten Kontinent annähernd gleich. Die → *Erde* war ein flacher, runder Körper, über den sich ein konkaver Himmel wölbte, der bis auf den Horizont hinabreichte. Der Himmel galt als Erde einer anderen Ebene oder Welt, die fruchtbar und mit reichlichen Wasservorräten ausgestattet war. Viele → *Ahnenwesen* und Kulturbringer wohnten dort. Von den Sternen hieß es, sie seien entweder diese Wesen oder deren Lagerfeuer. Unterhalb unserer Welt erstreckte sich eine → *Unterwelt,* ähnlich der unseren und von uns Menschen ähnlichen Wesen bevölkert.

Die → *Koori* glaubten, der Himmel werde durch an den äußersten Ecken der Erde angebrachte Stützen gehalten. Ein alter Mann, der in den Hochebenen wohnte, war für die östliche Stütze verantwortlich. Während des Eindringens der Europäer und auch kurz danach erreichten Nachrichten den Süden, daß die östliche Stüze verfaule. Falls dem Alten keine Werkzeuge geschickt würden, könne er sie nicht instand setzen, und der Himmel würde herabstürzen und jedermann töten. Es wird berichtet, daß diese Nachricht alle mit Bestürzung erfüllte und zahlreiche Steinäxte nach Norden geschickt wurden.

Siehe auch *Himmelswelt; Milchstraße; Mond; Sonne; Sterne und Sternbilder; Universum.*

Krähe (Waa; Wahn). Dieser Vogel nimmt einen wichtigen Platz in der Mythologie der australischen → *Aborigines* ein. Für viele ist er ein → *Moiety-Ahne,* und diejenigen, die zu seiner Moiety zählen, werden »Krähen-Leute« genannt. Die Gegend um Perth war einst das Gebiet der → *Bibbulmum,* die dieser Moiety angehören, und der Krähe wird bis heute große Achtung entgegengebracht.

Oftmals tritt die Krähe in scharfem Kontrast zu → *Bunjil,* dem Würgadler, ihrem eher düsteren Gegenspieler, als ein → *Trickster-Charakter* auf. Ein Mythos der → *Koori* aus Victoria erzählt, wie die Krähe den sieben Hüterinnen das → *Feuer* stahl. In der → *Traumzeit* kannten nur diese sieben Frauen das Geheimnis des Feuers und weigerten sich preiszugeben, wie es entfacht wurde. Die Krähe beschloß, ihnen das Geheimnis zu rauben. Sie freundete sich mit den Frauen an und fand heraus, daß sie das Feuer am Ende ihrer Grabestöcke trugen. Des weiteren stellte sie fest, daß die Frauen Termiten mochten, sich aber vor Schlangen fürchteten. Sie vergrub eine Anzahl von Schlangen in einem Termitenhügel und berichtete dann den Frauen, sie habe ein großes Termitennest gefunden. Sie folgen ihr zu der Stelle und brachen die Hügel auf. Die Schlangen griffen sie an, und sie verteidigten sich mit den Grabestöcken. Dies bewirkte, daß das Feuer von den Stöcken fiel. Geschwind hob die Krähe das Feuer zwischen zwei Rindenstücken auf und lief davon. Und jetzt weigerte sich die Krähe ihrerseits, das Feuer mit irgend jemandem zu teilen. Jedesmal, wenn man sie darum bat, rief sie spöttisch: »Waa, waa.« Sie stiftete so viel Zwietracht, daß am Ende selbst sie die Beherrschung verlor und Kohlen nach einigen der Männer warf, die ihr wegen des Feuers keine Ruhe ließen. Die Glutstücke entfachten einen Buschbrand, in dem sie angeblich zu Tode verbrannte. Doch der ewige Schalk erwachte wieder zum Leben, und die Überlebenden hörten sein Spotten, »waa, waa« von einem hohen Baum schallen.

Die → *Ältesten* der Woiwurong-Koori erzählten einen ähnlichen Mythos von den Karatgurk, sieben jungen Frauen, die einst dort am Yarra River lebten, wo sich heute → *Melbourne* ausbreitet. Sie ernährten sich von → *Yamswurzeln,* die sie mit ihren Grabestöcken ausgruben, an dessen Enden sie auch glühende Kohlen mit sich trugen. Sie behielten das Feuer für sich. Die eigenen Yamswurzeln kochten sie, gaben der Krähe jedoch rohe. Eines Tages fand die Krähe eine der gekochten Yamswurzeln und kostete davon. Sie fand sie köstlich und beschloß, von nun an ihre Yamswurzeln zu kochen. Die Frauen weigerten sich, ihr das Feuer auszuleihen, also entschloß sie sich, es ihnen durch eine List zu entwenden. Sie fing und versteckte eine Menge Schlangen in einem Ameisennest, rief dann den Mädchen zu, sie habe einen großen Ameisenhügel gefunden und daß die Ameisenlarven viel besser schmeckten als Yamswurzeln. Die Frauen liefen zum Hügel und begannen, mit ihren Stöcken darin zu graben. Zischend fuhren die Schlangen heraus und jagten die erschreckt Kreischenden davon. Doch dann drehten sich die Frauen um und begannen, mit ihren Grabestöcken auf die Schlangen einzuschlagen. Sie schlugen so hart zu, daß ein paar der glühenden Kohlen absprangen. Darauf hatte die Krähe nur gewartet. Sie stürzte sich auf die Glut und versteckte sie in einem Beutel aus Känguruhhaut, den sie bereitgehalten hatte. Nachdem die Frauen alle Schlangen umgebracht hatten, machten sie sich daran, nach den Kohlen zu suchen. Sie konnten sie nicht finden und kamen zu dem Schluß, daß die Krähe sie genommen habe. Sie jagten ihr nach, aber sie flog außer Reichweite und ließ sich auf dem Wipfel eines sehr hohen Baumes nieder.

Bunjil sah, was geschehen war, und bat die Krähe um ein paar Kohlen, da er ein Possum braten wollte. Die Krähe erbot sich, es für ihn zu braten, und warf es anschließend dem Würgadler hin, der bemerkte, daß es noch immer rauchte. Er versuchte, durch Anblasen die Flammen zu entfachen, doch es gelang ihm nicht. Er verzehrte das Possum; währenddessen kamen die Koori zusammen und riefen der Krähe zu, sie solle ihnen Feuer geben. Der Lärm ängstigte die Krähe, und schließlich schleuderte sie ein paar glühende Kohlen in die Menge. Kurok-Goru, der Feuerschwanzfink, hob einige der Kohlestückchen auf und versteckte sie hinter seinem Rücken; und daher kommt es, daß diese Finken rote Schwänze haben. Die Schamanengehilfen des Würgadlers, Djurt-Djurt, der Graubartfalke, und Thara, der Wachtelhabicht, griffen sich den Rest der Kohlen.

Danach verursachten die Kohlen einen Buschbrand, der die Krähe verkohlen und schwarz werden ließ. Er breitete sich auch in ihrem Gebiet aus, und Bunjil mußte alle Koori zusammenholen, damit sie halfen, es zu löschen. An den Oberlauf des Yarra River wälzte er ein paar Felsbrocken, um das Feuer daran zu hindern, sich in diese Richtung auszubreiten; und dort liegen sie bis zum heutigen Tage. Seine beiden Gehilfen verbrannten und verwandelten sich in zwei Felsen am Fuß der Dandenong Range. Die Karatgurk wurden hinauf in den Himmel gewirbelt, wo sie zu den → *Plejaden* wurden, deren Sterne ihre glühenden Feuerstöcke symbolisieren.

Die Krähe ist möglicherweise das attraktivste und unterhaltsamste der → *Ahnenwesen*. Sie lebte und verschied in Fröhlichkeit.

Zum Ende ihres Aufenthalts auf der → *Erde* zog sie den → *Murray River* hinab, als sie auf den Sumpfhabicht traf. Die Krähe beschloß, dem Vogel einen Streich zu spielen. Sie pflanzte Stacheln des → *Ameisenigels* ins verlassene Nest einer Känguruhratte und veranlaßte den Sumpfhabicht, daraufzuhüpfen. Eine der interessanten Tatsachen bei vielen der Krähenstreiche ist, daß die Person, die darunter zu leiden hat, daraus Nutzen zieht. In diesem Falle war der Sumpfhabicht erfreut, denn die Stacheln wuchsen in seine Füße ein, und er stellte fest, daß ihm auf diese Weise die Jagd nach Känguruhratten erleichtert wurde.

Die Krähe setzte ihre Reise fort und wurde von einem Unwetter überrascht. Der Regen peitschte herab, und sie fühlte sich dadurch geläutert. Und dann erklang eine Stimme. Es war → *Biame*, der Allvater. Er nahm die alte Krähe in den Himmel auf, wo sie zum Stern → *Kanopus* wurde.

   Siehe auch *Balayang; Bellin-Bellin; Bunjil; Rober Carol; Sirius; Würgadler und Krähe.*

Kräutermedizin. Eine große Zahl medizinischer Kräuter und Pflanzen wurde und wird weiterhin von den → *Aborigines* überall auf dem Kontinent benutzt. Es ist nicht möglich, sie hier alle aufzuführen, und es dürfte auch kein Buch der »Materia medica« der australischen Aborigines existieren.

In Victoria verwendeten die → *Koori* eine Vielzahl von Kräutern zu Heilzwecken auf unterschiedliche Weise: über Dampf oder Feuer, als Aufgüsse oder Tees, als Umschläge oder für Dampfbäder.

Gukwonderuk, Altmännerkraut *(Centipeda cunninghamii),* wächst entlang der Bach- und Flußläufe wie des → *Murray River* und hilft gegen Erkältungen und Brustbeschwerden. Große Bündel der Pflanze werden gesammelt und eingekocht, ein oder zwei Teelöffel davon eingenommen, und die Menge wird stetig bis zu einer halben Tasse pro Tag gesteigert.

Mootjung oder *Burn-na-luk,* das Schwarzholz *(Acacia melanoxylon),* kommt bei der Behandlung von Rheumatismus zur Anwendung. Es wird über einem → *Feuer* erhitzt, dann mit Wasser aufgegossen, um schmerzende Gelenke darin zu baden.

Die aromatischen Blätter des *Paong-gurk* oder Flußminze *(Mentha australis)* werden zerdrückt und bei Husten oder Erkältungen inhaliert.

Taruk, die kleinblättrige Waldrebe *(Clematis microphylla),* wird »Kopfschmerzrebe« genannt, weil sie, wie der Name schon andeutet, zur Linderung von Kopfschmerzen beiträgt.

Stinkholz- und Sandfliegen-Zieria *(Zieria arborescens* und *Zieria smithii)* sollen ebenfalls gegen Kopfschmerzen wirken, wobei die Blätter entweder um den Kopf gebunden oder zerdrückt und inhaliert werden.

Der Rote Flußeukalyptus *(Eucalyptus camaldulensis)* ist ein majestätischer Baum mit wohltuenden und heilenden Eigenschaften, die bereits dadurch aufgenommen werden können, daß man sich unter ihn setzt. Davon abgesehen dient sein Gummiharz dazu, Verbrennungen abklingen und verheilen zu lassen; und mit Wasser vermengt wird es als Heilmittel bei Durchfall eingenommen.

Blätter des Roten Flußeukalyptus spielen auch eine wichtige Rolle bei aromatischen Dampfbädern, einem Heilverfahren ähnlich der Schwitzhütte der nordamerikanischen Indianer.

Krankheitsgebiete → *Tabu-Gebiete.*

Kreuz des Südens. Diesem Sternbild haften viele Mythen an. Bei den → *Koori* in Victoria war der Stern am Kreuzeshaupt Bunya. Er wurde von Tjingal, dem → *Emu,* verfolgt, warf seine → *Speere* panikartig am Fuße eines Baumes nieder und brachte sich auf ihm in Sicherheit. Er verwandelte sich in ein Possum. Die östlichen Sterne im Kreuz waren zwei Speere, welche die Bram-Bram-Bult, die → *Zwei Brüder,* geworfen hatten, die als zwei Sterne in den Vorderläufen des → *Zentaur* leuchteten. Der größere Stern des Kreuzes war der Speer, der Tjingal in die Brust traf, und der kleinere war der Speer, der seinen Hals durchbohrte. Der Stern am Kreuzesfuß war der Speer, der ihn ins Gesäß traf. Der westliche Stern des Kreuzes war Druk, der → *Frosch,* die Mutter der Bram-Bram-Bult.

Ein weiterer Mythos wird von → *Oodgeroo* von den Noonuccal

auf Minjerribah (Stradbroke Island) erzählt. Demzufolge war das Kreuz des Südens eine besondere Schöpfung des Allvaters → *Biame*. Es ist der Eukalyptusbaum namens Yaraando, der → *Traumbaum des Lebens* und des Todes. Die Sterne im Kreuz sind die Augen eines im Baum eingeschlossenen Mannes, die in der Dunkelheit lodern.

Die als »Zeiger« bezeichneten Sterne (im Sternbild Zentaur) sind zwei weiße Kakadus, die dem Baum nachflogen, als er in den Himmel gehoben wurde. Er ist ein sichtbares Symbol des Jenseits und des Allvaters Biame.

Für viele → *Aboriginal*-Gemeinschaften entlang der Ostküste ist das Kreuz des Südens Mirrabooka, ein Schutzgeist. Er wurde vom Allvater Biame, der ihm Licht in Hände und Füße gab, in den Himmel gehoben und dort so verteilt, daß er für immer über die Menschen wachen konnte. Die »Zeiger« sind seine Augen.

Siehe auch *Djamar; Milchstraße*.

Krokodile kommen in Australien als zwei Arten vor: das Süßwasserkrokodil *(Crocodilus johnstoni)* und das Salzwasser- oder Leistenkrokodil (*Crocodilus porosus*). Das Süßwasserkrokodil lebt in → *Wasserlöchern* und Flüssen des nördlichen Australiens und ist relativ harmlos. Das Leistenkrokodil ist ein gefährlicher und überall gefürchteter Menschenfresser. Es macht die Salzwasser führenden Mündungsgebiete unsicher und wandert mit den Gezeiten auf der Suche nach Fischen.

Laut den → *Wik Munggan* der → *Cape-York-Halbinsel* und anderen Gruppen Nordaustraliens gilt Pikuwa, das Salzwasserkrokodil, als hinterlistig, verschlagen und als großer Feigling. Außerdem wird es auch als Frauenräuber und Vergewaltiger gefürchtet.

Ein Mythos der Wik Munggan enthüllt seine Wesensart. Eines Tages suchten zwei Mädchen nach Schlamm-Muscheln. Sie waren ganz allein, als sie die Muscheln einsammelten, in die Asche eines → *Feuers* legten und verzehrten. Sie aßen alle auf und beschlossen, noch einige weitere zu suchen. Auf Knien krochen sie umher, spürten mit den Händen die Schlamm-Muscheln auf und legten sie in ihre → *Dillybeutel*.

Als die Mädchen genügend beisammen hatten, kehrten sie zum Feuer zurück und kochten sie. Sie entschlossen sich, ein paar für ihren Vater aufzuheben, und riefen nach ihm, damit er mit dem Kanu herüberkäme. Ein Ruf erklang zurück. »Vater, bring das Kanu hierher«, riefen sie erneut, ohne zu bemerken, daß es Pikuwa war. Erregt glitt es ins Wasser und pirschte sich den schlammigen Grund entlang. Dann tauchte es mit Nase und Rücken bei den Mädchen auf. Die beiden kreischten erschreckt auf.

»Steigt nur auf meinen Rücken, ihr zwei. Kommt schon, springt auf meinen Rücken«, sagte es.

Ganz gegen ihren Willen von ihm angezogen, folgten die Mädchen seiner Aufforderung, und es trug sie über den Fluß. Auf der anderen Seite sprangen sie herunter und lachten über das Krokodil, das ihnen begehrliche Blicke zuwarf. Gerade in diesem Augenblick gelangten die Eltern der Mädchen am gegenüberliegenden Ufer an.

»Was macht ihr da, ihr zwei?« riefen sie.

»Vater und Mutter, kommt hier herüber«, antworteten ihre Töchter.

Pikuwa durchschwamm den Fluß, zeigte seinen Rücken, sagte den Eltern, sie sollten heraufspringen, und trug sie hinüber. Sie gingen daran, die Schlamm-Muscheln zu verzehren, und Pikuwa ließ sich in den Morast sinken und beobachtete sie.

Dann fand die jüngere Schwester in einem Eisenholzbaum → *Honig,* und der Vater hackte ein Loch in den Stamm und sammelte ihn ein. Er füllte in sein Holzgefäß soviel er konnte und beschloß dann, daß die Familie zu ihrem Lager zurückkehren solle. Die beiden Mädchen sagten, ihre Eltern mögen vorangehen. Mit einem Stöckchen stocherten sie weiterhin im Baum und leckten den Honig ab.

Pikuwa belauerte sie immer noch. Dann ließ er sich tief in den Schlamm am Grund des Flusses sinken, buddelte ein Loch, grub immer tiefer und legte einen Gang zu den Mädchen an. Er fand die Wurzel des Eisenholzbaumes, schlüpfte hinein und den hohlen Stamm hinauf, in dem die Mädchen nach dem Honig kratzten. Sie hantierten mit ihren Stöckchen, um noch mehr herauszuholen, und er rief aus: »He, ich bin ein Mensch, und ihr solltet nicht so in mir herumstochern.«

Erschrocken liefen sie davon. Pikuwa verließ den Baumstamm auf die gleiche Weise, wie er in ihn hineingelangt war. Er richtete sich aus dem Wasser auf und schaute sich um. Die Mädchen konnte er nicht sehen, doch er fand den Weg, den sie genommen hatten, und eilte ihnen nach. Er hörte sie nach ihrem Vater rufen und antwortete. Sie riefen erneut, und er sagte, sie sollten sich beeilen und kommen. Die beiden Mädchen liefen dorthin, wo er wartete, und er vergewaltigte sie. Danach trug er sie auf dem Rücken davon, hielt aber unterwegs an, um erneut über sie herzufallen.

Schließlich sagte er, daß er eine Höhle graben werde, was er auch tat. Er kam daraus hervor, befahl den beiden Mädchen, sich hinzulegen, und tat ihnen abermals Gewalt an. Er kehrte zu seinem Loch zurück, und die Mädchen beschlossen, dessen Eingang zu versperren. Sie sammelten Äste und steckten sie hinein. Sie steckten immer mehr hinein und rollten dann einen Baumstamm vor den Eingang. »Jetzt wollen wir aber weglaufen«, sagten sie und eilten den Pfad entlang zu Mutter und Vater. Sie berichteten ihren Eltern, daß sie von Pikuwa vergewaltigt worden seien – nicht einmal, sondern viele Male.

Inzwischen fühlte sich Pikuwa erneut erregt. Er kroch zum Eingang und traf auf das ihn versperrende Gehölz. Ohne Umschweife grub er einen kleineren Gang um das Hindernis herum und kam heraus. Er lief den Mädchen nach und holte sie ein, doch der Vater hatte sich hinter einem Baum versteckt. Er hatte sich mit zahllosen → *Speeren* bewaffnet und auch seine Speerschleuder bei sich. Er warf Speer um Speer, und alle trafen sie Pikuwa. Schließlich nahm er seine Axt und hieb damit Pikuwa immer wieder auf den Kopf. Mit dem Messer trennte er Pikuwas Kopf ab, und mit den Grabestöcken stocherten die Frauen in seinem After. Dann hackten sie ihm den Penis ab und schnitten ihn in Stücke. Schließlich zündeten sie ein riesiges Feuer an und brieten das Krokodil. »Du kannst dir hier deine →*Djang*-Stätte einrichten«, sagten sie, »Katyapikanam Auwa [Auf den Kopf geschlagen], denn hier wurdest du, Pikuwa, auf den Kopf geschlagen.«

Es gibt weitere Mythen, die Pikuwas enormen Sexualdrang schildern. In der → *Traumzeit* waren Kena und Pikuwa Menschen. Warka, die Sumpfschildkröte, war Kenas Frau. Pikuwa und Warka fingen ein unerlaubtes Liebesverhältnis an und brannten beide durch. Waka, der Fliegende Hund, verriet Kena ihren Aufenthaltsort. Er eilte dorthin und begann, mit Pikuwa zu kämpfen. Zunächst gebrauchten sie nur ihre Hände, dann stach Kena Pikuwa mit einem Speerstoß in die Rippen. Pikuwa ergriff einen Feuerbrand und traf Kena damit in den Nacken. Dessen Nacken schwoll an. Endlich lag Kena müde und erschöpft da. Pikuwa ließ von ihm ab und ging nach Westen zum Meer, um im Salzwasser zu gesunden. Und dort hat er seine Heimat gefunden.
Siehe auch *Jirakupai; Numuwuwari*.

Kulama-Zeremonien, auf → *Melville Island* praktizierte Initiationsriten zu einem religiösen Kult, der sowohl Männer als auch Frauen offensteht. Der Großteil der Rituale spielt sich um → *Monsun* und um → *Yamswurzeln* ab. Ihr Name Kulama ist von einer giftigen Yamswurzel abgeleitet, die einen zentralen Platz bei den Zeremonien einnimmt. Wenn sie auf besondere Weise zubereitet und gekocht wird, steht die Yamswurzel im Ruf, Kraft, Vitalität und gute Gesundheit zu verleihen.
Die Zeremonien gehen auf die → *Traumzeit* oder → *Palaneri*-(Schöpfungs-)Zeit zurück, als alle Vierbeiner und Vögel Männer und Frauen waren. Purutjikini, ein Kuckuckskauzmann, und seine Frau Pintoma, eine Schleiereule, hielten die erste Kulama-Zeremonie auf Bathurst Island ab. Sie luden Jirakati, der später zum Weißkopfadler wurde, und die Zwergeule Tupatupini ein, daran teilzunehmen, und planten, sie zu ihren ersten Initianten zu machen. An der Zeremonie waren noch etliche andere durch Hilfestellung beteiligt: die Ningauis, ein kleines Geistervölkchen, das in den Mangrovensümpfen lebt, Inwati, Mauwine und Tararalili, drei Gruppen der *Honig*-Leute, → *Jirakupai*, das Salzwasserkrokodil, der Schwarze Kakadu Narina und der Keilschwanzadler Jurumu. Eine Reihe Ahnenwesen von Melville Island verweigerte die Teilnahme.
Die zweite Kulama-Zeremonie wurde von den Ningauis, dem

Geistervölkchen, auf derselben Insel durchgeführt. Bei ihrem Abschluß verfügten sie, daß die Form der Zeremonie mit ihren Vorgehensweisen und Initiationsritualen stets die gleiche bleiben solle.

Siehe auch → *Initiationsprozeß*.

Kulin → *Antares; Balayang; Bunjil; Koori; Tabugebiete; Tod; Zentaur*.

Kulkunbulla → *Orion*.

Kulunbar (Katherine Gorge) liegt im Jawoyn-Gebiet im Northern Territory und ist ein wichtiger Knotenpunkt von → *Traumzeitpfaden* und → *Gesangslinien*. Einer der bedeutendsten Ahnen ist Koopoo, das Rote Riesenkänguruh, das nach einer Reihe von Abenteuern in ein tiefes Wasserloch hinabstieg und sich in eine → *Regenbogenschlange* verwandelte. Es heißt, daß die Schlucht von ihm geschaffen wurde.

Die Schlucht, durch die sich der Fluß zwischen turmhohen Sandsteinwänden zwölf Kilometer lang windet, ist großartig. Nach Süden zu sprudeln die heiligen heißen Quellen von Mataranka und im Norden die heißen Douglas-Quellen.

Kumpinulu → *Sonne*.

Kunapipi → *Gunabibi*.

Kungkarangkalpa → *Plejaden*.

Kuniya → *Uluru*.

Kunnawarra, der Schwarze Schwan → *Balayang*.

Kuraruna, der Nachtreiher → *Jirakupai*.

Kuringgai → *Eora-Stamm*.

Kuringgai-Chase-Nationalpark, im Besitz der Kuringgai (→ *Eora-Stamm*) befindliches, 30 Kilometer nördlich von Sydney gelegenes Gebiet. Der Nationalpark ist eine an Felskunstwerken reiche Landschaft: Gravierungen von Walen, Haien und Fischen, Känguruhs und Abbildungen ihres großen Ahnen → *Biame*.
Siehe auch *Felsmalerei*.

Kurinpi-Frauen → *Frauen-Ahnenwesen*.

Kurnai → *Allväter; Frosch; Koori; Mundjauin; Schamanen; Südlicht*.

Kurok-Goru, der Feuerschwanzfink → *Krähe*.

Kurukadi → *Zwei-Männer-Mythos*.

Kurung → *Yarra River und Port Phillip*.

Kururuk, der Einheimische Begleiter → *Balayang*.

Kutji-Geister. Diese Wesen halten sich gewöhnlich im Schatten von Büschen auf und zeigen sich in verschiedenen Formen, so als schwarze → *Krähe*, → *Adler*, Eule, Känguruh oder → *Emu*. Von den Kutji besessene Vögel unterscheiden sich von gewöhnlichen Vögeln oder Vierbeinern dadurch, daß sie den Kopf eines Menschen umkreisen oder sich auf auffällige Weise verhalten. Bei warmem Wetter können die Kutji eine schwarze Regenwolke sein oder sich als Staubsturm, Donner oder eine ferne Luftspiegelung äußern.
Diese Geister verursachen Übelkeit, Erkrankung, Not und → *Tod*. Nur der Schamane kann ihrer Herr werden. Genaugenommen empfangen die Schamanen ihre Macht von ihnen und stehen mit ihnen in direkter Verbindung. Es ist diese unmittelbare Beziehung, die den Schamanen ihre heilenden Kräfte und Zauberkünste verleiht.

Kwinkan → *Quinkin*.

Kwinkin → *Quinkin*.

Kyowee, die Sonnenfrau → *Sonne*.

L

Labumore (Elsie Roughsey, geb. 1923) ist eine Angehörige der Lardil auf Goonana *(Mornington Island)* im Golf von Carpenteria. Sie hat sich aktiv für die Neubelebung ihrer Kultur auf der Insel eingesetzt. Ihre Autobiographie *»An Aboriginal Mother Tells of the Old and the New«* wurde 1984 veröffentlicht.

Laindjung → *Barama- und Laindjung-Mythen.*

Lardil → *Labumore; Mornington-Island; Riesenhunde; Roughsey, Dick.*

Laura im nördlichen Queensland ist eine an → *Aboriginal*-Felskunstwerken reiche Stätte. Die Kunstwerke stellen Vierbeiner, Vögel, Geisterwesen, *Schamanen* und Menschen dar. In den Felsgalerien ist eine Anzahl von magischen Gestalten zu sehen, die von den verzweifelten Verteidigern im Bestreben gezeichnet wurden, sie bei ihrem Widerstand gegen die weißen Eindringlinge mit Zauberkräften zu unterstützen.
In den Mythen der Gegend werden Geschichten von einem schwarzen Vogel mit langem Hals erzählt, der die Gebeine der Toten stiehlt. Auf einigen der Bilder mit den Eroberern, erkennbar an ihren Gewehren und Revolvern, steht dieser Vogel da und hackt sie ins Fleisch.
In Laura ist auch der → *Quinkin* genannte Geist beheimatet. Jedes Jahr wird hier ein wichtiges *Tanz*-Festival abgehalten.
   Siehe auch *Cape-York-Halbinsel; Felsmalerei.*

Liru → *Uluru.*

Lo-An, der Riese → *Tabugebiete.*

Lo-An-Tuka, die Riesin → *Tabugebiete*.

Looma, die Blauzungenechsenfrau → *Pea Hill*.

Luma Luma, der Riese. Von ihm stammen die Motive, die sich die Gunwinggu des → *Arnhem-Landes* bei Zeremonien auf die Brust malen. Diese Ockerzeichnungen bestehen aus zahlreichen überkreuzten Linien, die komplizierte Muster bilden. Jedes einzelne Segment der Zeichnung stellt einen Bereich des Gebietes dar, aus dem der Ahne des betreffenden Mannes stammt.
Luma Luma ist ein Kulturbringer, dem nachgesagt wird, er sei von Indonesien her übers Meer eingewandert. Als Fremder wurde er zwar von den Stammesangehörigen angegriffen, er unterwies jedoch die Menschen in der Malerei und dem → *Tanz*, bevor er dorthin zurückkehrte, wo er hergekommen war.

Siehe auch *Rindenmalerei; Schlafender Riese*.

Lumbiella → *Hunde*.

M

Maban → *Schamanen*.

Madkandyi, der Schreckliche Wirbelwind, ein Mythos, der von den → *Ältesten* der → *Adnyamathanha* erzählt wird. Sie berichten, daß sich in Westaustralien einst ein gewaltiger Wirbelsturm erhob und nach Osten in Richtung Neusüdwales fegte. Der Wirbelwind raste auf die → *Flinders Range* zu, prallte auf den Höhenzug und drehte sich rechtsläufig um die Berge. Als er auf der anderen Seite angelangt war, flaute er ab. Damit ist auch erklärt, weshalb alle Sanddünen auf die Bergkette zulaufend ausgerichtet sind.

Mafi-William, Lorraine → *Byron Bay*.

Magellansche Wolken. Die Kleine und die Große Magellansche Wolke, zwei Sternhaufen am Südhimmel, stellten nach dem Glauben der Wotjobaluk und der Mara (→ *Koori)* die weiblichen und männlichen Ahnen des → *Einheimischen Begleitervogels* dar.

Mai Korpi → *Mangrovenfrau*.

Malagi → *Djang*.

Malbaru → *Bindirri, Yirri*.

Malu, der Känguruhmann → *Katatjuta*.

Maludaianiniu, die Milchstraßenmänner → *Universum*.

Malumba, die Geisterfrau → *Bralgu.*

Mamoon → *Bundjalung-Nation.*

Mamu-Boijunda, die Bellende Spinne → *Warlpiri-Schöpfungsmythos; Winbaraku.*

Mana Boming → *Handel.*

Manangananga-Höhle → *Arrernte.*

Mandya, das Euro-Känguruh → *Flinders Range.*

Mangalamarra, George → *Palga.*

Mangrovenfrau. Dieser Mythos wurde von den →*Ältesten* der → *Wik Munggan* erzählt.
Mai Korpi, die Mangrovenfrau, war jene Ahnin, welche die Frauen in der Zubereitung der eßbaren Mangrovensamen unterwies. Es heißt, daß einst in der → *Traumzeit* Wolkolan, der sich später in eine Brachse verwandelte, seine Schwestern besuchen ging. Als er bei ihnen ankam, war er müde und hungrig, und er bat seine Schwestern, ihm etwas zu essen zu bringen. Seine ältere Schwester jedoch, die Mangrovenmehl gemahlen hatte, sagte, sie sei ebenfalls müde. Wolkolan drohte ihr, woraufhin sie ihn mit ihrem Grabestock auf die Schulter schlug. Dafür warf er ihr einen Speer in den Kopf, wo die Waffe steckenblieb. Die Schwester floh zu einer flachen Stelle und stieg dort in die → *Erde.* Dies wurde ihre → *Auwa-* oder → *Djang*-Stätte. Der Speer ragte noch immer aus ihrem Kopf hervor, geradeso wie der Fruchtstand der Mangrove sich aus den Blütenblättern erhebt. Und heute sammeln die Frauen Mangrovenschoten und stellen Mehl daraus her, so wie sie es tat.

Mantya, die Todesotter → *Taipan.*

Mara → *Koori; Magellansche Wolken; Nördliche Wasserschlange; Sirius.*

Mara, die Zuckerameise → *Zwei Brüder.*

Maralga → *Warmalana.*

Marindi, der Riesenhund → *Parachilna; Roter Ocker.*

Marmoo war für die → *Koori* der böse Geist, das Gegenteil von → *Biame.* Er war eifersüchtig auf Biames und → *Yhis* Schöpfung und reagierte darauf, indem er die Welt mit Insekten bevölkerte. Biame traf mit Nungeena, dem Geist der Wasserfälle, zusammen, um Marmoos Insektenplage durch die Schaffung von Vögeln zu beenden. Nungeena gestaltete ein Blumenmuster, dem Biame Leben einhauchte. Daraus entstand ein Leierschwanz, der schönste aller Vögel, der nach Insekten zu scharren begann. Biame schuf weitere Vögel, und sie vernichteten die Insekten oder reduzierten ihre Menge. Als Belohnung für ihre Dienste verlieh Biame ihnen Stimmen.

Marnbi, die Bronzeflügeltaube, wird mit Gold (ihr Blut) und weißem Quarz (ihre Federn) assoziiert. Die → *Ältesten* der → *Adnyamathanha* kennen einen Mythos, der sie mit diesen Mineralien und ihren Abbaustätten in Verbindung bringt.
Einst fertigte ein Mann ein Netz, um Bronzeflügeltauben zu fangen. Ein Schwarm dieser Vögel kam vorbei, und er warf das Netz über sie. Mit seiner Keule schlug er auf sie ein, doch einer von ihnen, nämlich Marnbi, gelang es irgendwie, sich zu befreien. Sie stieg in die Luft auf und entkam, wobei sie Federn und Blutstropfen verlor. An den Orten, wo sie sich ausruhte, verlor sie weiterhin Blut und Federn, und daraus wurden die Fundstätten von Gold und Quarz. Sie flog nach Neusüdwales und bog nordwärts nach Mount Isa ab, wo die große Mine noch heute betrieben wird.
Siehe auch *Opale; Quarzkristall.*

Marnbil → *Mornington Island.*

Marpean-Kurrk → *Arkturus; Bootes.*

Mars. Die Bewohner am → *Murray River* erachteten diesen Planeten als Bilyarra, den Würgadler-Ahnen.

Marwai, der Meistermaler. Man glaubt, dieser → *Traumzeit*-Ahne sei der Hüter und Verteiler von Motiven im westlichen → *Arnhem-Land* gewesen. Er war überall im Lande unterwegs und führte in einem um den Hals geschlungenen → *Dillybeutel* Stücke von Ockerfarben mit sich. Bei seinen Reisen ruhte er in verschiedenen Höhlen und unter Felsüberhängen aus, und dann holte er seine Farben hervor, zerrieb sie zu feinem Pulver und malte Gemälde an die Wände der Höhlen und Felsüberhänge, die noch heute zu sehen sind.
Marwai war auch ein Lehrer. Er unterwies die Menschen, denen er auf seinen Reisen begegnete, darin, auf welche Weise seine Motive zu malen seien. Der große Gunwinggu-Maler→ *Yirawala,* der als der Picasso Australiens bezeichnet wurde, erwarb seine Fähigkeiten von Marwai und schuf mehrere Porträts des Meistermalers.
Siehe auch *Felsmalerei.*

Mauwini → *Kulama-Zeremonien.*

Mbu, der Geist, ist bei den auf der → *Cape-York-Halbinsel* lebenden Ndraangit der Schutzpatron der Bestattungsriten. Er erlangte diesen Status, weil er der erste war, für den die Riten abgehalten wurden.
Der Fischhabicht Tyit, Mbus Bruder, führte die Riten ein, nachdem er und Mbu um eine von ihnen gespeerte Seeschildkröte gekämpft hatten, wobei Mbu im Kampf getötet wurde. Tyit bedeckte ihn mit Rinde, schnitt ihm die Flanke auf und entnahm ihm Gedärme und die Leber. Er band den Körper an einen langen Pfahl, legte ihn auf gegabelte Stöcke und trocknete ihn über einem → *Feuer.* Danach bedeckte er den ausgetrockneten

Körper mit Rinde und trug ihn zurück zu den Eltern. Sie richteten eine Trauerzeremonie für Mbu aus, um ihn auf seinen Weg zu schicken, und sangen an seiner Ruhestätte, damit er nicht zurückkäme, um sie heimzusuchen.

Siehe auch *Tod*.

Meendie, die Riesenschlange → *Bunyip*.

Mekigar → *Schamanen*.

Melatji-Gesetzeshunde → *Hunde; Winbaraku*.

Melbourne. Das Gebiet, auf dem die Hauptstadt des Staates Victoria gegründet wurde, war einst ein bedeutender Treffpunkt der drei → *Stämme* der umliegenden Gegend: der Wurundjeri, der Bunurong und der Watharung. Die Port-Phillip-Bucht, an der die Stadt liegt, soll von → *Bunjil*, dem Würgadler-Ahnen (→ *Yarra River und Port Phillip*) erschaffen worden sein.

Siehe auch *Berak, William; Krähe*.

Melville Island vor der Küste von Northern Australia ist die Heimat der → *Tiwi*. Diese schreiben die Entstehung von Melville Island → *Mudungkala* zu, einer blinden Alten, die über das damals kahle Land kroch und die Insel schuf, indem sie diese vom Festland abtrennte. Als abschließende Handlung verfügte sie, das wüste Terrain solle in Vegetation gehüllt und von Tieren bevölkert werden. Anschließend begab sie sich nach Süden und verschwand, wobei sie ihre Kinder zurückließ – zwei Mädchen und einen Knaben –, die zu den Ahnen der Tiwi wurden.

Siehe auch *Baum zwischen Himmel und Erde; Brachvögel; Jirakupai; Kindgeister; Kulama-Zeremonien; Mopaditis; Pukamani-Bestattungszeremonien; Rindenmalerei; Sonne; Tokumbimi Tokumbimi; Zyklopen*.

Menstrualblut war bei allen → *Aboriginal*-Gemeinschaften eine Quelle von → *Djang*, Macht und Zauber. Wenn eine Frau ihre Regelblutung hatte, mußte sie dem Hauptlager fernbleiben.

Bei den → *Wik Munggan* wurde Menstrualblut mit der → *Regenbogenschlange,* der magischen Schamanenschlange → *Taipan,* in Verbindung gebracht. Es gibt einen Frauenmythos bzw. eine → *Traumzeittotem*-Geschichte aus diesem Gebiet, der den Zusammenhang zwischen Taipan und weiblicher Fruchtbarkeit, Blut und Milch aufzeigt.

Yuwam, die Schwarze Rotbauchschlange, brannte mit dem Sumpffischmann Ita durch, der nach dem klassifikatorischen Verwandtschaftssystem »Sohn« ihres Ehemannes, der Schwarzen Wasserschlange Tintauwa, war; und daher begingen sie Inzest. Taipan als Onkel mütterlicherseits und Hüter des Gesetzes folgte ihr, um sie für diese unerlaubte Beziehung zu bestrafen. Er holte sie ein und schuf um sie herum ein Moor oder einen Sumpf, so daß sie nicht entkommen konnte, wenngleich Ita die Flucht gelang. Yuwam hatte Töchter, die in einer nahe gelegenen Lagune schwammen. Sie waren völlig haarlos und hatten weder Brüste noch Geschlechtsteile oder Regelblutungen. Taipan ging zu ihnen, und das ganze Gebiet färbte sich rot. Die erschreckten Mädchen versuchten sich zu verbergen und strichen sich Schlamm auf die Köpfe, die Oberkörper und zwischen die Beine. Sie tauchten unter Wasser, kamen später wieder an die Oberfläche und merkten, daß ihnen lange Haare auf den Köpfen, Haarbüschel unter den Armen und auch Schamhaare gewachsen waren. Auch hatten sich bei ihnen Brüste entwickelt.

Ihre Mutter Yuwam bemühte sich, aus dem Sumpf zu entkommen, in dem sie gefangen war, doch ohne Erfolg. Statt dessen sank sie immer tiefer. Taipan sagte zu ihr: Mein Mädchen, meiner Schwester Tochter, diese Strafe hast du von deiner Mutter, der → *Erde,* erhalten.« Er glättete eine Stelle und zupfte ein wenig Gras heraus und sagte: »Etwas Blut habe ich dir gebracht, Weib. Den Rest werde ich windwärts davontragen und dort an meiner heiligen Stätte vergießen.« Für das Blut, das er der Frau überließ, höhlte er ein Loch im Boden aus und ließ es dort hineinrinnen. Daraus wurde »verbotenes« Gebiet. Es geschah am Fuß des Blutholzbaumes, daß erstmals Menstrualblut floß. Taipan sagte, Yuwan würde sich in eine Schlange mit rotem Bauch verwandeln, und so geschah es.

Er goß auch etwas Milch an den Fuß des Milchholzbaumes und sprach: »Wenn Frauen erwachsen sind, soll ihnen allen Milch aus diesem Milchholzbaum zufließen. Menschen werden von überall her an diese Stätte kommen, an diesen Baum, um Kinder zu bekommen. Du wirst den Frauen, die hierherkommen, ein weibliches Kind schenken. Aus dieser deiner Fruchtbarkeitsstätte werden weibliche Kinder hervorgehen.« Yuwam sank unter die Oberfläche, und der Ort ist ihr geweiht und gilt als Fruchtbarkeitsstätte für Frauen, die sich Mädchen als Kinder wünschen.

Siehe auch *Empfängnisglaube; Geschlechterrollen; Sonne.*

Midgegooroo → *Yagan.*

Milchstraße. Dieses Sternensystem wird von manchen → *Aboriginal*-Gemeinschaften als ein Fluß namens Milnguya angesehen. In der → *Traumzeit* errichteten → *Krähe* und Katze eine Fischfalle aus Stein. Es war das Urmodell und Vorbild für alle künftigen Fischfallen. Unglücklicherweise geriet Balin, der Barramundi, in die Falle, und er wurde von den Mitgliedern jener → *Gemeinschaft* verspeist, der Krähe und Katze angehörten. Die beiden waren entsetzt, als sie zum Strand kamen und den Frevel entdeckten. Wahn, die Krähe, war mit Balin verwandt und richtete ihm ein angemessenes Begräbnis aus. Nachdem sie seine Gebeine in einen hohlen Baum gelegt hatten, brachten Krähe und Katze den → *Hohlstammsarg* hinauf in den Himmel und legten ihn neben den Fluß Milnguya, die Milchstraße. Danach entschlossen sie sich, ebenfalls dort oben zu bleiben. Wenn wir also heute zum Himmel hinaufschauen und in die Milchstraße blicken, erkennen wir die Lagerfeuer von Krähe und Katze als Sterne. Einige der anderen Sterne sind die Flecken, die sich auf dem Körper der einheimischen Wildkatze finden, und andere gehören zum Hohlstammsarg, während die dunklen Stellen die ausgebreiteten Flügel der Krähe symbolisieren.

Siehe auch *Inma-Bretter; Traumbaum des Lebens; Universum.*

Millstream Pools. Dieses Gebiet in der westaustralischen Pilbara enthält eine Reihe von wichtigen heiligen Stätten, die in der → *Traumzeit* von der → *Regenbogenschlange* geschaffen wurden. Es wird überliefert, daß in der Traumzeit zwei junge Männer einen Ringhalssittich, der für sie tabu war, fingen und verzehrten. Die Schlange roch die Bratendünste und kam vom Meer her, um sie zu strafen. Während sie sich vorwärts schlängelte, schuf sie von Norden her den Fortescue River. Indem sie am Gregory Gorge → *Wasserlöcher* entstehen ließ, teilte sie den Fluß in zwei Hälften. Sie zog unterirdisch weiter, und als sie an verschiedenen Stellen wieder hervortrat, hinterließ sie Wasserbecken (Pools). In Gestalt eines Wirbelwindes ging sie auf die Burschen nieder und verschlang sie. Die Menschen weinten und protestierten, und die Riesenschlange wurde zornig und ertränkte sie in einem plötzlichen Wasserschwall.

Milnguya → *Milchstraße*.

Mimi-Geister. Von diesen Wesen heißt es, sie seien von dünnem, strichartigem Aussehen und bewohnen die Felsspalten und den Busch des → *Arnhem-Landes*. Außerdem würden sie den im nördlichen Queensland vorkommenden → *Quinkin* ähneln. Es wird erzählt, sie seien sowohl künstlerisch begabt als auch gute Jäger, und sie äußerten sich, indem sie ihre Porträts auf die Felsen malten. Diese Kunstwerke sind nahezu ausschließlich in → *rotem Ocker* ausgeführt und variieren von Blaßrot bis zu dunkelstem Braun. Sie stellen die Mimi beim Jagen, beim Speeren von Kängurus, beim Laufen und Tanzen dar. Sie gehören zu den schönsten und elegantesten → *Felsmalereien* Australiens.

Siehe auch *Rindenmalerei*.

Minjelungin → *Wagyal*.

Minjungbal → *Bundjalung-Nation*.

Min Kakalang, der Habicht → *Speere*.

Miralaidj → *Djanggawul und seine beiden Schwestern.*

Mirdinan → *Tierverhalten; Trickster-Charakter.*

Mirrabooka → *Kreuz des Südens.*

Mirritji, Jack → *Duwa-Moiety.*

Mityan, der Mond, war ein einheimischer Katzenmann, der sich in eine der Frauen des Unurgunite, des kleinen Sterns zwischen den großen des → *Großen Hundes,* verliebte. Im daraufhin entbrannten Kampf wurde er vertrieben und muß seither als → *Mond* die Himmel durchwandern.

Moiety-Ahnen. Zahlreiche *Aboriginal*-Gemeinschaften sind in zwei Hälften oder »Moieties« unterteilt, die häufig nach einem der Ahnengeister der → *Traumzeit* benannt werden. Dieser gilt als Urahne der Gruppen oder Sippen in der Moiety, von denen jede wiederum ihren eigenen Ahnen aus der Traumzeit verehrt, weshalb manchmal der Moiety-Ahne als Vater und die Sippenahnen als seine Söhne betrachtet werden.
  Siehe auch *Würgadler und Krähe.*

Moinee → *Tasmanischer Schöpfungsmythos.*

Moipaka. Diese → *Schwirrhölzer* der Wik Kalkan symbolisieren die verschiedenen Zeitspannen, die Männer und Frauen in Beziehung zum jeweils eigenen Geschlecht durchlaufen, also von der Pubertät über die Heirat bis zur Elternschaft. Jede Phase wird durch ein Ahnenwesen dargestellt, das nicht nur das Schwirrholz übergibt, sondern auch die → *Djang*-Stätte bestimmt, wo das Moipaka mit Energie versehen wird.
Ein mit weißen Punkten auf rotem Grund bemaltes Moipaka verkörpert eine junge, verheiratete Frau und kommt bei unerlaubten Beziehungen zur Anwendung: Außerhalb des Lagers wird es von einem verheirateten Mann geschwungen, um eine junge, ebenfalls verheiratete Frau auf sich aufmerksam zu ma-

chen. Es ist das Geräusch, das die Frau anlockt, doch wenn sie sich weit genug vorgewagt hat, läßt der Schwinger das Schwirrholz schnell verschwinden, da es sonst seine Wirkung verlöre. Dieses Moipaka wurde zuerst von den beiden Kakadubrüdern angefertigt und benutzt.

Ein anderes Moipaka, rot mit weißen Streifen, symbolisiert eine verheiratete Frau, die ein Kind zur Welt gebracht hat. Dieses Muttermoipaka wird geschwungen, um die Geburt des ersten Kindes zu feiern.

Es gibt auch ein männliches Moipaka, das, wenn es gemeinsam mit dem weiblichen geschwungen wird, die Institution der Ehe und das Eheleben versinnbildlicht.

Moiya und Pakapaka sind zwei → *Schwirrhölzer,* die Eigentum der → *Wik Munggan* sind, und es gibt zwei weitere → *Moipaka* (männlich und weiblich), die den verbündeten Wik Kalkan gehören.

Das Moiya symbolisiert ein junges Mädchen, dessen Pubertätsphase gerade begonnen hat. Es ist ein kleines, schlichtes Stück Holz und wird von jungen Initianten am Ende des ersten Teils der Mannbarkeitszeremonien geschwungen.

Das Pakapaka repräsentiert eine vollerblühte Frau. Es handelt sich um ein längeres und breiteres zungenförmiges Holzstück, das mit rotem und weißem Ocker bemalt und an einer Schnur befestigt ist. Es wird am Ende der Initiationszeremonie geschwungen.

Der Mythos über diese Schwirrhölzer bezieht sich auf zwei Initianten der ersten Mannbarkeitszeremonien, die am Ende der Zeremonien Tabus brechen, indem sie einen Flughund essen sowie mit Mädchen reden und ihre Speise mit ihnen teilen. Zur Strafe trägt der Flughund die beiden Initianten davon, und die Mädchen werden von einer Flutwelle flußabwärts auf einen Felsen gespült, wo zwei von ihnen ein Moiya finden und es kreisen lassen, während sie singen: »Was ist es wohl, was wir in die Wolken kreisen lassen, was verboten ist? Was ist es wohl, was wir zwei kreisen lassen?« Danach legen sie es in den Spalt eines Blutholzbaumes mit den Worten: »Es gehört uns Frauen, wir haben es gefunden. Es gehört uns, doch sei es drum. Überlaßt es den Männern, die es immer benutzen werden.« Dann steigen sie in ihre → *Auwa-* oder → *Djang*-Stätte hinab.

Der Mythos liegt den Initiationszeremonien der Wik Munggan zugrunde und symbolisiert das erwachende Interesse am anderen Geschlecht während der Pubertät und wie damit umzugehen sei.

Siehe auch *Initiationsprozeß*.

Molonga-Zeremonien. Diese Riten ähnelten der Geistertanzbewegungen der nordamerikanischen Indianer und entstanden als Reaktion auf das brutale Vordringen der Weißen in Australien. Die zentrale Gestalt war Molonga, ein übernatürlicher Rachedämon, von dem es heißt, daß dieses Ungeheuer am Ende der Zeremonien alle Europäer verschlänge.

Die Zeremonien wurden zuerst 1897 bekannt, als sie am nördlichen Georgina River in Queensland stattfanden. Von dort breiteten sie sich während der folgenden 25 Jahre bis nach Alice Springs, Lake Eyre und zur Südküste der Nullarbor-Ebene aus. Es ist zu bedauern, daß sie heute nicht mehr abgehalten werden, denn nach allen vorliegenden Berichten standen sie in hoher Blüte und unterschieden sich von den anderen → *Aboriginal-*Zeremonien.

Mond. Der Erdtrabant ist stets maskulin, und viele Geschichten erläutern sein Entstehen. Bei manchen → *Aboriginal*-Gruppen wurden die Mondstrahlen als schädlich für den Menschen angesehen. Wenn ein Mann zu lange zum Mond hinaufschaute, würde er in Trance verfallen.

Siehe auch *Erste Frau; Mityan der Mond; Mondfinsternis; Neumond; Tod; Universum*.

Mondfinsternis, ein Omen, das besagte, daß jemandem auf Reisen ein schweres Unglück widerfahren war.

Mondgebieter → *Schamanen*.

Monsun (Barra). Der Nordwestmonsun oder Barra ist in einen ganzen Zyklus von erklärenden Mythen eingebettet, die in Zeremonien und Gesängen dargestellt werden. Er steht mit der → *Regenbogenschlange* → *Warramurrungundji* und den Blitzbrüdern (→ *Blitz*) in Verbindung.

Siehe auch *Bolung; Jahreszeiten; Universum; Wawilak-Schwestern.*

Mopaditis. Diese Wesen sind laut den auf *Melville Island* lebenden *Tiwi* die Geister der dortigen Toten. Sie bevölkern die verschiedenen → *Traumzeittotem-* oder → *Djang-*Stätten auf den Inseln Melville und Bathurst und ähneln menschlichen Wesen, außer daß ihre Körper entmaterialisiert sind. Am Tage sind sie unsichtbar, bei Nacht jedoch wirken sie weiß und können auf der Wasseroberfläche laufen. In ihrem Geisterland führen sie durchaus ein Dasein menschlicher Wesen.

Wenn ein kleines Kind stirbt, bleibt sein Mopaditi in unmittelbarer Nähe, schläft bis zum Morgen bei der Mutter und verläßt sie dann bei Tagesanbruch. Nach einigen Monaten tritt dieser Kindgeist, der »Buda-Buda« genannt wird, über die Vagina wieder in den Körper seiner vorherigen Mutter ein und beginnt ein neues Leben.

Stirbt ein älterer Mensch, so bleibt sein oder ihr Mopaditi am Grab, trauert drei Tage lang mit den Verwandten und bricht danach zu der Stelle auf, an der er zur Welt kam, was in früheren Zeiten seine Traumzeittotem- oder Djang-Stätte gewesen wäre. Während der Reise fliegen Schwärme schwarzer Kakadus kreischend über ihm, um den Geistern an seinem Geburtsort seine Ankunft zu melden. Dort bleibt er bei ihnen, bis die Bestattungsfeierlichkeiten beginnen, zu denen dann alle hingehen, um den Tänzen und Zeremonien beizuwohnen. Des Nachts, wenn die lebenden Trauernden in Schlaf gefallen sind, betreten die Geister die Zeremonialstätte, um die gleichen Zeremonien abzuhalten. Nach Abschluß der letzten → *Pukamani-Bestattungszeremonie* kehrt der Mopaditi an seinen Geburtsort zurück, wo er wie ein Heranwachsender behandelt wird und sich erneut der Initiation unterziehen muß.

Bisweilen nehmen die Mopaditis Verbindung mit den Lebenden auf, und wenn dies geschieht, stehen dem oder der Betreffenden die Haare zu Berge und die Haut wird feuchtkalt. Mitunter ist die heimgesuchte Person gelähmt, bekommt Anfälle und hat Schaum vor dem Mund. Das wird dann als »Mopaditi-Krankheit« bezeichnet. Sie läßt sich heilen, indem Ballen von Papierrinde erhitzt und der betroffenen Person so lange an die Wangen oder über die Ohren gelegt werden, bis sich die Muskeln entspannen.

Mopoke, der Kuckuckskauz → *Eule.*

Morgenstern. Bornumbirr, der Morgenstern, wird in den Zeremonien des → *Arnhem-Landes* durch einen ornamentenreich geschmückten Pfahl dargestellt. Mit Ausnahme der Spitze und des Fußes ist dieser Pfahl fest mit Schnur umwickelt. Heilige Symbole sind mit → *rotem Ocker* oder mit → *weißem Ocker* über die Schnüre gemalt und in diesen verschiedenartige Federn befestigt. Das oberste Ende des Pfahls ist weiß angemalt, dort wird das »Auge« des Morgensterns eingefügt. Der übrige Teil des Pfahls ist mit Symbolen der verschiedenen → *Wangarr* oder Geisterwesen versehen.

Wenn ein Mensch stirbt, wird der Geist in einem Geisterkanu, das der Spur des von Bornumbirr geworfenen Lichts folgt, übers Meer gebracht. Der Geist kommt nach Baralku (→ *Bralgu),* einer Insel jenseits des Sonnenscheins, wo ihn die Geister jener begrüßen, die bereits vor ihm verschieden sind. Der Morgenstern ist daher ein Symbol der Ewigkeit und der Fortdauer des Lebens nach dem *Tode.*

Die → *Adnyamathanha* sehen den Morgenstern Warta Vurdli, den »Großen Stern«, als männlich an und integrieren ihn in ihre Mannbarkeitsriten. Warta Vurdli hatte zwei Söhne. Er erließ ein Gesetz, das es Knaben, die noch nicht zu Männern gemacht worden waren, verbot, Känguruhfleisch zu essen. Seine beiden Söhne hielten sich jedoch nicht daran und ließen es sich mit ihren Freunden schmecken. Überdies brachten sie den → *Ältesten* von der Jagd nur kleine Känguruhs mit. Warta Vurdli beschloß, die Knaben zu bestrafen, obwohl sie seine Söhne waren. Er nahm ein kleines Känguruh, das ihm die Jungen überlassen hatten, und teilte es in zwei Hälften. Er blies beide Hälften an, schuf auf diese Weise zwei Gruppen von Känguruhs, blaue und rote, und ließ sie laufen. Seine Söhne rief er herbei, um ihnen die Känguruhs zu zeigen. Die beiden Knaben und ihre Freunde jagten den Tieren hinterher. Gerade als sie auf Wurfweite an die Känguruhs herangekommen waren, bewirkte er, daß sie alle und ihre Wurfstöcke in den Himmel hinaufschwebten. Während er zuschaute, bohrte er das Heft seines Speeres in den Boden, ließ sich dann in das so entstandene Loch fallen und verwandelte sich in den Morgenstern. Dies tat er, damit er seinen ungehorsamen Söhnen nicht nahe sein mußte. Bis zum heutigen Tage geht der Morgenstern stets dann auf, wenn die anderen Sterne verblassen, bzw. er geht unter, wenn seine Söhne und ihre Freunde am Himmel erscheinen.

Siehe auch *Djanggawul und seine beiden Schwestern; Erste Frau; Insel der Toten; Morgenstern-Liederzyklus vom Arnhem-Land; Rom-Zeremonie vom Arnhem-Land.*

Morgenstern-Liederzyklus vom Arnhem-Land, eine Anzahl heiliger Gesänge, die im → *Arnhem-Land* bei bedeutenden Zeremonien wie Initiationen angestimmt werden. Der gesamte Zyklus leitet seinen Namen von einem wichtigen Gesang über den Morgenstern ab. Eine grobe Übersetzung lautet:
Der Morgenstern kommt und tritt der Morgendämmerung entgegen/Ein gebündelter Morgenstern tritt der Dämmerung entgegen, die aus dem Land des roten Ockers kommt/Der Morgenstern, Bornumbirr, der Morgenstern kommt/Perlweiß ist der Kern von Bornumbirr, orangefarben ringsum/und eine weiße, gefiederte Schnur ist um den Körper geschlungen, um den Morgensternpfahl.

Mornington Island (Goonana) vor der Nordküste Australiens ist die Heimat der Lardil. Ihr schöpferischer Ahne aus der → *Traumzeit* ist Marnbil, dem die Insel zahlreiche geographische Merkmale verdankt. → *Labumore* von den Lardil erzählt die Geschichte von Marnbil, seiner Frau Gin-Gin und seinem Neffen

Dewaliwall. Sie kamen von Westen her auf die Insel und schufen Bäume und Felsen, Fischfallen, → *Wasserlöcher* und Süßwasser führende Flüsse. Sie benannten die verschiedenen Nahrungsmittel von Meer und Land, später dann an ihrem letzten Lagerplatz tötete Marnbil seinen Neffen Dewaliwall, weil dieser mit seiner Tante Gin-Gin geschlafen hatte.

Siehe auch *Gondwanaland; Riesenhunde; Roughsey, Dick.*

Mount Bingingerra → *Yugumbir.*

Mount Castle → *Schlafender Riese.*

Mount Lindsay → *Jalgumbun.*

Mount Maroon → *Yugumbir.*

Mount Serle → *Arta-Wararlpanha.*

Mount Tabletop, ein Berg auf dem Gebiet der Yuggera in Queensland. Er gehört heute zum Distrikt Lockyer und ist eine wichtige heilige Stätte, wenn auch die einst dort abgehaltenen Zeremonien schon lange der Vergangenheit angehören. In den vierziger Jahren des vorigen Jahrhunderts war er eine Basis der Widerstandsbewegung gegen die europäischen Eindringlinge.

Mount Warning → *Wollumbin.*

Mount Widgee → *Hunde.*

Mount Witheren → *Yugumbir.*

Mowaljarlai, David (geb. ca. 1928), ein → *Ältester* der → *Ngarinjin* aus den *Kimberleys* in Westaustralien. Er ist ein einflußreicher Vertreter seiner Kultur, und seine Lehren und das Leben seiner Leute schildert er in seinem Buch »*Yorro Yorro*«.

Siehe auch *Gondwanaland; Utemorrah, Daisy; Wasserlöcher; Wullunggnari.*

Mparntwe → *Arrernte-Landschaft von Alice Springs.*

Mudati, der Gabelschwanzmilan → *Mudungkala.*

Mudu, der Habichtsadler → *Adler.*

Mudungkala wurde als die → *Allmutter*-Ahnin der → *Tiwi* von → *Melville Island* und anderen Inseln vor der Küste Nordaustraliens angesehen. Sie schuf die Inseln, überzog sie mit Pflanzenwuchs, kroch danach davon, wobei sie ihre beiden Töchter Wuriupranala und Murupiangkala mit deren Bruder Purukupali zurückließ.
Purukupali besuchte eine der Heimstätten der Pitipituis, der → *Kindgeister,* brachte einige davon mit und überließ sie seinen Schwestern, damit sie Kinder gebären konnten. Murupiangkala hatte eine Tochter namens Tukumbuna, die Wilindu heiratete. Tukumbuna hatte zwei Töchter, Wilunduela und Numanirakala, und einen Sohn namens Tukimbini. Dessen Frau Waia gebar eine Tochter mit Namen Bima, die Purukupalis Frau wurde. Der → *Tod* ihres Sohnes Djinini war es dann, der die → *Traumzeit* beendete. Wuriupranala hatte einen Sohn namens Wuriuprinili.
In jenen Zeiten gab es weder Licht noch Wärme, und die Nachfahren der alten Mudungkala mußten in der Dunkelheit nach Nahrung umhertasten und sie, wenn sie etwas fanden, roh verzehren.
Es war in jener Zeit, daß Jurumu (später der Keilschwanzadler) und Mudati (der Gabelschwanzmilan) das → *Feuer* entdeckten, und Purukupali erkannte, wie vorteilhaft es war. Jetzt verfügten sie über Feuer, um die Dunkelheit zu vertreiben, um sich warm zu halten und ihre Nahrung zuzubereiten. Seiner Schwester Wuriupranala gab Purukupali eine Rindenfackel und sagte ihr, es sei ihre Pflicht, sie stets am Brennen zu halten (siehe auch *Sonne).*
Mit der Ankunft des Lichts breiteten sich die Nachkommen Mudungkalas über die ganze Insel aus und lagerten an Stätten, die nach dem Ende der Traumzeit zu → *Djang*-Zentren werden sollten. Während viele Menschen aus der Traumzeit die Insel

bevölkerten, ließen sich die ursprüngliche Familie und deren Nachfahren im südöstlich gelegenen Impanali nieder.

Purukupali war seinem Sohn Djinini sehr zugetan, und wenn sich seine Frau Bima auf Nahrungssuche begab, nahm sie ihn mit und brachte ihn am Ende des Tages zusammen mit der Nahrung, die sie gesammelt hatte, zu Purukupali zurück. Jedoch lebte in Impanali auch Japara, ein unverheirateter Mann, der Bima häufig überredete, ihr Kind im Schatten eines Baumes schlafend zurückzulassen und sich mit ihm in den Wald zu begeben. An einem heißen Tag ging Bima mit Japara davon und blieb zu lange weg. Der Schatten zog weiter, und als sie zurückkehrten, fanden sie das Kind in der heißen → *Sonne* tot daliegend vor. Als Purukupali vom Tod seines Sohnes erfuhr, kannten sein Gram und sein Zorn keine Grenzen. Mit seinem Wurfstock versetzte er seiner Frau einen Hieb auf den Kopf und jagte sie durch den Wald, wobei er die Lebewesen der Welt verfluchte. Er sagte, sein Sohn sei gestorben, also solle auch die gesamte Schöpfung untergehen und, sei sie erst einmal tot, nie wieder zum Leben erweckt werden. Japara protestierte bei Purukupali und versicherte ihm, er könne Djinini innerhalb von drei Tagen ins Leben zurückrufen. Doch statt sich zu beruhigen, griff dieser ihn an. Japara verteidigte sich, und beide wurden im Kampf verwundet.

Purukupali hob den Körper seines toten Sohnes auf, den Bima in ein Stück Papierrinde gewickelt hatte, und begab sich ins Meer hinaus, wobei er ausrief: »Ihr alle müßt mir folgen; so wie ich sterbe, so sterbt auch ihr.« Die Stelle, wo er ins Meer einging, wurde zu einem Wasserwirbel, auf dem sich kein Kanu zu halten vermochte. Als Japara sah, was geschehen war, verwandelte er sich in den → *Mond*.

Mit dem Einzug des Todes in die Welt ging die Traumzeit zu Ende, und die Gegenwart begann. Dieser Mythos, der hier etwas ausführlicher wiedergegeben wird, ist die Grundlage der komplizierten → *Pukamani-Bestattungszeremonien* der Tiwi.

Mukama, der Schwarze Flughund → *Flughunde*.

Mulgaschlange → *Oobar*.

Mullamulluns → *Schamanen*.

Mulumura, die Eidechsenfrau → *Katatjuta*.

Mulyan, der Würgadler → *Trickster-Charakter*.

Mumba → *Zwei-Männer-Mythos*.

Mumbulla-Staatsforst. Auf diesem Gebiet im Südosten von New South Wales liegen die heiligen Berge Goolaga und Mumbulla der Yuin.

Mundjauin war ein berühmter Schamane der zur Gemeinschaft der → *Koori* zählenden Kurnai in Victoria. Er empfing seine Macht in einer großartigen spirituellen Zeremonie von Känguruhgeistern. Einmal verschwand er aus dem Lager und wurde am nächsten Morgen in Trance mit einem gewaltigen Baumstamm auf dem Rücken vorgefunden. Man geleitete ihn ins Lager zurück, wo er noch einige Zeit in Trance verblieb, während der er Lieder darüber sang, wie er in die → *Himmelswelt* gebracht und dort mit mächtigen Gesängen und Zauberformeln ausgestattet worden war.

Mungan Ngour → *Allväter; Südlicht*.

Muralaidj → *Djanggawul und seine beiden Schwestern*.

Murlu, das Känguruh → *Bunuba*.

Murray River. Über die Entstehung von Australiens längstem Fluß kennen die → *Koori* einen Mythos.
Totyerguil war ein mächtiger Jäger, und auf seinen Wanderungen gelangte er eines Tages an die Stelle der heutigen Stadt Swan Hill und lagerte dort mit seinen beiden Frauen, Gunewarra, den Schwarzen Schwänen, und seinen beiden Söhnen. Diese sahen einen riesigen Fisch, der sich in der → *Sonne* wärmte, und berichteten es ihrem Vater. Totyerguil lief sofort los und speerte den

Fisch. Es war Otjout, der Murray-Barsch. Der Speer blieb in seinem Rücken stecken, und der Barsch floh zum Rand des Wasserlochs und schoß davon, wobei er das Flußbett schuf, das zum Murray River wurde. Totyerguil folgte dem Fluß in einem Kanu, holte den Barsch wieder ein und speerte ihn ein zweites Mal in den Rücken. Der Barsch versuchte erneut zu entkommen und verlängerte das Flußbett. Totyerguil ließ nicht von ihm ab und speerte ihn in Abständen und an verschiedenen Stellen längs des Flusses in den Rücken. Die → *Speere,* die er warf, sind heute als die Stacheln auf dem Rücken des Fisches zu sehen. Schließlich schuf der Barsch bei Murray Bridge in Südaustralien ein tiefes Wasserloch und verbarg sich darin. Später dann floh er in den Himmel und wurde zum Stern → *Delphin.*

Nachdem er all seine Speere geworfen und ihm der Fisch entkommen war, wandte sich Totyerguil dem Ufer zu, wo er sein Kanu hochkant aufstellte und sein Paddel senkrecht in den Boden steckte. Das Kanu verwandelte sich in einen riesigen Eukalyptusbaum und das Paddel in eine Murray-Fichte. Aus diesen Baumarten pflegen die Nachkommen Totyerguils ihre → *Kanus* und Paddel herzustellen.

Totyerguil setzte nun seine Reise fort und begab sich in die Grampian Mountains, wo er sich mit seiner Familie treffen wollte. Er fand seine Leute auf der Spitze eines hochgelegenen Felsvorsprungs und rief ihnen zu, sie sollten herunterspringen. Er fing sie alle auf – bis auf Yerrerdet-Kurrk, seine Schwiegermutter, die er wegen des Schwiegermutter-Tabus nicht beachten durfte. Sie verletzte sich, und als sie wieder genesen war, schmiedete sie Rachepläne. In einem tiefen Wasserloch sah sie eine riesige Wasserschlange und machte sich unverzüglich daran, es mit morschen Zweigen und Ästen zu verdecken. Sie fügte Blätter und Gras hinzu, damit es wie das Nest eines Bandicoot aussah, rief danach die beiden Knaben und sagte ihnen, sie sollten ihrem Vater davon berichten. Sie sagte ihnen, sie sollten ihn bitten, den Bandicoot nicht zu speeren, da dies sein Fleisch verdürbe, sondern das Tier mit den Füßen zu fangen, indem er in das Nest sprang.

Totyerguil, den Schuldgefühle plagten, weil er seine Schwiegermutter nicht aufgefangen hatte, tat, wie ihn geheißen, brach durch die Abdeckung und fiel in das Wasserloch. Die Riesenschlange, die sich gestört fühlte, wurde zornig. Sie schoß auf ihn zu, und er warf seinen → *Bumerang,* verfehlte sie jedoch. Der Bumerang schwirrte hinauf in den Himmel und verwandelte sich in das Sternbild → *Nördliche Krone.* Die Riesenschlange zog Totyerguil in die Abgründe des Wasserlochs hinab, und er ertrank.

Collenbitjik, der Bulldogameisen-Mann, der Totyerguils Onkel mütterlicherseits war, sprang in den Tümpel, um den Körper seines Neffen zu bergen. Auch er wäre ertrunken, denn das Wasser war sehr schlammig geworden, doch mit seinen Fingern oder Fühlern, welche die Bulldogameisen seit jener Zeit besitzen, tastete er sich seinen Weg nach draußen.

Totyerguil ist heute der Stern → *Atair,* und die beiden kleineren Sterne zu seinen Seiten sind seine Frauen. Seine Schwiegermutter wurde zum Stern → *Rigel,* und Collenbitjiks Fühler verwandelten sich in den Doppelstern im Haupt des → *Steinbocks.*

Es ist dies ein besonders schöner Mythos der → *Aborigines,* und er besitzt alle Merkmale eines solchen, wenn auch vieles mehr darin verborgen ist und hier lediglich die »öffentliche« Version wiedergegeben wird. Er zeigt jedoch auf, wie es zur → *Schwiegermuttermeidung* kam, wie Bulldogameisen ihre Fühler erwarben und des weiteren, wie der Murray River sein Bett erhielt. Er bekundet, wie natürliche Phänomene erklärt worden sind, so daß das gesamte Universum einen Text darstellt, von dem ein in seine Kultur eingeweihter Aborigine den Mythos ablesen kann.

Murri Murri, Bezeichnung für die → *Aborigines* Queenslands ingesamt.

Murupiangkala → *Mudungkala.*

N

Nabanunga-Frauen → *Winbaraku*.

Namatjira, Albert (1902–1959), berühmter Aquarellkünstler der → *Arrernte*. Er war einer der ersten einheimischen Künstler, die außerhalb der eigenen → *Gemeinschaft* Anerkennung fanden. In ganz Australien wurde er gefeiert und als ein Symbol der Politik der damaligen australischen Regierung angesehen, alle australischen → *Aborigines* an die Lebensweise der Europäer zu assimilieren (→ *Assimilationspolitik*). Bis ins Jahr 1967 hinein, als die australische Verfassung mittels eines Referendums ergänzt wurde, dem zufolge alle Aborigines als vollwertige Australier zu gelten hatten, waren die Ureinwohner Mündel des Staates und verfügten über keinerlei Staatsbürgerschaftsrechte. Diese mußten von den Angehörigen der Urbevölkerung erworben werden, indem sie unter Beweis stellten, daß sie wie die Weißen zu leben vermochten. Namatjira wurden die »Staatsbürgerschaftsrechte« 1957 verliehen, doch bewirkte dieser künstliche Status einen Bruch zwischen ihm und seiner Familie. Er rebellierte gegen seine Stellung als »Weißer ehrenhalber« und entschloß sich, seiner Familie und seinen Leuten treu zu bleiben. Der durch diese Entscheidung verursachte Streß führte zu seinem vorzeitigen → *Tod* im August 1959.
Alberts Gemälde geben die lebenssprühenden Landschaften des Arrernte-Gebietes in Zentralaustralien wieder und inspirierten die Schule der Arrernte-Landschaftsmaler, welche die Tradition fortführt, auch wenn sie heute Motive aus der traditionellen Kultur der Arrernte bevorzugt. Einige der wichtigsten Künstler dieser Schule sind Therese Rhyder, der meisterhafte Wenten Rubuntja und Gordon Waye.
  Siehe auch *Hermannsburg*.

Nanga, die Sammelbezeichnung für die → *Aborigines* von South Australia.
Siehe auch *Gemeinschaft; Narroondarie; Uniapon, David.*

Nangala → *Pea Hill.*

Nara-Zeremonien werden von den →*Aborigines* des →*Arnhem-Landes* praktiziert. Sie wurden während der →*Traumzeit* von den Ahnen der → *Duwa-* und der → *Yiritja*-Moiety gelehrt.
Siehe auch *Djanggawul-Mythologie und -Zeremonien.*

Narina, der Schwarze Kakadu → *Kulama-Zeremonien.*

Narrinyini → *Narroondarie.*

Narroondarie. Der Mythos von Narroondarie wurde von David → *Uniapon* überliefert, einem → *Ältesten* der → *Nanga* in South Australia.
Narroondarie kam als Kulturbringer zu den Narrinyini in Südaustralien. Er war vom Allvater → *Biame* als Bote und Lehrer geschickt worden und war aus den nördlichen Teilen Australiens nach New South Wales und Victoria eingewandert, wo man ihn unter dem Namen Boonah kannte. Auf zwei kahlen Hügeln in der Nähe des Lake Alexandrina und des Lake Albert in Southern Australia ließ er sich nieder. Dort sollte er warten, bis er von Biame gerufen würde, doch eines Tages erblickte er zwei junge Grasbaumfrauen, die sich in ihren Grasstrukturen verfangen hatten. Er befreite die beiden Mädchen, verfiel ihrem Reiz und machte sie zu seinen Frauen. Er erzählte ihnen von den Gesetzen, die er erlassen hatte, und erklärte, es gäbe einen Fisch namens Tookerrie, der Frauen verboten sei.
Eines Tages mußte er sich auf eine Reise begeben und ließ seine Frauen allein zurück. Während seiner Abwesenheit fingen sie den Tookerrie-Fisch und verzehrten ihn. Als ihnen bewußt wurde, daß sie wegen Gesetzesbruchs bestraft werden würden, flohen sie. Narroondarie kehrte zurück und fand die Fischgräten vor, nicht jedoch seine Frauen. Er brach zu ihrer Verfolgung auf,

gelangte zu einem verlassenen Lager und stellte fest, daß seine Frauen noch mehr verbotenen Fisch gegessen hatten. Er verfolgte sie weiterhin nach Süden in Richtung Küste.

Mittlerweile hatten seine beiden Frauen die Küste erreicht und blickten zur Känguruh-Insel hinüber, die zu jener Zeit noch mit dem Festland verbunden war. Sie wurde als Geisterinsel angesehen, und wären die Flüchtigen erst einmal dort, so bräuchten sie eine Bestrafung nicht mehr zu befürchten. Anstatt jedoch hinüberzugehen, vertrödelten sie die Zeit mit dem Sammeln von → *Honig*. Das taten sie auch, weil der Übergang zur Insel vom Blaukranich bewacht wurde, der niemanden ohne Genehmigung passieren ließ. Jetzt gab Narroondarie dem Blaukranich zu verstehen, er solle den Frauen den Übergang gestatten. Als sie die Hälfte der Strecke zurückgelegt hatten, stimmte Narroondarie den Windgesang an. Der Wind heulte, und das Meer verwandelte sich in eine Furie aus Wogen und Schaum und überschwemmte den Landstreifen. Die beiden Frauen kämpften gegen die Wassermassen an und versuchten, zum Festland zurückzuschwimmen. Doch sie ertranken, weil ihre Kräfte sie verließen. Als sichtbares Zeichen für alle Frauen, keine verbotene Nahrung zu sich zu nehmen, wurden ihre Körper in zwei Felsen verwandelt, die noch heute als die Zwei Schwestern bekannt sind.

Der Sturm klang ab, und Narroondarie schritt hinüber zur künftigen Känguruh-Insel. An deren Ufer wuchs ein mächtiger Eukalyptusbaum, in dessen Schatten er bis zum Sonnenuntergang ruhte. Danach begab er sich auf den Grund des Meeres, um die Geister seiner beiden Frauen zu erlösen; und nachdem er dies getan hatte, flog er mit ihnen hinauf in die → *Himmelswelt,* wo er bis zum heutigen Tage bei Biame wohnt.

Nationalfeiertag der Aborigines ist der zweite Freitag im Juli. Es ist ein Tag der Feierlichkeiten und des Gedenkens an die Ahnen, als deren Symbolfigur die tasmanische → *Aboriginal*-Frau → *Trugerninni* gilt, die am zweiten Freitag im Juli 1876 verstarb. Nach ihrem Tod wurde ihr Skelett ins Tasmanische Museum gebracht und über viele Jahre hinweg zur Schau gestellt. Erst nach jahrelangen Bemühungen durften die australischen Aborigines sie im Meer zur Ruhe betten, so wie sie es sich gewünscht hatte.

Nationalflagge der Aborigines. Die Flagge wurde 1972 vom → *Arrernte* Harold Thomas entworfen. Die obere *schwarze* Hälfte versinnbildlicht die → *Aborigines* Australiens, die untere rote Hälfte symbolisiert die Farbe des Landes und das Blut, das vergossen wurde, als die Briten den Kontinent eroberten. Der gelbe Kreis in der Mitte ist die → *Sonne,* die Spenderin jedweden Lebens.

Ndraangit → *Mbu, der Geist; Wik Munggan.*

Neidjie, Bill (geb. ca. 1920), Angehöriger der Bunitj aus der Gagudju-Stammessippe und einer der Eigentümer jenes Landes, das heute den → *Kakadu-Nationalpark* umfaßt. Er ist ein bedeutender Geschichtenerzähler, darauf bedacht, daß seine Kultur und die Mythen fortbestehen. Seine Lehren finden sich in zwei Büchern: »*Kakadu Man*« (1985) und »*Story About Feeling*« (1988).
Siehe auch *Boro-Ringe; Erde; Oobar; Warramurrungundji.*

Neil-Loan → *Atair.*

Nerang → *Goldküste.*

Neumond. Wenn bei den Wotjobaluk (→ *Koori*) die Kinder des Neumonds ansichtig wurden, pflegten sie einen Kreis zu bilden, sich an den Händen zu fassen und ihn zum Größerwerden aufzufordern. Unterließen sie dies, würden auch sie nicht wachsen.
Siehe auch *Erste Frau; Mityan, der Mond; Mondfinsternis; Tod.*

Ngacu → *Bundjalung-Nation.*

Ngalyuka, der Graubartfalke → *Adler.*

Ngama Outcrop → *Yuendumu.*

Ngamba → *Bundjalung-Nation.*

Nganug, der Fährmann → *Bralgu.*

Ngarang, der Sumpfhabicht → *Trickster-Charakter.*

Ngarinjin. Dieser Stamm wurde 1956 gemeinsam mit den Worora in Mowanjum, einer Niederlassung unmittelbar vor der Stadt Derby in Westaustralien, zusammengeholt, weil sie ihr Land verlassen mußten, das einem künstlichen See zum Opfer fiel. Viele Pfade ihrer Ahnen und → *Djang*-Stätten wurden von den Wassermassen überflutet. Seitdem sind die Betroffenen bestrebt, einen Teil ihres Gebietes zurückzuerhalten. Ihre hauptsächlichen Ahnen sind die → *Wandjina.*
  Siehe auch *Kimberleys; Utemorrah, Daisy; Wasserlöcher.*

Ngarluma und Jindjiparndi sind Bewohner des mineralreichen Gebietes der Pilbara im Zentrum Westaustraliens.
  Siehe auch *Burrup-Halbinsel; Parraruru.*

Ngarugal, die Moschuskrähe → *Trickster-Charakter.*

Ngawiya, die Meeresschildkröte → *Große Korroboris.*

Ngurunderi → *Himmelswelt; Insel der Toten.*

Nimbin ist eine Kleinstadt im nördlichen Neusüdwales, von Bedeutung für die alternative Kultur und die Ausübung der Heilkünste. Sie wurde nach Nyimbunji benannt, einem starken und mächtigen »Weeun« oder → *Schamanen,* der übernatürliche Fähigkeiten besaß.
Die Nyimbunji geweihte Stätte sind die Nimbin Rocks, und im Gebiet ringsum wirken noch immer starke Kräfte. Nur initiierte Männer und Frauen, die Schamanen oder Weeun werden wollen, würden sich dorthin wagen. Falls sie die Prüfungen bestün-

den, erlangten sie schamanistische Kräfte und könnten auf einer hohen Stufe mit der Seelenwelt kommunizieren. Mit den Nimbin Rocks verbundene Geschichten sind streng geheim und werden nur denjenigen weitervermittelt, die alle Stufen der Initiation durchlaufen haben.

Siehe auch *Hunde*.

Ninerung → *Hunde*.

Ningauis → *Kulama-Zeremonien*.

Nirunja → *Orion*.

Njimbun, der Geistermann → *Jalgumbun*.

Nookanbah am unteren Rand der → *Kimberleys* in Westaustralien war – und bleibt – ein bedeutender kultureller und traditioneller Mittelpunkt für einen Großteil des Gebietes. Es ist von den Pfaden der vielen → *Ahnenwesen* der → *Traumzeit* oder – in ihrer Sprache – der »Ngarranggani« umgeben. Das Zentrum wird von durch diese Ahnenwesen geschaffenen landschaftlichen Merkmalen und Stätten eingerahmt, an denen sie aus dem Boden austraten oder wieder in ihn eingingen. Es ist eine Landschaft zahlreicher → *Djang*- oder – in ihrer Sprache – »Malaji«-Stätten.
1976 erhielten die → *Aboriginal*-Gemeinschaften der Yungngora und Kadjina nach Jahren der Auseinandersetzungen das Gebiet von den bisherigen weißen Besitzern zurück, die es als Rinderfarm genutzt hatten. Freudig ließen sie sich darauf nieder, führten die Rinderzucht auf ihrem Grund und Boden fort und erfreuten sich der Freiheit ihres spirituellen Lebens. Es schien so, als seien all die heiligen Stätten zu ihnen zurückgekehrt. Doch das Glück war nur von kurzer Dauer, denn die Regierung des Bundesstaates Western Australia, welche die Rechte an den Mineralienvorräten in diesem Gebiet behalten hatte, erteilte internationalen Gesellschaften Schürf- und Bohrgenehmigungen. Während der Jahre 1979 und 1980 kämpfte die → *Gemeinschaft* der

Noonkanbah mit landesweiter Unterstützung für den Schutz ihrer heiligen Stätten, doch ein Konvoi von Polizeifahrzeugen eskortierte eine Bohrausrüstung auf den Besitz, und im August 1980 wurde in der Nähe eines Sakralortes mit Namen → *Pea Hill* eine Probebohrung vorgenommen. Dort stieß man zwar weder auf Öl noch auf Mineralien, aber die Stärke der Gemeinschaft war erschüttert. Aboriginal-Recht war mit dem Recht des weißen Australien konfrontiert worden, und letzteres hatte, auf Gewalt gestützt, gesiegt. Wegen der Entweihung heiligen Bodens erkrankten und starben einige der Anführer der → *Aborigines:* nämlich jene, die Hüter der Stätte gewesen waren und aktiv Widerstand geleistet hatten. Es ist dies ein Beispiel dafür, was geschieht, wenn materielle Gewinnsucht und einheimische Spiritualität aufeinanderprallen.

Noonuccal-Leute → *Oodgeroo.*

Nooralie → *Allväter.*

Nördliche Krone. Dieses Sternbild (Corona Borealis) war der → *Bumerang,* den Totyerguil (→ *Murray River)* nach der Riesenschlange warf, bevor sie ihn in die Abgründe eines tiefen Wasserlochs zog und ihn ertränkte.

Siehe auch *Atair.*

Nördliche Wasserschlange. Für die → *Stämme* der Mara (→ *Koori)* in Victoria entspricht das Sternbild Hydra oder Nördliche Wasserschlange dem großen Känguruhrattenjäger Barrukill. Rechts und ein wenig oberhalb von ihm wird er von jeweils einem Stern flankiert. Einer ist die Känguruhratte, der andere sein Hund Karluk. Darüber bilden andere Sterne einen Baumstamm. Unterhalb stellen Sterne seinen Arm und seinen Feuerstock dar. Der Hund jagt die Känguruhratte in den Baumstamm, an den Barrukill Feuer legt. Als sie zu entkommen sucht, tötet er sie und verzehrt sie anschließend.

Nördliches Arnhem-Land. Die Menschen dieser Region haben seit vielen Hunderten, wenn nicht Tausenden von Jahren Kontakte zu Nichtaustraliern gehabt, und diese Verbindungen sind in langen Gesangszyklen festgehalten.

Die Bewohner des → *Arnhem-Landes,* die Yolngu, unterteilen jedwede Schöpfung in zwei Hälften oder Moieties, die → *Duwa* und die → *Yiritja,* ein universelles Ordnungssystem, das auf die Ahnenwesen zurückgeht, von denen alle Gesetze und Bräuche stammen, die das belebte und unbelebte Universum regeln.

Für die Duwa gehören die Djanggawul und die → *Wawilak-Schwestern* zu den großen Ahnengestalten, für die Yiritja → *Barama* und → *Laindjung;* doch gibt es zahllose andere Ahnengeister, die das Geflecht von verwandschaftlichen Beziehungen darstellen, die das Leben in der → *Traumzeit* wie auch in der Gegenwart geordnet haben. Im Arnhem-Land sind die Ausflüge, auf die sie sich begeben, relativ kurz, im Unterschied zu den langen Reisen der Ahnen aus der Wüste, und sie kommen aus dem Meer, um in eine Wechselbeziehung mit jenen Ahnengeistern zu treten, welche die Gegend bereits bewohnen. Es ist, als ob diese in langen, komplizierten Gesangszyklen enthaltenen Mythen die Ankunft wirklicher Menschen an den Küsten Australiens und ihr Wechselwirken mit den Einheimischen beschreiben.

Siehe auch *Djanggawul-Mythologie und -Zeremonien; Rindenmalerei.*

No-Yang, der Aal → *Frosch.*

Numanirakala → *Mudungkala.*

Numuwuwari, der Riesenkrokodil-Ahne, war einst in Gestalt eines Mannes aus dem Land der Steine gekommen. Während einer Dürrezeit tauchte er in ein Billabong (Wasserloch) und wurde zum Krokodil. Das Salzwasser- oder Leistenkrokodil (*Crocodilus porosus*) erinnert die Menschen, falls er ihr Ahne ist, an Numuwuwari, wenn sie das Reptil beim Sonnenbad auf den

Schlammbänken oder aus dem Wasser nach ihnen Ausschau halten sehen.
　Siehe auch *Krokodile*.

Nungar → *Nyungar.*

Nungeena, der Geist → *Marmoo.*

Nyimbunji → *Bundjalung-Nationalpark; Hunde; Nimbin.*

Nyoongar → *Nyungar.*

Nyungar (oder Nyoongar, Nungar) ist die Kollektivbezeichnung für die → *Stämme* der → *Bibbulmum* in Südwestaustralien.
　Siehe auch *Bennell, Eddie; Gemeinschaft*.

Nyunggu → *Seemöwe und Torres-Straßen-Taube.*

O

Olgas → *Katatjuta.*

Omen, Vorzeichen und Warnungen werden den → *Aborigines* auf verschiedene Weisen übermittelt: durch Träume, Trance, ungewöhnliche physikalische Phänomena und merkwürdiges Verhalten von Tieren.
Siehe auch *Schamanen.*

Oobarr im → *Kakadu-Nationalpark* ist eine starke, der Mulgaschlange (King-Brown-Schlange) oder Irwardbad geweihte Gesetzesstätte. Ihr Hüter Bill → *Neidjie* erzählte, es sei eine Mulgaschlange gewesen, die das → *Didjeridu* hergestellt und jedermann angehalten habe, es in Zeremonien zu verwenden. Sie symbolisiert das männliche Prinzip und hat Oobarr als starkes männliches Zentrum geschaffen. In dem Mythos, den Bill Neidjie überliefert, sterben die Felsenpython-Frau und ihre Tochter als Warnung, daß es Frauen und nichtintiierten Personen untersagt ist, sich nach Oobarr zu begeben. Gleichwohl bestehen starke weibliche Zentren für den Felsenpython, der das weibliche Prinzip verkörpert.

Oodgeroo (1920–1993) war eine → *Älteste* der Noonuccal und Hüterin ihres Gebietes, der Insel Minjerribah (Stradbroke Island) in der Bucht von Quandamooka (Moreton Bay). Sie wohnte in Moongalba (der Stätte der Alten Frauen) und machte sich in der Lehre und Verbreitung der → *Aboriginal*-Kultur einen Namen.
Siehe auch *Brachvögel; Delphine; Kreuz des Südens; Regenbogenschlange.*

Opale besitzen wie andere Mineralien auch insofern einen spirituellen Wert, als sie ein Fragment, beispielsweise ein Organ, symbolisieren, das ein Traumzeitahne als Zeichen seiner Anwesenheit an einer bestimmten Stelle zurückgelassen hat. Gewisse Mineralien und Steine sind von der mächtigen Energie der Ahnen durchdrungen.

Die → *Ältesten* der → *Adnyamathanha* erzählen zwei Geschichten über Opale. Die erste handelt von einem Knaben, der einem Känguruh nachjagte. In Minipa traf er es mit seiner Holzkeule und ließ sich dann nieder, um seine Mahlzeit zuzubereiten. Während er aß, steckte er seine Keule in den Boden, so daß sie aufrecht stand. Die Keule verwandelte sich in Opalstein. Diese Geschichte bezieht sich auf die senkrechten oder schrägen Felsschichten, in denen Opal gefunden wird und deren eines Ende dicht unter oder an der Oberfläche liegt.

Die zweite Geschichte handelt von → *Marnbi, der Bronzeflügeltaube*, die einen Feuerbrand hoch in die Luft warf. Er landete in der Nähe von Coober Pedy, einem bedeutenden Opalabbaugebiet. Bei seinem Aufprall auf der Erde flogen die Funken in alle Richtungen und verwandelten sich in Opale.

Orion. Dieses Sternbild versinnbildlicht Nirunja, eine wichtige männliche Gestalt im Mythos von den → *Plejaden*. Er ist für alle Zeiten auf der Jagd nach ihnen, was sich noch heute am Himmel beobachten läßt.

Die Sterne an seinem Gürtel und in seiner Scheide sind eine Gruppe junger Männer, die Kulkunbulla, die einen Corroboree tanzen.

Otjout, der Barsch → *Delphin*.

Oyster Cove ist für die tasmanischen → *Koori* zu einer heiligen Stätte geworden, da dort viele ihrer Leute ums Leben kamen. Im Oktober 1847 wurden 44 Männer, Frauen und Kinder, der Rest derjenigen, die auf Flinders Island in der Bass Strait zwischen Australien und Tasmanien verbannt worden waren, nach Oyster Cove überführt und in eine ehemalige Strafvollzugseinrichtung gebracht. Am Ende des Jahres 1854 hatten lediglich drei Männer, elf Frauen und zwei Knaben überlebt. Die Anzahl der Deportierten nahm weiter ab, und → *Trugerninni,* die letzte von ihnen, starb 1876. Einige wenige andere tasmanische Ureinwohner, welche der staatlichen Unterdrückung entgehen konnten, wurden zu Vorfahren der heutigen tasmanischen → *Aborigines.* Die Anwesenheit der Verstorbenen in Oyster Cove ist noch heute zu spüren, und es hat sich zu einer wichtigen Stätte für die Stammesneubelebung entwickelt, die sich heutzutage bei den tasmanischen Aborigines vollzieht.

P

Pakadringa, der Gewittermann → *Universum.*

Pakapaka → *Moiya und Pakapaka.*

Palaneri → *Traumzeit.*

Palga ist ein erzählender Tanzstil in den westaustralischen → *Kimberleys,* der sich für die Menschen des Gebietes als Quelle fortgesetzter kultureller Lebendigkeit erwiesen hat.
1974 suchte der Zyklon Tracy → *Darwin,* die Hauptstadt des Northern Territory, heim, verwüstete die Stadt und hinterließ mehr als 60 Tote oder Vermißte. Die → *Aborigines* interpretierten den Zyklon als Zornesausbruch der → *Regenbogenschlange,* die sie mittels dieser Katastrophe davor warnte, ihre traditionellen Gesetze und Zeremonien aufzugeben. Innerhalb eines Jahres hatte George Mangalamarra aus Kalumburu im Traum die Gesänge und Tänze empfangen, die als »Zyklon-Tracy-Palga« bekannt wurden. Während der darauffolgenden zwei Jahre wurde diese Palga regelmäßig überall in der Kimberley-Region abgehalten. Die großen bemalten Kopfbretter oder Embleme, die hinter die Köpfe der Darbietenden gehalten wurden, waren unter anderem mit Unggud, der Regenbogenschlange, und einer langen Fadenkreuzgestalt des Ahnen → *Wandjina* als Schlange bemalt.
Zur gleichen Zeit, da diese Palga abgehalten wurde, erschien Rover → *Thomas* aus Warnum (Turkey Creek) der Geist einer Frau, die bei einem Autounfall ums Leben gekommen war. Als Verursacherin ihres → *Todes* wurde eine andere Schlange namens Juntarkal angesehen. Aus dieser und ähnlichen Visionen schuf Rover Thomas eine Palga mit der Bezeichnung »Kuril Kuril«.

Die Embleme dieser Tanzfolgen wurden schließlich in Perth ausgestellt und riefen ein Interesse hervor, das Rover Thomas veranlaßte, künstlerisch zu malen. Heute sind seine Arbeiten sehr gefragt.

Palkalina (ca. 1924) war ein Schamane der → *Diyari*. Obgleich der Werdegang zu einem Schamanen der → *Aborigines* ein geheimnisvoller Prozeß ist, über den nicht viel nach draußen dringt, besonders was die damit verbundenen Zeremonien betrifft, hat Palkalina uns einen kurzen Bericht dieses Vorgangs hinterlassen:
»Er, der Geist, hat viele Gefolgsleute. Während des Tages ist er geheimnisvoll und verbirgt sich in tiefen Löchern, Flußbetten, Tälern, dichtbewaldetem Gelände, an verlassenen Orten. In den Nächten ist er stets unterwegs, jedoch nicht tagsüber. Ist das Wetter sehr heiß, zieht er in einer → *schwarzen* Regenwolke daher. Insgeheim ist er auch in Staubstürmen und während des Gewitters anwesend und als Luftspiegelung, die häufig vorkommt. Gemeinsam mit den Gebeinen von Menschen wohnt er in hohlen Bäumen. Die Menschen fürchten sich vor ihm, wenn er in Gestalt eines Vogels umherwandert. Nur ein Mensch ist sicher vor dem Geist: der ›Kunki‹, der Schamane. Also dachte ich mir, ich sollte zu einem Kunki gehen, damit er mich in seiner Kunst unterweise. Dann könnte ich selbst einer werden. Wenn meine Leute wissen, daß ich ein mächtiger Kunki bin, werde ich in ihrer Achtung steigen.
Unser Kunki und ich gingen an einen Ort namens Tipapilla. Dort trafen wir einen fremden Kunki, der dem Geist glich. Als ich ihn erblickte, schüttelte mich ein Angstschauer. Plötzlich verschwand der Geist, kehrte jedoch fast augenblicklich wieder zurück. Ich wurde sehr hungrig. Am ersten Tag unserer Abgeschiedenheit im Busch bei dem Geist in Tipapilla gab er mir Nahrung, die ich nie zuvor zu mir genommen hatte. Sie wurde ›Kujamara‹ oder ›Geisterspeise‹ genannt und war einheimischer Tabak. Danach las er meine Gedanken und erkannte, daß ich den Wunsch hatte, ein Kunki zu werden. Er sagte, ich solle nicht über die anderen Menschen nachdenken, sondern nur über

die Geister. Daraufhin kehrte ich zu meinem Begleiter, dem Kunki, zurück. Zu ihm redete ich in ziemlicher Verwirrung. Er befragte mich: ›Was bist du?‹ Und ich antwortete: ›Viele Geister.‹ Er erwiderte: ›Du bist jetzt ein Kunki. Ich glaube, mit der Zeit wirst du ein guter werden.‹
Am zweiten Tag ging ich erneut in den Busch, und der Geist kam zu mir und führte bestimmte Rituale vor, die ich erlernte. Anschließend kehrte ich zu meinem Begleiter zurück.«

Siehe auch *Schamanen*.

Papinjuwaris → *Zyklopen*.

Papunya. Eine Niederlassung dieses Namens wurde 1959 von der australischen Regierung als Sammellager für die Warlpiri, Luritja, Anmatyerre und Pinupi eingerichtet, die noch ihrer traditionellen Lebensweise am Rand der → *Westlichen Wüste* nachgingen. Die Bedingungen der → *Assimilationspolitik* verurteilten die Menschen zunächst zum Siechtum, doch 1971 begannen die Männer unter dem Einfluß von Geoff Bardon, einem Lehrer, die traditionellen Geschichten über ihre → *Traumzeittotems* in Gemälden festzuhalten. Dies hatte eine rasch um sich greifende Ausbreitung dessen zur Folge, was heute als der Papunya-Tula-Stil der → *Aboriginal*-Kunst bekannt ist (→ *Papunya-Tula-Kunst*).
Nach Aufgabe der Assimilationspolitik und infolge des Kampfes der → *Aborigines* um Landrechte, der darin mündete, daß 1976 im Nordterritorium eine entsprechende Gesetzgebung erfolgte, erlebte die künstlich geschaffene Ansiedlung ihren Niedergang, da die Menschen wieder in ihre angestammten Gebiete zurückkehrten. Dies hatte die Verbreitung des Acrylmalstils der Westlichen Wüste in der gesamten Region zur Folge.

Papunya-Tula-Kunst. Diese Kunstform wurde nach der Siedlung → *Papunya* benannt, wo sie in den frühen siebziger Jahren entstand, als Männer der Warlpiri begannen, ihre → *Traumzeittotems* mit Acrylfarben auf Holz und Leinwand darzustellen. Die → *Westliche Wüste* ist seit langem für ihre → *Inma-Bretter* und bemalten Steine, kunstvollen zeremoniellen Verzierungen, Kopfschmuck und Erd- oder Sandzeichnungen bekannt. Die Papunya-Tula-Art bedient sich zahlreicher Symbole und Motive, deren Bedeutung sich entsprechend dem Kontext, in dem sie gebraucht werden, ändert. Die am häufigsten verwendeten Symbole sind der Kreis – der unter anderem ein Wasserloch oder eine Lagerstätte symbolisieren kann – und die Schlangenlinie oder Linien, die einen Weg, eine Fährte oder einen Fluß darstellen. Auf die Symbole greift man zurück, um Geschichten aus der → *Traumzeit* und über die Ahnen zu erzählen. Gleichzeitig sind sie stilisierte Karten bestimmter Teile des Gebietes, das dem Künstler gehört.

Der bildhafte Stil zeichnet sich durch die Verwendung von Punkten aus, um Flächenmuster und anschauliche Strukturen hervorzubringen. Es ist dies eine direkte Erweiterung der Sandzeichnungen, bei denen kleine Teilchen, wie farbige Flaumfedern, zerstampfte Samenkörner, Pflanzen sowie Ockerfarben und andere Materialien, verwendet werden, um auf dem Boden ein kunstvolles Muster zu bilden, das einer »Einrichtung« (→ *Erdmalerei)* ähnelt.

Die Papunya-Bewegung hat eine Anzahl von berühmten Künstlern, etwa Clifford Possum Tjapaltjarri, hervorgebracht und sich über den größten Teil der Westlichen Wüste ausgebreitet, wobei trotz Anwendung der gleichen Punktmethoden unterschiedliche Stilrichtungen entstehen.

Parachilna ist eine wichtige Lagerstätte von → *rotem Ocker* in Südaustralien. Dem Mythos zufolge bildete sie sich dort, wo Hund und Gecko miteinander kämpften und sich das Blut des sterbenden Hundes in Ocker verwandelte.

Die → *Ältesten* der → *Adnyamathanha* erzählen, daß in der → *Flinders Range* in Südaustralien ein Gecko namens Adno-Artina lebte. Dieser bestieg Tag für Tag einen hohen Gipfel und forderte jeden zum Kampf auf. Marindi, der Riesenhund, vernahm die Herausforderung. Er kam das Tal entlang zum Gecko gelaufen und bellte seine Antwort. Adno-Artina blickte den Riesenhund an, seinen gewaltigen Rachen und die spitzen Zähne und beschloß, sich wie ein typischer → *Trickster-Charakter* zu verhalten.

»Mit dir kämpfe ich später«, sagte er.

Marindi knurrte: »Ja, du wirst eine schöne Mahlzeit für meine Jungen abgeben.« Er rollte sich am Fuße des Hügels zusammen und fiel in Schlaf.

Adno-Artina wartete bis zur Dunkelheit, ließ dann seine Herausforderung erneut verlauten und schlang sich, bloß um sicherzugehen, daß ihn nicht der Mut verließe, eine Zauberschnur um den Schwanz. Marindi sprang auf und versuchte, den Gecko am Genick zu packen, um das Leben aus ihm herauszuschütteln, doch sein Gegner war zu flink. Er unterlief den geifernden Rachen des Hundes, packte ihn an der Kehle und biß sich fest. Marindi versuchte, die Eidechse abzuschütteln, aber es gelang ihm nicht. Die scharfen Zähne rissen ihm die Kehle auf, rotes Blut schoß heraus und verwandelte sich in jenen roten Ocker, der heute bei Parachilna zu finden ist.

Marindi, der Hund in diesem Mythos, scheint einer der Melatji-Gesetzeshunde zu sein, deren → *Traumzeitpfade* kreuz und quer durch Australien verlaufen.

Siehe auch *Hunde, Riesenhunde*.

Parraruru (Robert Churnside; ?–1970er) war ein →*Ältester* der → *Ngarluma,* ein großartiger Geschichtenerzähler und Interpret traditioneller Gesänge in der »Djabi« genannten Form. Er war eine unerschöpfliche Quelle von Stammeswissen, von dem einiges im Institut of Aboriginal and Island Studies in Canberra, der Hauptstadt Australiens, bewahrt wird.

Siehe auch *Burrup-Halbinsel*.

Pea Hill (Umpampurru) ist eine bedeutende heilige Stätte der → *Aboriginal*-Gemeinschaft von → *Noonkanbah*. Hier war es, wo der Schöpferheld Unyupu und die beiden Schlangen, mit denen er gekämpft hatte, in die →*Erde* stiegen. Während ihres Kampfes hatten sie das Tal des Fitzroy River geformt. Das Schlachtfeld wurde von der Spur der Nangala, der schwangeren Frau der Riesenschlange Jangalajarra, bei ihrer Wanderung nach Norden zu ihrer letzten Ruhestätte durchzogen. Danach machte Looma, die Blauzungenechsen-Frau, hier halt, als sie auf der Reise in nordwestlicher Richtung zu ihrer endgültigen Ruhestätte auf einem kleinen Hügel war, der die Aboriginal-Gemeinschaft Looma überragt. Aufgrund dieser Assoziationen wurde Pea Hill zu einer mächtigen → *Djang-* oder »Malaji«-Stätte und ist der geheiligte Ort eines einflußreichen weiblichen Geistes.

Pea Hill ist gleichzeitig ein sakraler Platz für Schlangen, → *Frösche* und Goannas, die Großwarane. Der für die Rituale der Stätte verantwortliche Kundige ist in der Lage, den Hügel zu öffnen und zu betreten – vorausgesetzt, der die Obhut ausübende weibliche Geist dort läßt es zu. Im Innern nähert er sich ihm und bittet ihn eindringlich, für die Vermehrung von Schlangen, Fröschen und Goannas zu sorgen. An einer Stelle des Pea Hill werden die Goannas aus dem umliegenden Gebiet zusammengerufen und in den Hügel eingesperrt. Zu bestimmten Zeiten werden sie dann aus ihrem Gefängnis entlassen, um die Art aufrechtzuerhalten und als Nahrungsquelle zu dienen.

Pea Hill fungierte auch als Aufbewahrungsstätte einer Anzahl heiliger Gegenstände (darunter → *Inma-Bretter)* und war daher aus einer Reihe von Gründen von Bedeutung. In der Gemeinschaft herrschte große Bestürzung, als 1980 in einem nahe gelegenen Gebiet auf der Suche nach Mineralien und Öl Bohrungen vorgenommen wurden. Trotz eines landesweiten Protests wurden die Bohrungen genehmigt, woraus sich ein Vertrauensverlust in traditionelle Bräuche, Gesetze und Spiritualität ergab (→ *Noonkanbah).*

Pemulwuy (1760?–1802) war ein Anführer des → *Eora-Stammes,* der bei Sidney gegen die britischen Eroberer kämpfte. Er wurde ermordet und sein Kopf abgetrennt. Er wurde in einer Tonne konserviert und als Zeichen für den Sieg über die Eora nach England geschickt.

Perlmuschelornamente wurden im nordwestlichen Australien von Jugendlichen, die sich der Initiation unterzogen, als Schambedeckung oder -schmuck verwendet. Nach Abschluß der Zeremonien wurden sie in der Westhälfte des Kontinents nach Süden bis zur Küste der Großen Australischen Bucht eingetauscht. Viele dieser Muschelornamente bestanden aus einem verschlungenen Grundmuster.

Siehe auch *Handel; Initiationsprozeß.*

Perth → *Bennell, Eddie; Bennet's Brook; Bropho, Robert; Handel; Krähe; Palga; Schamanen; Traumzeitpfade; Wagyal; Yagan.*

Pfeifenton → *Weißer Ocker.*

Piewit (Peewee oder Drosselstelze). Auf der → *Cape-York-Halbinsel* ist ein Mythos über zwei Vögel, die wegen ihres Rufes Piewit genannte Drosselstelze und → *Willy Wagtail,* überliefert, die im Streit miteinander lagen, weil die Frau des ersteren, die Wasserlilie, ein Verhältnis mit Willy Wagtail hatte. Es kam zu einer Schlägerei, und sie kämpften mit glühender Asche. Im Kampf wurde Piewit schlimm verbrannt. Schließlich hielten sie inne, besprachen die Sachlage und beschlossen, sich an ihre jeweiligen → *Djang*-Stätten zu begeben. Als Folge ihres Kampfes haben Piewit und Willy Wagtail ein → *schwarzes* Gefieder, und der Piewit sitzt hoch oben in einem Baum, von wo er alles übersehen und einen Warnruf ausstoßen kann, wenn er Frauen bemerkt, die ihren Ehemännern untreu sind.

Pigeon → *Jandamara.*

Pike, Jimmy. Der bekannte → *Aboriginal*-Künstler wurde während des Zweiten Weltkriegs in der Great Sandy Desert geboren. Er war einer der letzten der → *Walmatjarri,* die in den fünfziger Jahren die Wüste verließen.

Pikuwa → *Krokodile.*

Pilbara-Region → *Aboriginal und Aborigine; Burrup-Halbinsel; Millstream Pools; Ngarluma und Jindjiparndi; Warmalana.*

Pinjarra → *Yagan*.

Pintoma, die Schleiereule → *Kulama-Zeremonien*.

Pitchuri → *Pituri*.

Pitipituis → *Mudungkala*.

Pituri oder Pitchuri (*Duboisia hopwoodii*), auch »einheimischer Tabak« genannt, war eine wichtige Droge. Sie diente älteren männlichen → *Aborigines* als Anregungs- und Rauschmittel, insbesondere während ausgedehnter Zeremonien. In manchen Gebieten fand sie bei Initiationszeremonien zur Schamanenwerdung Anwendung, um den Initianten für die Anwesenheit von Geistern empfindsam zu machen. Sie wurde über große Gebiete Australiens gehandelt.

Platypus → *Schnabeltier*

Plejaden (Kungkarangkalpa). Auf dieser wichtigen Sterngruppe basiert ein in ganz Australien gleichartig lautender Mythos. Sie symbolisieren mehrere junge Frauen, sieben Schwestern, denen → *Orion* nachstellt. Bei den Gemeinschaften der Wüste wird der Mythos als speziell die Frauen betreffend angesehen, obwohl die Frauengruppe mit vielen der anderen → *Ahnenwesen* in Verbindung steht, die für Männerangelegenheiten zuständig sind.

In der Wüstengegend um Kalgoorlie wird berichtet, daß die sieben Schwestern einst beschlossen, die → *Erde* aufzusuchen, und sich vom Himmel hinabbegaben. Sie hielten nach ihrer bevorzugten Hochebene Ausschau, um darauf zu landen, fanden ihren Landeplatz jedoch mit kleinen Menschen bedeckt, die Yayarr genannt wurden. Sie riefen ihnen zu, aus dem Weg zu gehen, doch die Yayarr weigerten sich. Schließlich wählten die Schwestern einen anderen Hügel. Die Yayarrmänner sahen, daß sie festen Boden unter den Füßen hatten, und entschlossen sich, sie gefangenzunehmen. Die Schwestern liefen davon, und letztlich wurden die Männer der Verfolgung müde – außer einem. Dieser folgte ihnen weiter und immer weiter. Am Ende verließ eine der Schwestern die Gruppe, um nach Wasser zu suchen. Der Mann lief ihr nach. Sie fand Wasser und trank gerade davon, als sie das leise Geräusch von Füßen hörte, die vorsichtig auf den Boden gesetzt wurden. Sie blickte auf, sah den Yayarr und raste davon. Er setzte ihr nach und holte sie schließlich ein. Sie schrie und kreischte. Er hob einen Stock auf, um sie zum Schweigen zu bringen, und holte zum Schlage aus. Die Frau sprang zur Seite. Immer wieder schlug er zu, und stets verfehlte er sie. Die Abdrücke seines Stockes sind noch immer am Rand eines Hügels in dieser Gegend zu sehen. Zu guter Letzt gelang der Frau die Flucht zurück zu dem Hügel, wo sie und ihre Schwestern gelandet waren. Diese waren bereits fort. Sie schaute in den Himmel hinauf, erblickte dort ihre sechs Schwestern und stieg auf, um wieder bei ihnen zu sein. Der Yayarrmann folgte ihr nach und wurde zu Orion.

Wenn die Plejaden bei Tagesanbruch zu sehen sind, so heißt es, dies sei ein Zeichen, daß die kalte Jahreszeit bevorstünde.

Siehe auch *Aldebaran; Emu; Krähe; Westliche Wüste; Zwei-Männer-Mythos.*

Pompey → *Jinabuthina.*

Pukamani-Bestattungszeremonien, eine komplizierte Abfolge von Riten, die erstmals in der → *Traumzeit* für den Ahnenhelden Purukupali abgehalten wurde, den Mann, der den → *Tod* auf die Welt brachte, als sein Sohn Djinini starb. Als Tukimbini, ein Verwandter, davon erfuhr, schickte er einen Botenstab an Talinini von den → *Honig*-Leuten auf Bathurst Island, mit dem er ihn zum Zeremonienmeister der Bestattungsrituale ernannte. Diejenigen, die in der Nähe wohnten, machte er zu Arbeitern. Ihre Aufgabe war es, Totempfähle, die ein Charakteristikum dieser Zeremonie darstellen (→ *Pukamani-Totempfähle),* zurechtzuschneiden, die großen Zeremonialkörbe und die kunstvollen Pukamani-Speere (→*Speere)* anzufertigen und zu bemalen sowie auch die Bestattungsstätte in der Nähe der Stelle herzurichten, wo Purukupali ins Meer schritt und ertrank (weshalb es kein zu versorgendes Grab gab wie in dem Fall, wenn ein Körper vorhanden gewesen wäre).

Der Trupp, der die Pfähle schnitt, bestand aus Männern der Sippen des Süßwassers, des → *Feuers,* der Honigesser, Sägefische, Moskitos, Haie und Meeräschen. Zwei Seeschildkrötenfrauen fertigten die großen Körbe an, und eine Honigfrau flocht einen weiteren Korb, der von zwei Honigmännern geschmückt wurde. Während die Gruppe der Arbeiter mit ihren Aufgaben beschäftigt war, schickte Talinini besonders geschnitzte Botenstäbe an die verschiedenen Gemeinschaften auf Bathurst und auf → *Melville Island.* Sie sollten sich an bestimmten Stellen versammeln, dann nach Tapararimi kommen, dem Ort der Bestattung. Auf ihrem Weg dorthin sollten sie die einleitenden Ilania-Zeremonien durchführen – Riten, die sich mit den Ahnen beschäftigten und in den abschließenden Bestattungszeremonien mündeten.

Die Gemeinschaften kamen in Rulijunga zusammen, wo sie eine weitere Ilania abhielten, bevor sie sich an den endgültigen Ort begaben. Nach einem zeremoniellen Kampf zwischen den Besuchern und den Arbeitern, die als → *Mopaditis,* Totengeister, betrachtet wurden, konnten die abschließenden Zeremonien an der Bestattungsstätte durchgeführt werden, wo fünf Pukamani-Pfähle aufgestellt worden waren. Jedermann schmückte sich, und sowohl Männer als auch Frauen gingen zum Grab.

Das Ende dieses ersten Bestattungszeremoniells kennzeichnete gleichzeitig das Ende der Traumzeit. Die mythischen oder Traumzeitahnen kehrten in ihre Lager zurück und verwandelten sich in die verschiedenen Vögel, Fische, Reptilien, Himmelskörper und unbelebten Gegenstände der Gegenwart. Das erste Pukamani-Bestattungszeremoniell war daher mehr als ein Ritual für Purukupali. Es war ebensosehr ein Zeremoniell zur Beendigung der Traumzeitperiode und zum Anbruch eines neuen Zeitalters. Dieser Aspekt ist es, dessen noch immer bei den komplizierten Ritualen gedacht wird, welche die Verabschiedung der Verstorbenen begleiten.

Siehe auch *Brachvögel; Djambidji-Liederzyklus vom Arnhem-Land.*

Pukamani-Totempfähle. Ein einzigartiges Merkmal der → *Pukamani-Bestattungszeremonien* der → *Tiwi* ist das Aufstellen einer Anzahl geschmückter und verzierter Pfähle, die nach dem Zeremoniell dem Verfall überlassen werden. Eine große Vielfalt von Motiven wird verwendet, und von den Formen der Pfähle heißt es, sie seien die stilisierten Skulpturen von Baumgabelungen oder Ästen, Frauenbrüsten, Felsen an der Meeresküste sowie Fenstern und Türen (die aus den Pfählen herausgeschnittenen Teile). Die auf die Pfähle gemalten Symbole beziehen sich auf die Landschaft von → *Melville Island* und auf viele andere Dinge, wie bestimmte Arten aus Fauna und Flora.
Gelegentlich ist einer der Totempfähle in Gestalt eines menschlichen Wesens ausgeführt und wird am Kopf des Grabes aufgestellt. Dies erfolgt deshalb, weil die Seele beim Verlassen des Grabes die Skulptur erblickt und, da sie denkt, sie sei ein Lebewesen, innehält, um mit ihr zu reden und Lebewohl zu sagen, bevor sie sich auf die Reise begibt.

Siehe auch *Baum zwischen Himmel und Erde; Rindenmalerei*.

Pulpul → *Burrup-Halbinsel*.

Pungalunga-Männer, kannibalische Riesen der → *Traumzeit*. Sie stellten menschlichen Wesen als Nahrungsquelle nach und kehrten mit den in ihre → *Haarschnur*-Gürtel gesteckten Körpern in ihr Lager zurück. Nach einer großen Schlacht am → *Uluru* wurden sie vernichtet, und lediglich ein Riese blieb übrig. Manche Berichte besagen, die Silhouette von → *Katatjuta* seien die Köpfe der Tiere und Menschen, die er tötete.
Eines Tages stieß der übriggebliebene Riese Pungalunga auf das Lager von Mäusefrauen, die noch nie zuvor einen Mann gesehen hatten. Pungalunga fragte sie, warum keine Männer anwesend seien, und die Anführerin der Mäusefrauen, die größer und fülliger war als die anderen, entgegnete, daß sie nicht gewußt habe, daß es Männer gebe, bis er aufgetaucht sei. »Wozu sind Männer da?« fragte sie unschuldig. »Ich zeig's dir«, entgegnete er, packte sie und tat ihr Gewalt an. Die Mäusefrau schrie und

biß ihn in die Lippe. All die anderen Mäusefrauen begannen zu schreien und verwandelten sich dabei in → *Hunde* (Dingos) und griffen ihn an. Er hatte alle Mühe, sie abzuwehren, denn obgleich er zahlreiche Tiere zuvor getötet hatte – Emus, Känguruhs und Wallabies –, war er doch nie von Hunden attackiert worden. Schließlich blieb ihm nichts anderes übrig, als voller Angst und Schrecken davonzulaufen. Die Hunde folgten ihm und schnappten nach seinen Fersen. Auf der Flucht erlangte Pungalunga seine Fassung zurück und erblickte vor sich einen Baum. Er riß ihn aus dem Boden, streifte die Zweige ab und bog ihn in die Form eines *Bumerangs*. Er wandte sich um, stellte sich der Meute, hieb seinen Verfolgern mit dem Bumerang in die Gesichter und schlug einem nach dem anderen die Zähne aus. Zu guter Letzt ließen die zahnlosen Hunde ab und wichen zurück.

Pungalungas Schlacht mit den Mäusefrauen fand bei Katatjuta statt, und dort sind sie immer noch in Gestalt der Felsformationen zu sehen. Am Fuß eines Felsvorsprungs liegen riesige Steinblöcke, von denen gesagt wird, sie seien Pungalungas Gebeine.

Purra, das Känguruh → *Bienenstock; Zwei Brüder.*

Purukupali → *Brachvögel; Mudungkala; Pukamani-Bestattungszeremonien.*

Purutjikini, der Kuckuckskauz → *Kulama-Zeremonien.*

Q

Quarzkristall. Diesem Mineral sollen angeblich magische Eigenschaften innewohnen, und wenn ein Schamane gekürt wird, empfängt er ein energiegeladenes Stück Quarzkristall, das er vor Nichtinitiierten verbirgt. Es wird nicht nur bei Schadenszauber wie dem → *Knochenzeigen* verwendet, sondern auch, um Heilung zu bewirken. Der Schamane legt den Quarzkristall entweder auf oder streicht damit über die betroffene Körperpartie, während er einen Zauberspruch anstimmt. Danach saugt er an der befallenen Stelle und entzieht ihr einen Fremdkörper, der die Beschwerden verursacht hat. Das wiederum kann ein Splitter aus Knochen, Stein oder Holz sein.

Siehe auch *Marnbi, die Bronzeflügeltaube; Schamanen.*

Quinkin (Quinkan, Kwinkin, Kwinkan) sind spirituelle Verkörperungen der Lust, die durch das männliche Geschlechtsorgan symbolisiert werden. In den Felsengalerien von → *Laura* auf der → *Cape-York-Halbinsel* in Nordqueensland werden sie mit übergroßem und oftmals mißgeformtem Penis dargestellt.
Einstmals in der → *Traumzeit* zog Tul-Tul, der Regenpfeifer, auf die Jagd und ließ Frau und Sohn im Lager zurück. Unggar, einer der Quinkin, beobachtete das Lager, und Lust regte sich in ihm, als er die Frau mit gespreizten Beinen Schraubenpalmennüsse stampfen sah. Er kroch heran, stieß sie um und schob seinen langen Penis in sie hinein. Dieser war so lang, daß er ihren Körper durchdrang und aus ihrem Mund wieder herauskam. Sie starb, und Unggar lief bestürzt davon, um sich in seiner Behausung, einem hohen, hohlen, abgestorbenen Baum zu verstecken. Tul-Tul war außer sich, als er seine Frau tot vorfand, doch erweckte er sie wieder zum Leben und heilte sie. Um Rache an dem Quinkin zu nehmen, ging er zu dem hohlen Baum, schnitt

ein Loch in dessen Fuß und füllte es mit Gras und Zweigen aus. Unggar hörte ihn und fragte, was er da mache, aber Tul-Tul antwortete lediglich, er dichte den hohlen Stamm nur gegen die Elemente ab. Alle anderen Löcher im Baum verstopfte er mit Rindenstücken, zündete dann das Gras und die Zweige am Fuß des Stammes an. Unggar verbrannte zu Asche, mit Ausnahme seines besonders langen Penis, der zum Verbrennen zu hart war. Tul-Tul hackte ihn in kleine Stücke, verstreute sie dann überall im ganzen Land, so daß jeder Mann und jede Frau ein Stückchen erhielt. Auf diese Weise kamen Männer und Frauen zum ersten Mal zu Penis und Klitoris.

Siehe auch *Mimi-Geister*.

R

Rangga sind heilige Gegenstände der Yolngu im → *Arnhem-Land*. Es handelt sich hierbei um reichgeschmückte Pfähle, die den verschiedenen Sippen in der → *Traumzeit* von Ahnenwesen und Kulturbringern überlassen wurden. Sie entsprechen solchen Sakralgeräten wie den → *Inma-Brettern* und → *Tjuringa* und sind mit gleicher oder ähnlicher Energie aufgeladen.
Siehe auch *Barama- und Laindjung-Mythen; Djanggawul-Mythologie und -Zeremonien; Duwa-Moiety; Rom-Zeremonie vom Arnhem-Land.*

Räuchern ist ein wichtiges Reinigungsritual bei Geburt, Krankheit und zur Purifikation von Häusern nach einem Todesfall. Es bildet einen Teil und den Abschluß zahlreicher Zeremonien.
Siehe auch *Initiationsprozeß; Kräutermedizin; Schamanen; Würgadler und Krähe.*

Regenbogenschlange, vermutlich die allerwichtigste Gottheit der → *Aborigines*, die nicht nur mit allen Schlangenahnen verbunden ist, sondern auch mit derart bedeutenden Allväter-Gottheiten wie → *Biame* und den → *Wandjina*-Ahnen der → *Stämme* in den westaustralischen → *Kimberleys*. Die Regenbogenschlange ist gleichermaßen Spender und Hüter der mystischen Heilungsriten der → *Schamanen*. → *Oodgeroo*, eine → *Älteste* aus der → *Gemeinschaft* der Noonuccal, deren Ahnenland die Insel Minjerribah in der Moreton Bay bei Brisbane in Queensland ist, macht sie zur Urgottheit jeglichen Lebens, zu einer Allmutter.
Siehe auch *Akurra-Schlange; Allmütter; Allväter; Bennet's Brook; Bolung; Bumerang; Bunyip; Jarapiri; Katatjuta; Kulunbar; Menstrualblut; Monsun; Palga; Wagyla; Warramurrungundji.*

Regenmachen. Gemäß der → *Aboriginal*-Mythologie werden Wolken von Geistern oder einem Geist bewohnt, der nicht nur den Regen, sondern auch Wind, Donner und → *Blitz* beherrscht. Mit der Bitte um Regen durch Abhalten eines entsprechenden Zauberrituals beschwört der → *Schamane* direkt die Hilfe dieses Geistes herauf. Während er das → *Schwirrholz* kreisen läßt, ruft er den Geist an, damit dieser ihm Macht verleihe, es regnen zu lassen. Goannafett wird auf den Körper eines Jugendlichen aufgetragen und bewirkt ein Aufsteigen von Dämpfen, von denen es heißt, sie stiegen empor, um Regenwolken zu bilden. Die Zeremonie findet in einer Hütte statt, in der die → *Ältesten* und der Schamane sitzen. Letzterer ritzt sich die Arme ein und läßt das Blut von einer Flaumfeder aufsaugen, die danach in die Luft geworfen wird. In der Hütte liegen große Steine, die Wolken symbolisieren.

Wenn die Zeremonie vorüber ist, werden diese Steine in einen Baum gelegt, und pulverisierter Gips wird in ein Wasserloch geworfen. Nach Vollzug dieser rituellen Handlungen sammeln sich Wolken am Himmel. Die Zeremonie schließt damit, daß die Hütte abgerissen wird.

Siehe auch *Akurra-Schlange; Bundjalung-Nationalpark; Große Flut; Monsun; Taipan; Thalu-Stätten; Überschwemmungen*.

Relikte von Toten wurden von etlichen →*Aboriginal*-Gruppen, einschließlich jener aus Tasmanien, in hohen Ehren gehalten. Dort wurde ein Schädel oder Knochen eines verehrten →*Ältesten* mitgeführt und bei auftretenden Problemen Verbindung mit ihm aufgenommen.

Knochenrelikte von → *Schamanen* standen besonders bei anderen Schamanen in großem Ansehen, da sie diese bei heilenden und bei schädlichen Ritualen verwenden konnten.

Siehe auch *Knochenzeigen; Tod*.

Riesenhunde. Mythen von Riesenhunden finden sich überall in Australien, und aus dem äußersten Norden des Kontinents, von *Mornington Island* vor der → *Cape-York-Halbinsel*, stammt eine Geschichte, die Dick → *Roughsey* von den Lardil überliefert hat. Unter dem Titel »*The Giant Devil Dingo*« veröffentlichte er eine Version des gleichen Mythos für Kinder. Dick Roughsey erzählt, wie der Hund vom Westen kommend nach Cape York und Mornington Island gelangte, und sagte, es gebe zwei → *Traumzeittotems* von Hunden: eines auf Mornington selbst und ein anderes auf der kleinen Insel Denham. Seine Interpretation weicht von dem Mythos ab, der auf dem Festland erzählt wird.

In Dick Roughseys Version wanderte Eelgin, eine alte Grillenfrau, mit dem Riesenhund Gaiya aus Richtung Westen ein. Beide machten sie Jagd auf Menschen, um sie zu verspeisen. Einst, als Gaiya hinter zwei jungen Männern her war, besuchten die Fleischervogel-Brüder das Lager der Alten. Sie sprachen mit Eelgin, bevor sie aufgeschreckt wurden und davonliefen. Gaiya kehrte zurück, und die Alte sandte ihn den beiden Fleischervogel-Brüdern nach. Er folgte ihrer Fährte, setzte ihnen mit Riesenschritten quer über die Cape-York-Halbinsel nach und hatte sie fast eingeholt.

In ihrer Bedrängnis beschlossen die Fleischervögel, dem Riesenhund an einer Stelle mit Namen Bulinmore, einem großen, felsigen Paß über die Berge, einen Hinterhalt zu legen. Der Hund kam heran, und ihm folgte die Grillenalte, die mit einem Stock daherhumpelte. Die Fleischervögel begannen Gaiya zu speeren und hörten nicht eher damit auf, bis er tot war. Danach forderten sie alle Bewohner der Gegend auf, herbeizukommen und von dem gebratenen Hund zu essen. Anschließend schnitten sie seine Schwanzspitze (in der sein Geist saß) ab und sandten sie der Alten zurück. Der zornige Geist biß Eelgin in die Nase, bevor die Fleischervögel niederstießen und sie ebenfalls töteten. Hierauf schickten sie ihren Geist zu einem Ort in der Nähe von Barrow Point, wo sie sich in einen großen Felsen verwandelte. Die Abdrücke, die Gaiyas Geist hinterließ, als er sie biß, sind an den Nasen aller Grillen zu sehen.

Der Körper des Riesenhundes wurde aufgeteilt, und der Schamane Woodbarl, die Weiße Wolke, bat um die Nieren, den Kopf und sämtliche Knochen. Später brachte er die Gebeine und auch die Haut auf den Gipfel eines Berges, wo er zwei kleine Hunde daraus machte, die Freunde der Menschheit sein würden.

In der Festlandversion, so wie sie von Tulo Gordon von den Guugu Yamidhirr erzählt wird, werden die Fleischervogel-Brüder durch zwei Elsternbrüder und die Alte durch eine Teppichschlange ersetzt, wodurch die Verbindung zu den Melatji-Hunde-Mythen über den ganzen Kontinent bis zu den *Kimberleys* in Western Australia zustande kommt. Die Elsternbrüder töteten weder den Riesenhund noch die Teppichschlange, sondern verboten ihnen einfach, menschliche Wesen umzubringen. Das einsame Heulen des Dingo ist ein Ruf der Reue ob des Tötens und Verzehrens menschlicher Wesen.

Siehe auch *Djamar; Parachilna.*

Rigel. Dieser Stern im Bild Orion symbolisierte für die Wotjobaluk (→ *Koori*) Yerrerdet-Kurrk, die Mutter der beiden Frauen des Totyerguil (→ *Murray River*). Sie erlaubte ihrem Schwiegersohn niemals, sie zu sehen, und war damit ein sichtbares Symbol des Tabus der → *Schwiegermuttermeidung.*

Siehe auch *Atair.*

Rindenmalerei. Motive auf Rinde festzuhalten, ist eine Möglichkeit, sie an die nächste Generation weiterzugeben. Ebendiese Motive werden bei der Körperbemalung, bei → *Hohlstammsärgen,* bei Erdplastiken und Sandzeichnungen verwendet.

Häufig haben die Motive ihren Ursprung im Sakralbereich und stammen direkt von den Kulturbringern. Sämtliche → *Aboriginal*-Kunst, die als »traditionell« bezeichnet wird, ist insofern spirituell, als daß sich der Künstler bei seiner Arbeit der spirituellen Anwesenheit und Macht des Ahnenwesens bewußt ist, dessen Geschichte erzählt wird oder von dem Begebenheiten aus seinem Leben dargestellt werden.

Die abstrakten, überkreuzten Motive als natürliche Merkmale vieler Rindengemälde stehen symbolisch für ein bestimmtes Gebiet oder Charakteristikum, das von den Großen Ahnen selbst abstammt. Zum Beispiel hat → *Luma Luma, der Riese,* der vorwiegend während der Mardayan-Zeremonien in Oenpelli im → *Arnhem-Land* erscheint, überkreuzte Muster in seine Haut geritzt, und diese kommen heute sowohl bei der Zeremonie als auch als Motive der Rindenmalerei dieses Gebietes zur Anwendung.

Bis vor kurzer Zeit verwendeten die Künstler natürlichen →*roten Ocker* und → *gelben Ocker,* weißen Kaolin oder Pfeifenton und schwarze Manganknollen oder Holzkohle. Diese Farben wurden auf über einem → *Feuer* getrocknete und gerichtete Rindenstücke aufgetragen.

Die Rindenmalerei war einst bei vielen Gruppen der → *Aborigines* ein Kunstmittel, doch seit der Eroberung durch die Weißen ist diese Tradition in den meisten Teilen Australiens erloschen. Heute wird die kraftvollste Ausdrucksform im Arnhem-Land praktiziert. Man kennt hier verschiedene Malstile. Die Künstler des westlichen Arnhem-Landes, das sich um Oenpelli, den Liverpool und den Alligator River und die Inseln Croker und Goulbourn Island konzentriert, schaffen Werke, die der in diesem Gebiet besonders häufig vorkommenden → *Felsmalerei* verwandt sind, die schöne Exemplare in den Höhengalerien des → *Kakadu-Nationalpark* präsentiert. Es gibt zwei Stilrichtungen der Malerei, die beide gegenständlich sind. Eine ist der sogenannte Röntgenstil, bei dem die rituell bedeutsamen inneren Organe verschiedener Tierarten abgebildet werden. Der zweite Stil befaßt sich mit spirituellen Wesen wie den strichförmigen → *Mimi-Geistern.*

Das mittlere Arnhem-Land erstreckt sich östlich des Liverpool River und umfaßt die Siedlungen Maningrida und Ramingining sowie Milingimbi Island. Hier sind die Gemälde in eine Anzahl von Tafeln unterteilt, die in mancherlei Hinsicht einem Storyboard oder einem Comic strip ähneln. Die am häufigsten verwendeten Themen sind Episoden aus den Liederzyklen über die →*Wawilak-Schwestern* und Djanggawul. Das →*nordöstliche Arnhem-Land* schließt das Gebiet um Yirrkala und eine Anzahl von Inseln ein, darunter Galiwinku (Elcho *Island),* und der dortige Stil wird durch dichte geometrische Anordnungen und Kreuzmuster von hoher Feinheit charakterisiert.

Die → *Tiwi* leben auf den Inseln Bathurst und → *Melville Island* vor der Nordwestküste bei Darwin, und der größte Teil der Tiwi-Kunst befaßt sich mit den → *Pukamani-Bestattungszeremonien*, den komplizierten und langwierigen Riten, die das Aufstellen geschnitzter Pfähle umfassen, die Totempfählen ähneln (→ *Pukami-Totempfähle*).

Malereien sind gewöhnlich nicht gegenständlich, doch haben plastische Darstellungen hier infolge der Verwendung von Skulpturen bei den Bestattungszeremonien Bedeutung erlangt. Die Plastiken stellen üblicherweise Purukupali, seine Frau Bima und → *Tokumbimi,* den Honigfresservogel, dar; und der begleitende Mythos erzählt, wie der → *Tod* zu den Tiwi kam (→ *Brachvögel; Mudungkala*).

Siehe auch *Erdmalerei; Papunya-Tula-Kunst; Rinden- und Laubhütten.*

Rinden- und Laubhütten. Rindenhütten und -unterstände waren wohl die am leichtesten zu errichtenden Behausungen der → *Aborigines.*

Je nach den Umweltbedingungen konnten die Behausungen entweder einfache Konstruktionen aus an ein Astgerüst gelehnten Rindenstücken sein oder solide Steingebäude wie im kühlen Victoria oder »Miyas« (bzw. »Miyu Miyas«), stabile, aus Zweigen und Blättern in Igluform errichtete Behausungen wie in Westaustralien, oder eine auf einer höherliegenden Plattform erbaute Rinden- oder Palmwedelhütte, um im tropischen Australien den → *Überschwemmungen* während der Regenzeit zu entgehen.

Bei den → *Wik Munggan* gibt es eine Geschichte aus der → *Traumzeit* über den Buschnußmann und seine Frau, die eine der ersten, wenn nicht gar die erste Hütte errichteten, als die Regenzeit sie im Freien überraschte. Mai Maityi, der Buschnußmann, und seine Frau zogen flußaufwärts und jagten und sammelten, während sie unterwegs waren. Die Regenzeit brach über sie herein, und eilends begannen sie, Rindenstücke vom Teebaum abzuschneiden und sie auf den Boden zu legen. Anschließend schnitten sie Stäbe, steckten sie kreisförmig in den Boden und banden die Spitzen zusammen. Danach verbanden sie die Stäbe ringsum und deckten das Gerippe mit den Rindenstücken ab. Innen legten sie ein → *Feuer* an und holten ihre Nahrung herein. Die Regenfälle setzten ein, doch sie waren drinnen trocken und geschützt.

Rober Carol. Dieser Stern wurde von den → *Koori* als die Frau des Waa (*Krähe*) angesehen, der sich selbst in den Stern → *Kanopus* verwandelte. Die sie umgebenden kleineren Sterne waren ihre Kinder.

Roberts, Tulo → *Große Corroborees.*

Roe, Paddy (geb. ca. 1912), ein Nyigina-Mann, der im westaustralischen Broome wohnt. Er ist ein Ältester und Zeremonienmeister, und einige seiner Geschichten sind in dem von Stephen Muecke herausgegebenen Buch »*Gularabulu*« veröffentlicht worden.
Siehe auch *Tierverhalten; Trickster-Charakter.*

Rom-Zeremonie vom Arnhem-Land, eine diplomatische Abfolge von Ritualen, die im → *Arnhem-Land* abgehalten wurde, um freundschaftliche Beziehungen zwischen Menschen verschiedener Gemeinschaften und häufig auch unterschiedlicher → *Sprachen* und Kulturen herzustellen oder zu vertiefen. Im Mittelpunkt der Zeremonie steht die Überreichung eines gebundenen und geschmückten Pfahles durch eine Gastgruppe von Sängern und Tänzern. Sie ist die Antwort auf eine von einem führenden Mitglied der gastgebenden → *Gemeinschaft* ausgesprochene Einladung.
Wie die Bestattungsrituale beruhen die Rom-Zeremonien auf »Manikay« oder Liederzyklen. Bitten um Rom-Zeremonien werden häufig an bekannte Sänger gerichtet und können von einem Zeichen der Aufrichtigkeit begleitet sein wie der Nabelschnur eines Kindes des Schirmherrn; oder dieser schickt beispielsweise Stränge von Banyanschnüren, um den Pfahl damit zu umwinden.

Der → *Rangga,* der Rom-Pfahl, wird insbesondere mit einem der → *Wangarr,* Geisterwesen oder Ahnen, assoziiert, so wie der Wilde Honig bei den Djambidji- oder der → *Morgenstern* bei den Goyulan-Gesangszyklen. Die Vorbereitung des Pfahles findet unter einer Überdachung statt, einem offenen Gerüst, das mit belaubten Zweigen überdeckt wird, um die Sonne fernzuhalten, während der Pfahl geschmückt wird. Das Ganze findet unter dem Singen vieler heiliger Gesänge statt. Nach ihrer Ankunft in der gastgebenden Gemeinschaft errichten die Besucher am Rande des Lagers das Zweigdach, wo der Pfahl den Blicken entzogen bleibt, und jeden Abend vollführen sie dem Manikay-Repertoire entnommene Tänze, wie »Weißer Kakadu«, »Mulgaschlange« und dergleichen.

Am vorletzten Tag holen die Darbietenden den Rom-Pfahl hervor und tragen ihn durchs Lager der Gastgeber, wobei sie an mehreren verschiedenen Stellen haltmachen, um zu tanzen. Die Darbietungen werden an zentraler Stelle bis spät in die Nacht fortgesetzt.

Am darauffolgenden Morgen tragen die Gäste den Rom-Pfahl ins Lager des Schirmherrn und überreichen ihn in Anwesenheit der vereinten Menschenmenge von Gastgebern und Besuchern im Rahmen einer großartigen Darbietung.

Im November 1982 wurde eine solche Rom-Zeremonie in Canberra, der Hauptstadt Australiens, abgehalten.

Rote Flughunde → *Flughunde.*

Roter Ocker *(Wiltja)* ist die heiligste aller Farben. So heißt es in Zentralaustralien, er sei das vom Riesenhund Marindi vergossene Blut, als er bei → *Parachilna* in Südaustralien im Kampf mit der Geckoeidechse Adno-Artina starb. Roter Ocker galt hier als so kraftvoll, daß weit und breit Handel mit ihm getrieben wurde. Dieser Farbstoff ist häufig heiligen Zeremonien vorbehalten, wohingegen → *weißer Ocker* oder Pfeifenton für sogenannte offene Zeremonien verwendet werden kann.

Rot ist eine heilige Farbe der → *Duwa-Moiety* des → *Arnhem-Landes.*

Siehe auch *Gelber Ocker; Große Schlachten; Gunabibi-Zeremonien; Ingelaladd; Initiationsprozeß; Mimi-Geister; Morgenstern; Rindenmalerei; Rot, Schwarz, Gelb und Weiß; Sonne; Tabugebiete.*

Roter Waratah (Telopea). Der rote Waratahbaum ist das offizielle Emblem des Bundesstaates New South Wales, und beim → *Eora-Stamm* kennt man eine Legende, die erläutert, wie sich seine Farbe von Weiß zu Rot wandelte.
In der → *Traumzeit* schlug Wonga, die Taube, gemeinsam mit ihrem Gefährten ein Lager auf. Eines Tages ging dieser auf Jagd und blieb lange Zeit fort. Währenddessen sah sie sich dem Angriff eines Habichts ausgesetzt. Sie wurde verwundet, konnte aber entkommen und versteckte sich unter den Zweigen eines Waratah. Sie hörte ihren Gefährten rufen und versuchte, zu ihm zu fliehen. Vom Blutverlust geschwächt, flatterte sie durch den Waratah, und ihr Blut befleckte die Blüten und verwandelte ihre Farbe in Rot.

Rot, Schwarz, Gelb und Weiß sind die heiligen Farben, die den → *Aborigines* während der → *Traumzeit* übergeben wurden und neben vielen anderen Dingen die vier Elemente symbolisieren.
Die Farbe → *Schwarz* ist die → *Erde,* doch noch stärker symbolisiert sie die Spuren der Feuer, an denen die Ahnen während der Traumzeit auf der Erde lagerten.
Rot vereint Blut, Energie und → *Feuer* und symbolisiert das → *Djang,* die bestimmten Orten der Erde innewohnende Kraft.
Gelb stellt Flüssigkeit, Wasser und die Male auf dem Rücken des Großen Schlangenahnen dar.
Weiß versinnbildlicht den Himmel, die Luft und die Sterne und repräsentiert jene Ahnen, die nach getaner Arbeit in den Himmel aufsteigen, von wo aus sie als Sterne auf die Erde hinabblinzeln (siehe → *Sterne und Sternbilder*).
Siehe auch *Erde, Wasser, Feuer und Luft; Gelber Ocker; Roter Ocker; Weißer Ocker.*

Roughsey, Dick (Goolbalathaldin; ca. 1920–1985), Angehöriger der Lardil von → *Mornington Island* vor der → *Cape-York-Halbinsel* im äußersten Norden Australiens. Er war als Geschichtenerzähler und Künstler wohlbekannt und veröffentlichte eine Anzahl von zu Kindergeschichten umgeschriebenen → *Aboriginal*-Mythen.
Siehe auch *Riesenhunde*.

Roughsey, Elsie → *Labumore*.

S

Sagittarius → *Schütze*.

Schamanen (Bulyaguttuk, Maban, Mekigar, Urngi, Weeun, Wirnum und andere Namen, je nach der Sprache der betreffenden Gruppe) sind Männer oder Frauen, die zu diesen Funktionen berufen wurden, üblicherweise in einem Traum. Ihre Aufgaben sind: Streitigkeiten zu schlichten, Rat anzubieten, kommende Ereignisse vorherzusagen, zu heilen, negativen Kräften, darin eingeschlossene Schadenszauber, entgegenzuwirken, und ebenso die Ausübung dessen, was als »schwarze Magie« bezeichnet werden kann, worunter auch → *Knochenzeigen* fällt.
In einen Trancezustand zu verfallen ist eine Fähigkeit, die viele, wenn nicht gar alle Schamanen der → *Aborigines* beherrschen. Während dieser Trancen begegnen Schamanen Geistern, heilen Patienten und fliegen in die → *Himmelswelt*. Des weiteren empfangen (träumen) sie neue Gesänge und Zeremonien.
Balbuk, eine »Yorga Binderr« oder kundige Frau, war gegen Ende des 19. Jahrhunderts eine Schamanin der Nyungar aus Perth. Zu ihren Pflichten gehörte es, Streit beizulegen und Fehden zwischen Familien zu beenden, die Jagderfolge vorauszusagen und Speeren oder Hunden Zauber einzuhauchen, um eine gute Jagd zu gewährleisten. Für ihre Prophezeiungen benutzte sie Zeichen wie das Fallen eines Blattes, das Knacken eines Zweiges, den Ruf eines Vogels oder die Fortbewegung eines Luftwirbels, eines Willy-Willy.
Die Kurnai, eine → *Koori*-Gemeinschaft in Victoria, kannten zwei Typen von Schamanen: Birraarks und Mullamulluns. Erstere waren die Zauberer, welche die Magie ausübten und schamanistische Reisen in die Himmelswelt unternahmen, von der sie Zeremonien zurückbrachten. Einer dieser Birraarks, Bunjil

Narran (Mondgebieter), soll angeblich während des Fluges über den Lake Wellington die Zauberschnur losgelassen haben, die Schamanen beim Fliegen und anderen Kunststücken benutzten. Von den ihn auf dem Flug begleitenden Geistern wurde er gerettet.

Mullamulluns standen Medizinmännern näher – sie kannten die Eigenschaften von Kräutern und praktizierten Heilkünste wie → *Räuchern,* Massage und das Entfernen kleiner Gegenstände, z. B. Quarzsplitter, aus dem Körper einer kranken Person.

Solange sie in der Himmelswelt weilten, mußten Schamanen ernst bleiben, und es wurde von ihnen erwartet, daß sie nicht lachten. Um ihre Kraft auf Erden zu behalten, durften sie keinen Teil eines Kängurus verzehren, an dem sich Blut befand, und kein menschliches Wesen töten.

Siehe auch *Akurra-Schlange; Ausgestorbene Riesenbeutler; Australiten; Baum zwischen Himmel und Erde; Bunjil; Dorabauk; Feuer; Jalgumbun; Jandamara; Kuraji-Geister; Mundjauin; Nyimbunji; Omen; Palkalina; Pituri; Quarzkristall; Regenbogenschlange; Regenmachen; Relikte von Toten; Schlangengeist; Taipan; Tierverhalten; Traumbaum des Lebens; Träumen; Tuurap Warneen; White Lady; Wirnum; Zwei Brüder.*

Schilde aus Holz waren Bestandteil der Ausrüstung der meisten männlichen → *Aborigines.* Sie wurden gewöhnlich aus Hartholz angefertigt und hatten eine ziemlich schmale Form, da sie → *Speere* ablenken sollten, statt sie voll auftreffen zu lassen. In manche dieser Schilde waren abstrakte Motive eingeschnitten. In Queensland waren die Schilde größer und wurden aus einem leichten Weichholz hergestellt. Häufig waren sie mehr als einen Meter lang und mit Sippenmotiven in Rot, Gelb und Weiß bemalt.

Schlafender Riese. Die Yuggera in Queensland, die in der Umgebung der Stadt Ipswich beheimatet sind, kennen einen Mythos von einem schlafenden Riesen. Dieser wird mit Mount Castle gleichgesetzt. Er ist eine Allvatergestalt, die → *Biame* entspricht. Er wird als alter Mann beschrieben, der, den Kopf mit der einen Hand abstützend, schlafend daliegt, während sich sein Ellbogen tief in den Boden eingegraben hat. In der → *Traumzeit* erwachte der Riese und überschwemmte das ganze Gebiet, doch jetzt schläft er wieder, bis die Zeit kommt, aufzuwachen und seinen Leuten zu Hilfe zu eilen.

Siehe auch *Allväter; Luma Luma der Riese.*

Schlangengeist. Häufig empfängt ein → *Schamane* während seiner Initiation einen Schlangengeist als seinen Hausgeist, mit dessen Hilfe er Informationen sammelt und sich an Orte begeben kann, die ihm als Mensch verwehrt bleiben. Die Schlange stellt die Verbindung her oder fertigt selbst die Zauberschnur, mit welcher der Schamane in die → *Himmelswelt* reist, wo er mit den Toten verkehrt.

Schnabeltier (Platypus). Die Kabi Kabi in Queensland kennen einen Mythos, dem zufolge die Schnabeltiere einst »Dinderi« (kleine Menschen) waren, die den Brisbane River entlangzogen, Wasserschlangen fingen und verspeisten. Sie wanderten von Ort zu Ort und von Wasserloch zu Wasserloch, bis sie Mairwan Lagoon erreichten, wo es den Wasserschlangen gelang, sie zu überwältigen und in die ersten Schnabeltiere zu verwandeln.

Schöpfungsmythen sind jene Geschichten, die uns davon erzählen, wie die Landschaft entstand und wie Tiere und Pflanzen ihre Formen und Merkmale erhielten und welche Bedeutung diese Charakteristika haben. In den Formen und Merkmalen von Tieren sind die Spuren verschlüsselt, die auf die Sanktionierung der Gesetze und Bräuche bestimmter Stammesgruppen hinführen.

Zum Beispiel liefert eine Geschichte von der Einheimischen Katze und dem Schwarzkopfpython, die von den Worora im nordwestlichen Australien erzählt wird, die Rechtfertigung der Regel, warum sich eine Witwe während der Trauerperiode mit Asche einzureiben hat. In der → *Traumzeit* lebten der Einheimische Katzenmann und seine Frau, der Schwarzkopfpython, allein. Der Katzenmann erkrankte und bekam Schwären am ganzen Körper. Die Flecken, welche das Fell der Einheimischen Katze heute aufweist, befinden sich dort, wo sich die Schwären gebildet hatten. Die Pythonfrau versuchte ihn zu heilen, doch letztlich verstarb er. Die Pythonfrau begrub ihn und zog danach allein nach Osten. Sie gelangte zu einem Ort, wo ein Goanna beerdigt war, und stocherte dort umher. Sie nannte die Stelle Marngut, wanderte danach weiter, bis sie an einen kleineren Hügel kam, der Wunjaragin oder Loser Berg hieß, weil er auseinanderzufallen drohte. Mit der Hand schob sie ihn zusammen und versuchte, ihn mit ihren Haaren zusammenzubinden, doch er zerbröckelte weiter. Schließlich kamen einige Bulldogameisen vorbei und halfen ihr, den Hügel zusammenzuhalten. Danach setzte sie ihren Weg fort.

In der Zwischenzeit kam die Blauzungenechse, die das Klagen der Pythonfrau vernommen hatte, als ihr Mann gestorben war, zum Grab des Katzenmannes und erweckte ihn wieder zum Leben. Gemeinsam machten sie sich auf die Suche nach der Pythonfrau. Schließlich holten sie die Phythonfrau ein, aber als diese ihren Mann erblickte, rief sie aus: »Nein, gehe zu deinem Grab zurück. Ich bin jetzt eine Witwe. Ich habe all mein Haar geschoren und bin kahlköpfig. Ich habe mein ganzes Gesicht mit Holzkohle eingerieben, damit die Leute wissen, daß ich eine Witwe bin. Gehe zu deinem Grab uurück, steige hinein und stirb.«

Also folgte der Katzenmann ihrer Aufforderung. Seit dieser Zeit sind Witwen dem Beispiel der Pythonfrau gefolgt, haben sich das Haar geschoren und die Gesichter mit Holzkohle eingerieben, um ihren Kummer über den Verlust ihrer Männer kundzutun. Und was sich in der → *Traumzeit* ereignete, soll auch heute noch geschehen.

Beim Übersetzen von Schöpfungsmythen in ihre Sprachen und durch Verändern der Geschichten haben die Europäer die von den australischen → *Aborigines* von Generation zu Generation weitergereichte Weisheit unverständlich gemacht. Der Schöpfungsmythos oder seine Geschichte ist lediglich ein Aspekt des Ganzen und muß mit der heiligen Stätte, dem heiligen Gesang

und der heiligen Zeremonie verknüpft werden, die lediglich den vollinitiierten → *Ältesten* eines jeden Stammes bekannt sind.
  Siehe auch *Ahnenwesen; Allmütter; Allväter, Biame; Erste Frau; Flinders Range; Frauen-Ahnenwesen; Glass House Mountains; Melville Island; Mudungkala; Tasmanischer Schöpfungsmythos; Traumzeit; Warlpiri-Schöpfungsmythos; Würgadler und Krähe.*

Schöpfungszeit → *Traumzeit.*

Schütze (Sagittarius). Zwei Sterne im Sternbild Schütze waren zwei junge Männer des → *Moiety-Ahnen* → *Bunjil*, nämlich Tadjeri, das Bürstenschwanzpossum, und Turnong, der Gleitbeutler. Sie symbolilsierten Moiety-Unterabteilungen oder -Sippen.

Schwarz (oder Holzkohle) ist eine wichtige Farbe bei →*Aboriginal*-Gemälden und wird auch als Medizin verwendet. Es ist eine heilige Farbe der → *Yiritja*-Moiety des → *Arnhem-Landes.*
  Siehe auch *Rindenmalerei; Rot, Schwarz, Gelb und Weiß.*

Schwarze Fliegende Füchse → *Flughunde.*

Schwarze Schwäne → *Atair; Bunjil; Murray River.*

Schwiegermuttermeidung. Bei vielen → *Aboriginal*-Gemeinschaften war es dem Schwiegersohn verboten, mit der Mutter seiner Frau zu sprechen oder häufig gar, ihre Anwesenheit überhaupt wahrzunehmen.
  Siehe auch *Murray River; Rigel.*

Schwirrholz (Bull-roarer), ein oval geformtes und mit eingeritzten Mustern versehenes Holz, an dessen einem Ende eine Schnur befestigt ist. Es wird bei den Zeremonien in den → *Boro-Ringen* schnell geschwungen. Es gibt viele Arten von Schwirrhölzern, und der Grad ihres geweihten Zustandes variiert von Gebiet zu Gebiet. Wenn heilige Motive darin eingeritzt sind, wird es zu einem der Sakralgegenstände, die als → *Tjuringa* oder → *Inma* bekannt sind. An manchen Orten ist sein Anblick allgemein gestattet, an anderen, besonders im Südosten, dürfen es nur → *Älteste* oder initiierte Männer sehen. In einigen Gegenden, zum Beispiel in Nordqueensland, wird ein größeres Schwirrholz als männlich und ein kleineres als weiblich angesehen. Es heißt, wenn sie geschwungen werden, seien sie die Stimmen von männlichen und weiblichen Ahnen, die bei den heiligen Zeremonien der Initiation den Vorsitz führen. Das erste Schwirrholz der → *Koori* aus Südwestaustralien wurde von → *Biame* angefertigt, und wenn es geschwungen wird, soll seine Stimme zu hören sein.

Siehe auch *Duwoon; Moiya und Pakapaka.*

Seemöwe und Torres-Straßen-Taube. Sivri, der Seemöwen-Mann, und Nyunggu, der Torres-Straßen-Tauben-Mann, sind Kulturbringer der Tyongandyi-Sippe der → *Wik Munggan*.
Es wird überliefert, daß Sivri und Nyunggu einst an gegenüberliegenden Ufern des Flusses Langanama lebten. Zu Sivris Sippe gehörten alle Seemöwen, die Kakadus, die Krokodile, die Krabben und verschiedene Fischarten. Nyunggus Sippe setzte sich aus der weißen Taube, dem → *Einheimischen Begleitervogel*, der schwarzen Ente, dem Kranich und anderen Vögeln zusammen. Es wird erzählt, die kleine Miesmuschel, die Schöpfmuschel, die Perlmuschel und die Schneckenmuschel seien seine Töchter.
Sivri war stets am Tanzen; genauer gesagt, er tat nichts anderes. Für seine Tänze schuf er die Trommel und viele Gesänge. Er fertigte als erster Bogen und Pfeile, er baute die ersten → *Kanus*. Nyunggu pflegte seine Töchter auszuschicken, um vom Fluß Wasser zu holen, und sie sahen Sivri und verlangten nach ihm. Durch Zeichen bedeuteten sie ihm, auf ihre Seite des Flusses zu kommen. Eines Tages stieg er in sein Kanu, paddelte auf Nyunggus Flußseite und erklomm einen hohen Teebaum. Dort fanden ihn die Frauen. Er setzte sie in sein Kanu und stieß in den Fluß ab. Er fuhr flußabwärts und ließ eine Frau, die eine wunde Brust hatte, auf einer Insel zurück und eine andere auf einer anderen Insel, wo sein Kanu auf Grund lief. Über das Meer laufend, setzte er seine Reise fort. Wo er seine Füße aufsetzte, entstanden

Inseln und Sandbänke. Er schuf all die Inseln in der zwischen Australien und Neuguinea gelegenen Torres-Straße.
Nyunggu war zur Verfolgung Sivris aufgebrochen, um seine Töchter zurückzuholen, verfehlte ihn aber und wanderte weiter zur Insel Neuguinea, wo er sich bis zum heutigen Tage aufhält. Dort unterwies er die Menschen in seinen Liedern und Tänzen. Sivri selbst kam auf der Insel Maubiyag zur Ruhe, wo er die Einheimischen seine Gesänge und Tänze lehrte. Dort ist er noch heute aktiv.

Sippengruppen (Haut-, Fleischgruppen). Viele → *Aboriginal*-Gemeinschaften waren von den Ahnen in sogenannte Gruppierungen oder Untergruppierungen bzw. Sippen-, Haut- oder Fleischgruppen unterteilt worden. Es wurde gesagt, daß diejenigen, die der gleichen Gruppierung angehörten, infolge ihrer Herkunft von einem gemeinsamen Ahnen auch das gleiche Fleisch hätten. Wer den Haut- oder Fleischnamen einer Person weiß, kennt auch sein oder ihr Verwandtschaftsverhältnis zu jeder anderen Person innerhalb der → *Gemeinschaft* – denn Gemeinschaft ist hier richtiger als Stamm, da diese Haut- oder Fleischgruppen-Klassifikationen durchaus die örtlichen Stammesgrenzen überschreiten.

Zum Beispiel bestehen bei den Walmatjarri acht Gruppierungen oder Gruppen, die nach Geschlechtern getrennt sind. Es sind dies: 1. Nangala (weiblich), Jangala (männlich); 2. Nanyjili (w), Jungkurra (m); 3. Nyapurru (w), Jupurru (m); 4. Nyapana (w), Jawanti (m); 5. Nyapajarri (w), Japalyi (m); 6. Nakarra (w), Jakarra (m); 7. Nangkarti (w), Jangkarti (m); 8. Nampiyirnti (w), Jampiyirnti (m). Diese Gruppen bestimmen den Ehepartner, und auf gar keinen Fall darf eine Beziehung innerhalb der eigenen Gruppierungen aufgenommen werden. Dies gilt als Inzest, der von den Ahnen verboten wurde. Demzufolge sollte eine Nangalafrau einen Jungkurramann heiraten, eine Nanyjilifrau einen Jangalamann, eine Nyapurrufrau einen Jawantimann, eine Nyapanafrau einen Jupurrumann, eine Nyapajarrifrau einen Jakarramann, eine Nakarrafrau einen Japalyimann, eine Nangkartifrau einen Jampiyirntimann und eine Nampiyirntifrau einen

Jangkartimann. In diesem Falle handelt es sich um einen matrilinearen Stammbaum; die Wahl der Hautgruppe ist von der Gruppe der Mutter abhängig, und die Gruppen sind so angeordnet, daß über die Generationen hinweg ein geschlossener Kreis beschrieben wird, indem aufeinanderfolgende Generationen durch die Gruppen hindurchgereicht werden. Im Falle eines patrilinearen Stammbaums, also auf der väterlichen Linie, würde die Gruppe des Vaters die »Haut« des Nachkommen bestimmen, doch kommt dies normalerweise nicht vor.

Die → *Verwandtschaft* und Hautgruppen sind in der Gesellschaft der → *Aborigines* von großer Bedeutung, und man sollte beachten, daß selbst in der Mythologie der Urbevölkerung die verschiedenen Ahnen entsprechend den Verwandtschafts- oder Hautmustern miteinander verwandt sind und damit einen Teil des Geflechts familiärer Verwandtschaftsbeziehungen bilden, das die Aborigines in ganz Australien miteinander vereint.

Siehe auch *Gemeinschaft; Stämme; Verwandtschaft.*

Sirius. Dieser Stern war für die Mara (→ *Koori*) die Keilschwanzadlerfrau Gneeanggar, die von Waa, der → *Krähe* (dem Stern → *Kanopus),* davongetragen wurde. Dieser Mythos bezieht die → *Plejaden* ein, die von den Mara als sieben junge Frauen angesehen wurden. Sie lebten zusammen und wollten nicht getrennt werden. Gneeanggar war eine von ihnen. Die Krähe sah sie, verliebte sich in sie und beschloß, sie zu entführen. Einmal waren die sieben Schwestern auf der Suche nach Witchetty-Larven. Sie mochten deren weißes, saftiges, wohlschmeckendes Fleisch besonders gern. Waa erblickte sie, verwandelte sich augenblicklich selbst in eine Larve und bohrte sich in den Baum. Die Schwestern entdeckten das Loch, und abwechselnd versuchte jede von ihnen, die Larve mit dem für diesen Zweck verwendeten Hakenstöckchen herauszuholen. Jedesmal, wenn eine der Frauen ihren Haken hineinschob, brach die Krähe ihn ab. Als jedoch die Reihe bei Gneeanggar war, ließ sie sich herausziehen. Kaum wollte jedoch Gneeanggar die Larve zum Mund führen, verwandelte diese sich in ihre alte Gestalt zurück und trug das Mädchen in den Himmel davon, wo es zum Sirius und die Krähe zum Stern

Kanopus wurde. Die sechs verbliebenen Schwestern stiegen als die Plejaden in den Himmel auf und suchen noch immer nach ihrer Schwester.

Siehe auch *Tabugebiete*.

Sivri → *Seemöwe und Torres-Straßen-Taube.*

Skipper, Peter (geb. ca. 1919), ein Künstler und Geschichtenerzähler der → *Walmatjarri,* die heute in Fitzroy Crossing leben. Sein → *Traumzeittotem* ist die Schleiereule. Seine Werke wurden mehrfach auf größeren Ausstellungen gezeigt.

Skorpion. Dieses Sternbild steht am Himmel als Symbol der Strafe für das Vergehen gegen jenes Gesetz, das es einem frisch initiierten Mann verbot, mit Frauen sexuelle Beziehungen einzugehen, bevor er geläutert war.
Ein junger Initiant erlag den Verführungskünsten eines Mädchens, und als sie entdeckt wurden, entflohen sie in den Himmel. Die beiden Lehrmeister des jungen Mannes folgten dichtauf. Sie schleuderten → *Bumerangs* und Keulen nach dem Pärchen, verfehlten es jedoch. Sie alle verwandelten sich in Sterne. Einer der Lehrer ist der Stern zweiter Größe Shauld im Schwanz des Skorpion, während der andere Lehrer dicht daneben am Nachthimmel leuchtet. Der junge Mann und die junge Frau sind das Sternenpaar rechts. Das Stirnband des Jugendlichen, das er beim Flug verlor und das sein Versagen hinsichtlich der Vollendung der Initiationszeremonien symbolisiert, ist der Sternhaufen gleich unter dem Sternbild. Es heißt, er versuche immer noch, sein Stirnband wiederzuerlangen, werde jedoch von seiner Liebsten daran gehindert.

Siehe auch *Initiationsprozeß*.

Solomon, James → *Bindirri, Yirri.*

Solomon, Roger → *Bindirri, Yirri.*

Songlines, die klanglichen Entsprechungen der Reisen der Ahnen durch den Raum, jene Linien, die auch auf Gemälden und Schnitzwerken der → *Aborigines* verewigt sind. Sie schildern die Züge der Ahnen, und jede Strophe kann im Sinne der geographischen Merkmale der Landschaft verstanden werden. In ihnen sind auch die großen Zeremonien verschlüsselt, welche die → *Traumzeit* in der Gegenwart reaktivieren.

Siehe auch *Australische Eingeborenenmythologie; Heilige Stätten; Kulunbar; Traumzeitpfade; Wagyal; Walkabout.*

Sonne. In der Dualität des Gegensätzlichen, die einem Großteil des → *Aboriginal*-Glaubens zugrunde liegt, werden Frauen mit Licht, Leben und Weisheit gleichgesetzt, wohingegen Männer der Dunkelheit, dem Schatten, der Nacht und dem → *Tod* entsprechen. Also wird die Sonne fast immer als weiblich angesehen, und sie ist daher mit Menstruationsmythen ebenso wie mit Licht und Wärme verbunden.
Am Anfang war die → *Erde* dunkel, und die Lebewesen mußten sich in der Düsternis mit Fackeln orientieren, wenn sie nach Nahrung und Wasser suchten. Ein Sonnenmythos der → *Koori* erzählt, wie eine Frau namens Kyowee ihren kleinen Sohn in einer Höhle schlafend zurückließ, während sie auf Suche nach → *Yamswurzeln* ging. Ohne Sonne kümmerten die Pflanzen vor sich hin, und ihre Suche war lang und beschwerlich. Abgründe und Schluchten zerfurchten die Erde, und als sie zurückkehren wollte, stellte sie fest, daß sie sich in dem Wirrwarr verirrt hatte. Sie ging immer weiter, bis sie das Ende der Welt erreichte und von der Erde in das dunkle Land darüber trat. Jeden Tag zieht sie mit der Fackel über dem Kopf durch die unermeßliche Ebene und sucht nach ihrem Sohn. Ihre Fackel ist es, welche die ganze Welt erhellt, während sie die Ebene durchquert.
Nach den → *Tiwi* von → *Melville Island* wurde der Sonnenfrau ihre Rolle am Ende der → *Traumzeit* übertragen. Täglich durchwandert sie mit einer Fackel aus lodernder Rinde den Himmel. Bevor sie jedoch aufbricht, pudert sie ihren Körper mit → *rotem Ocker.* Wenn das Ende der Reise gekommen ist, tut sie das erneut, ruht danach einige Zeit in der himmlischen Lagune Kum-

pinulu, bevor sie durch ein unterirdisches Tal zu ihrem Heim im Osten zurückkehrt.

Siehe auch *Geschlechterrollen; Kosmographie; Sonnenfinsternis; Universum; Yhi.*

Sonnenfinsternis. Ein solches Ereignis bedeutete, daß jemand schwarze Magie an einem anderen ausübte.

Speere, die wichtigste Waffe der → *Aborigines,* wurden den Menschen in der → *Traumzeit* gegeben.

Die → *Ältesten* der → *Wik Munggan* erzählen, daß einige der ersten Speere vom Fischadler Kongkong stammen. Dieser Mythos lohnt durchaus, hier in Einzelheiten wiedergegeben zu werden, da er nicht nur die erste Herstellung eines Speers enthält, sondern auch andere Motive, die weltweit in Mythen vorkommen. Gleichzeitig beinhaltet er Aspekte der Wik-Munggan-Kultur, die seither ausgestorben sind oder unter dem Einfluß des Christentums stark verändert wurden.

Kongkong, der Fischadler, und sein Sohn gingen daran, Speere anzufertigen. Sie machten alle Arten von Speeren: »Wolka«, einen Speer mit Stachelrochenwiderhaken, »Kaiya« mit gebündelten Stachelrochenwiderhaken, »Antyan« mit vier Zacken, »Yandala« mit einer langen Spitze, »Tu'u« und »Wantyandyindan« mit drei Zacken, um Brachsen zu speeren, »Pinta« aus Bambus mit einer Spitze und »Pita« mit vier Spitzen. Sie fertigten auch Speerschleudern und Kampfkeulen an. Sie banden die Speere zu einem Bündel und legten sie zusammen mit den Speerschleudern und Keulen ins Geäst eines Baumes.

Nun geschah es, daß der Felsenpython seinen Sohn bat, den Fischadler zu besuchen. Er zog los und traf unterwegs seine beiden Schwestern. Er ließ sie zurück, setzte seinen Weg fort und erreichte das Lager des Fischadlers, aber es war verlassen. Er fand die Waffen und trug sie ins Lager seiner beiden Schwestern zurück, wo er sie der Obut der Frauen überließ.

In der Zwischenzeit kehrten Kongkong und sein Sohn zurück und stellten fest, daß die Waffen verschwunden waren. Kongkong bemerkte Spuren und erkannte, daß sie vom Sohn des

Felsenpython stammten. Er gebot seinem Sohn, der Fährte zu folgen. Dieser tat, wie ihm geheißen, und gelangte zum Lager der beiden Frauen. Sie gaben ihm Nahrung und Feuerholz, und er blieb über Nacht bei ihnen. Am nächsten Morgen wachte er auf und sah, daß die Frauen noch schliefen. Er rief sie an, aber sie rührten sich nicht. Er kam näher und verging sich an der Älteren, während sie schlief. Als sie erwachten, entdeckte die jüngere Schwester die Anzeichen der Vergewaltigung am Körper der Älteren. Sie beschlossen, die Schandtat zu rächen. Mit den Speeren und Speerschleudern eilten sie Kongkongs Sohn nach. Sie begannen, Speere zu schleudern, aber er wehrte sie immer wieder seitlich ab. Dann warf die jüngere Schwester einen Speer, der sich in seinen Schenkel bohrte. Mit einem vierzackigen Speer traf sie ihn in die Brust. Die Schwestern speerten ihn zu Tode, trennten beide Beine und Arme ab und durchschnitten ihm danach die Kehle. Sie trugen ihn in ihr Lager zurück.

Die junge Schwester sagte: »Ältere Schwester, bringe mir Brokken aus einem Termitennest.«

Die Ältere entgegnete: »Jüngere Schwester, bist du nicht froh, daß du ihn braten darfst? Es ist so viel Fleisch da.«

Sie brieten das Fleisch (so wie Vögel gebraten werden) in Termitennestbrocken, errichteten dann auf gegabelten Stöcken eine Plattform, um das Fleisch daraufzulegen. Anschließend setzten sie sich nieder und trugen Trauerasche für den »Bruder« auf, der erschlagen worden war.

Inzwischen hatte sich Kongkong, der Vater, übergeben müssen und empfand das als ein Zeichen, daß seinem Sohn etwas widerfahren sei. Er folgte den Spuren und rief dabei seinen Namen: »Kong, kong, kong.« Schließlich erreichte er das Lager der beiden Schwestern, erblickte die Plattform und darunter die mit Trauerasche bedeckten Schwestern.

»Ihr habt meinen Sohn getötet«, sagte er und fügte hinzu, er werde keine Vergeltung üben. Er schlug jedoch sein Lager neben ihnen auf, wartete, bis sie nicht mehr auf der Hut waren, und speerte sie beide.

Nachdem er sie getötet hatte, durchtrennte er ihre Körper in zwei Teile und ging danach mitsamt seinen Speeren zu seinen betagten Eltern. Mit Vater und Mutter stieg er in ein Kanu, und sie paddelten davon. In der Mitte des Stromes wirbelte das Kanu herum, und Kongkong sagte: »Mutter, Vater, wir wollen in unsere heilige Stätte hinabsteigen.«

Das Kanu kenterte, und seine Eltern versanken, während Kongkong mit seinen Flügeln schlug und als Vogel davonflog. Er begab sich zu der Plattform zurück, auf der das Fleisch seines Sohnes lag, und baute dort sein Nest. Von dort oben rief er: »Mutter, Vater, bleibt unten. Ich bleibe hier oben.«

Sein Vater und seine Mutter verbleiben jetzt als Katfische oder Welse im Wasser, und das Nest des weißen Fischadlers ist oben im Baum zu sehen. Kongkong ist der weiße Fischadler, und sein Sohn ist ein etwas kleinerer Habicht namens Min Kakalang.

Siehe auch *Cherbourg-Aboriginal-Siedlung; Flughunde; Frauen-Ahnenwesen; Handel; Himmelswelt; Jirakupai; Kreuz des Südens; Murray River; Schilde; Uluru; Wawilak-Schwestern.*

Speerschleuder → *Woomera.*

Sprachen. Es ist nicht bekannt, wie viele Sprachen in Australien vor der Ankunft der Europäer gesprochen wurden. Hier und da wird die Zahl 250 genannt, aber oft geht Sprache in Dialekt über, und die Menschen ziehen es häufig vor, ihre Mundart als Sprache denn als Dialekt bezeichnet zu sehen. Daher können die Sprachen der → *Westlichen Wüste,* die in einem Gebiet von mehr als einer Million Quadratkilometern gesprochen werden, als miteinander verwandt angesehen werden. Sie bilden ein riesiges Geflecht von verschiedenen Dialekten, wenngleich jede → *Gemeinschaft* ihren Dialekt als Sprache bezeichnet wissen möchte. Das Überleben vieler Sprachen ist infolge der Dominanz des Englischen ungewiß, dennoch gibt es periodische Versuche zur Sprachneubelebung, wie etwa bei den → *Nyungar,* die zumindest Aspekte der Sprache bewahren. Früher vermochten sich viele → *Aborigines* infolge der weiteren Verbreitung kultureller Gegebenheiten, wie Heirat und Zeremonie, die sogenannte Sprachbarrieren überschritten, in zwei oder mehreren Sprachen zu verständigen.

Stämme. Der Begriff »Stamm« wurde von den weißen Eroberern in die →*Aboriginal*-Kultur eingeführt. Obgleich er eigentlich auf die →*Aborigines* in Australien nicht zutrifft, ist er doch heute bei ihnen in allgemeinem Gebrauch. Im Zusammenhang mit den australischen Aborigines wird die Stammeszugehörigkeit durch die Abstammung bestimmt, und eine Stammesidentität ist auf eine Anzahl regionaler Familien beschränkt, die ihre Herkunft aus einem betimmten Gebiet und häufig von einem oder mehreren bestimmten Ahnen zurückverfolgen können.
Diese lokalen Gruppen bedienen sich einer gemeisamen Sprache oder eines Dialekts, in der oder in dem nur sie sich verständigen können bzw. die oder der sich von anderen Gruppen in der Aussprache unterscheidet, und zumindest die männlichen Mitglieder der Gruppe verfügen über einen oder mehrere gemeinsame Ahnen.
 Siehe auch *Gemeinschaft; Handel; Sippengruppen; Sprachen; Verwandtschaft.*

Steinbock. Der Doppelstern Algiedi im Oberteil des Sternbildes Steinbock stellte die Zangen von Collenbitjik, der Bulldogameise, dar, als sie den Körper ihres Neffen Totyerguil (→ *Murray River*) aus dem tiefen Wasserloch rettete, das von einer Riesenwasserschlange bewohnt war.
 Siehe auch *Atair.*

Sterne und Sternbilder tragen sämtlich Namen, und von ihnen wird häufig gesagt, es handle sich bei ihnen um in den Himmel aufgestiegene Ahnen, und die Funkelsterne seien ihre Lagerfeuer.
 → *Aldebaran; Arkturus; Atair; Bienenstock; Bootes; Delphin; Fomalhaut; Galaxis; Großer Hund; Haar der Berenike; Kanopus; Kosmographie; Kreuz des Südens; Mars; Milchstraße; Mityan, der Mond; Mond; Morgenstern; Nördliche Wasserschlange; Orion; Plejaden; Rigel; Rober Carol; Schütze; Skor-*

pion; Steinbock; Südlicht; Tasmanischer Schöpfungsmythos; Traumbaum des Lebens; Universum, Walkabout; Zentaur.

Stevens, Thomas → *Arrernte-Landschaft von Alice Springs.*

Streichholzbaum → *(Erythroxylum ellipticum)*, Verkörperung des → *Traumbaums des Lebens* und Todes für die Stämme der → *Cape-York-Halbinsel*. Stirbt ein Mensch, so nimmt man an, daß die Seele diesen Baum auf dem Weg zur → *Himmelswelt* erklimmt. Der Leichnam wird zum Begräbnisplatz der Sippe gebracht und ein kleiner Streichholzbaum entwurzelt. Die Spitze wird abgeschnitten, so daß ein etwa ein Meter langer Stumpf übrigbleibt, den die Angehörigen des Verstorbenen umgekehrt auf das Grab stecken.

Der Streichholzbaum hat ein flaches Wurzelsystem mit einer zentralen Pfahlwurzel. Diese wird nach Westen ausgerichtet, wo sich der Eingang zur Himmelwelt befinden soll. Nach dem dritten Tag entweicht die Seele durch die Nasenlöcher des Toten und gelangt durch den Stamm in das Flachwurzelsystem, das eine Plattform bildet. Sie ist sehr verwirrt und bleibt dort so lange sitzen, bis sie die nach Westen zeigende Pfahlwurzel sieht, woraufhin sie in dieser Richtung zum Eingang zur Himmelswelt davonfliegt. Dieser hat die Form eines Y-förmigen Baumstammes, der schnell heruntergelassen werden kann, um Geister am Eindringen zu hindern. Er wird von einer Ahnengottheit bewacht, deren Name geheim ist. Der Wächtergeist läßt die Seele lachen, damit er sich augenscheinlich davon überzeugen kann, ob sie den Initiationsprozeß durchlaufen hat, bei dem ein Vorderzahn entfernt wird. Auch der Körper der Seele wird auf heilige Zeichen untersucht. Wenn alles in Ordnung ist, erhält die Seele die Erlaubnis, das Portal zu passieren.

Wenn ein Kind geboren wird, vergräbt die Mutter die Nachgeburt unter dem Streichholzbaum, und sobald das Kind dazu in der Lage ist, wird es ermutigt, ihn zu besteigen.

Siehe auch *Baum zwischen Himmel und Erde.*

Sturmtaucher (→ *Puffinus tenuirostris*). Dieser Zugvogel der Meere ist zu einem Emblem der tasmanischen → *Aborigines* geworden und wird von ihnen als Nahrungsquelle genutzt, wenn er zum Brüten an die Küste → *Tasmaniens* und der vorgelagerten Inseln kommt.

Die Bedeutung der Sturmtaucher für die tasmanischen Aborigines wird von Laurie Lowery überliefert:

»Ich versuche, einigen dieser Leute vom Festland zu erklären, wie die Sturmtaucher von einem Ende der Erde zum anderen reisen und ihnen das in solch kurzer Zeit gelingt. Wenn die Sturmtaucher davonfliegen, dann tun sie das alle zusammen. Ihr müßt wissen, daß die Altvögel bereits eine Woche, bevor die Saison zu Ende geht, ihre Löcher verlassen. Die Jungvögel werden zurückgelassen und müssen sich allein durchschlagen, indem sie sich erleichtern, damit sie in die Luft aufsteigen können.

Im Umkreis von zwanzig Kilometern um die Insel warten die Altvögel über dem Meer, und wenn die Jungvögel es bis hinaus aufs Meer schaffen, vereinigen sie sich mit ihnen, und von nun an ziehen sie alle gemeinsam.

Und wenn sie erst einmal in die Lüfte aufsteigen, wenn sie im Fluge sind, ja, dann sind es so viele, Millionen von Vögeln, und manche kreisen zur Mitte hin, und eine andere Gruppe bildet die Außenseite. Und so schlafen sie auch – die Vögel in der Mitte schlafen, und der Luftstrom von den Schwingen der Vögel an der Außenseite hält sie in der Luft; es ist geradeso, als schliefen sie auf einem Luftbett. Wenn die Vögel an der Außenseite müde werden, fliegen sie ins Innere; die Vögel aus der Mitte fliegen nach außen, und jetzt sind sie an der Reihe. Auf diese Art überleben sie.

Und sie brauchen sieben Tage, um in den Norden Japans und nach Alaska zu gelangen. Der einzige Vogel, der das schafft, ist der Sturmtaucher.«

Südlicht (Aurora Australis), laut den Kurnai (→ *Koori*) in Victoria ein Zorneszeichen des Allvaters Mungan Ngour. Ein Mythos erklärt, warum. Als Mungan Ngour die Regeln für die Initiation vom Knaben zum Mann festlegte, übertrug er seinem

Sohn Tundun die Leitung der geheimen Männerzeremonien. Irgend jemand gab sie den Frauen preis; Mungan Ngour wurde zornig, und eine Zeit großer Wirren folgte, in deren Verlauf die Menschen Amok liefen, einander umbrachten und die Meere über die Ufer traten, wobei sie weite Landstriche überschwemmten. Damit endete die Epoche der → *Traumzeit,* und Tundun und seine Frau verwandelten sich danach in Tümmler. Der Allvater stieg in den Himmel auf, und wenn seine Gesetze und Bräuche mißachtet werden, zeigt er seinen Zorn, indem er nachts den Himmel erhellt.

Süßwasser-Schildkröte → *Ameisenigel.*

Sydney → *Eora-Stamm; Kuringgai-Chase-Nationalpark; Pemulwuy.*

T

Tabugebiete. Manche Gegenden Australiens sind für → *Aborigines* tabu. Eines davon ist das sogenannte »Krankheitsgebiet« im Northern Territory, in dem schließlich Uran abgebaut wurde; ein weiteres ist Wilson's Promontory, eine in die stürmische Bass Strait zwischen dem australischen Festland und Tasmanien hinausragende Halbinsel. Sie stünde, so wurde überliefert, unter der Herrschaft des Riesen Lo-An und seiner Frau Lo-An-Tuka, die den Kulin (→ *Koori*) zufolge zu den Sternen → *Sirius bzw.* → *Kanopus* wurden. Gelegentlich stieg Lo-An aus dem Himmel auf einen Berggipfel hinab, der ihm geweiht war. Sollte ein unbesonnener Fremder die Halbinsel betreten, würde er von den geheimnisvollen Mächten, die sie beschützten, angegriffen werden. Wenn also jemand unversehrt auf der Landzunge verweilen wollte, hatte er sich einer Reihe von Ritualen zu unterziehen. Zuallererst mußte ihm der Schädel kahlgeschoren werden. Ein Streifen → *roter Ocker* mußte senkrecht über seinen Brustkorb gezogen werden, während zwei weiße Linien quer über seine Schultern verlaufen sollten. Dann wurde er mit Aalen gespeist, einst die Hauptnahrung des Lo-An, danach mußte er bei Tagesanbruch, wenn er das Lachen eines Kookaburra hörte, nach dem Vogel spucken, denn er machte sich über ihn lustig, daß er sich in ein derart gefährliches Gebiet begeben wollte. Nachdem die Zeremonie vorüber war, durfte er sich auf eigene Gefahr auf die Halbinsel wagen.

Tadjeri, das Bürstenschwanzpossum → *Bunjil; Schütze.*

Taipan, die Schlangengottheit der Wik Kalkan auf der → *Cape York-Halbinsel,* verfügt über sämtliche Attribute eines solchen heiligen Wesens. Ihm wohnen die Eigenschaften eines großen primordialen Schamanen inne, und er wird als Mittler zwischen Leben und → *Tod* angesehen. Wenn er den Zauber des → *Knochenzeigens* anwendet, stirbt die betreffende Person; aber er kann ebenso heilen, denn er hat Macht über die Versorgung mit Blut, dessen Verlust zum Tode führt. Er ist die Gottheit, die der Menschheit das Blut gab und die Macht über die physiologischen Prozesse bei Männern und Frauen ausübt – die Blutzirkulation, das Herz und die Menstruation. Wie der Taipan das erste Blut zur Verfügung stellte, wird im folgenden Mythos erzählt: Einst war der Taipan ein Mensch und ein großer Schamane. Wenn jemand nach dem Verschlucken der Knochen eines Goanna oder Bandicoot krank darniederlag, ließ er ihn wieder gesunden, indem er ihn preßte und den Knochen heraussog. Danach gab er ihn durch Ausspucken von sich, und die Person gesundete. Zu anderen Zeiten jedoch sagte er: »Ich kann dich nicht heilen.« Wenn er das Knochenzeigen bei jemandem praktizierte, starb dieser Mensch bald darauf.

Der Taipan war sehr klug. Er ließ Donner und → *Blitz* entstehen und trug ein blutrotes Messer sowie am Ende einer langen, kräftigen Schnur einen großen Stein bei sich. Einen Flintstein pflegte er so zu wetzen, daß er eine scharfe Spitze hatte, um ihn dann an einer langen Schnur zu befestigen und zu werfen. Dies erzeugte dann einen Donnerschlag. Er warf erneut, und wieder ertönte der Donner. Der Stein wurde glühendrot, kühlte sich aber nach einiger Zeit wieder ab.

Taipan hatte drei Frauen: die Wasserschlange Uka, die Todesotter Manty und Tuknampa, eine weitere Wasserschlange. Er hatte ein Kind, einen Sohn. Dieser war flußabwärts beim Jagen, als er auf Tintauwa traf, eine schwarze Wasserschlange, die Frau von Wala, der Blauzungenechse. Sie schien zu schlafen, täuschte dies aber nur vor. Taipans Sohn kam näher. Sie verführte ihn, und sie liefen gemeinsam als Liebende davon.

Wala folgte dem Paar und tötete den Sohn. Er brachte dessen Herz und Blut zu Taipan, der von Kummer befallen wurde. Als er beschlossen hatte, die → *Erde* zu verlassen, versammelte er seine umfangreiche Familie und befahl allen, nachdem er sie mit dem Blut seines Sohnes bestrichen hatte, an verschiedenen Stellen in die Erde hinabzusteigen. Er hatte zwei Schwestern, und er gab ihnen etwas Blut und erteilte ihnen den Auftrag, es in den Himmel mitzunehmen, wenn sie hinaufstiegen. Dies ist das Rot im Regenbogen, und es symbolisiert das → *Menstrualblut*.

Als er das getan hatte, warf Taipan sein blutrotes Messer, und ein Sturm erhob sich. In ihm entschwand er in die Erde. Die beiden Schwestern gaben vor, in die Erde hinabzusteigen, erhoben sich jedoch und kletterten in den Himmel. In der Trockenzeit bleiben sie unter der Erde, aber wenn das regnerische Wetter einsetzt, steigen sie gemeinsam mit Taipans älterem Bruder in den Himmel auf. Die Schwestern stellen das Rot im Regenbogen dar und der Bruder das Blau.

Wenn also eine Mutter, die ihre Tochter einem Mann versprochen hat, diese zurückhält, dann wirft Taipan sein Messer, und Donner grollt, Blitze zucken, und der Streit ist beigelegt.

In Waityang, Taipans → *Djang*-Stätte, wächst dicht am Wasser ein Milchholzbaum. Es ist dies eine Stätte großer Energie, und wenn sie gestört wird, dann versammeln sich dort zahlreiche Wasserschlangen. Doch nun zieht eilends ein zyklonartiger Wind herauf, um sie zu zerstreuen.

Siehe auch *Akurra-Schlange; Menstrualblut; Regenbogenschlange; Schamanen.*

Tala-Stätten → *Thalu-Stätten.*

Talinini → *Pukamani-Bestattungszeremonien.*

Tanz. Im Leben und in den Kulturen der → *Aborigines* spielt der Tanz eine wichtige Rolle, und selbst in jenen Gegenden, die stark von der britischen Kultur beeinflußt sind, in denen viele der Zeremonien verlorengegangen sind, ist keine Veranstaltung unter Aborigines ohne traditionelle Tänze vollständig.

Der Tanz ist bei den Aborigines häufig eine pantomimische Darstellung eines wichtigen Ereignisses, einer spirituellen Tradition oder eines Mythos, und Tänze werden aneinandergereiht und können mehrere Tage oder Nächte andauern. Diese Zyklen sind dramatische Darbietungen, bei denen jeder Abschnitt in einem Höhepunkt gipfelt, was die Erregung bis zur abschließenden Tanzsequenz steigert.

Siehe auch *Bumerang; Corroboree; Djanggawul-Mythologie und -Zeremonien; Große Corroborees; Laura; Luma Luma der Riese; Palga; Rom-Zeremonien vom Arnhem-Land; Seemöwe und Torres-Straßen-Taube.*

Tapalinga, die Sternenfrauen → *Universum.*

Tararalili → *Kulama-Zeremonien.*

Tarnung, der Gleitbeutler → *Schütze.*

Tasmanien ist die große Insel unterhalb der Südostecke des australischen Kontinents. Mit dem Anstieg der Meere am Ende der letzten Eiszeit vor vielen Tausenden von Jahren wurde sie vom Festland getrennt. Die Insel war von mindestens neun verschiedenen Gruppen von → *Aborigines* bewohnt, die sich in eine Anzahl Sippen unterteilten. Die meisten Menschen fanden den Tod, als die Insel zu Beginn des 19. Jahrhunderts von den Briten okkupiert und zu einer Strafkolonie gemacht wurde.

Im Grunde war der Untergang der tasmanischen → *Aboriginal*-Kulturen besiegelt, als die wenigen Überlebenden zusammengetrieben und nach Wyabalenna auf Flinders Island in der Bass Strait verbannt wurden. Dort siechten sie dahin, und viele starben während ihrer »Zivilisierung«. Ein kläglicher Rest wurde letztlich auf die größere Insel zurückgeführt, wo man sie in einer Einrichtung am → *Oyster Cove* zusammenpferchte. Dieser Ort ist für die modernen tasmanischen → *Koori*, die sich weigern, von der mehrheitlich australischen Gesellschaft und Kultur absorbiert zu werden, zu einem kulturellen Zentrum und einer → *Djang*-Stätte des Erduldens geworden.

Siehe auch *Nationalfeiertag der Aborigines; Relikte der Toten; Sturmtaucher; Tasmanischer Schöpfungsmythos; Trugerninni.*

Tasmanischer Schöpfungsmythos. Dieser Schöpfungsmythos wurde von Wooraddi (verstorben 1846) erzählt, einem

→ *Ältesten* und → *Schamanen* der → *Aborigines* auf dem zu
→ *Tasmanien* gehörigen Bruny Island.
Die beiden Sterne Moinee und Droemerdeener *(Kanopus)*
kämpften im Himmel. Moinee unterlag und wurde auf die → *Erde*
verbannt, wo er starb und sich in einen großen Felsbrocken vor
der Küste bei Sandy Bay verwandelte. Er schuf die ersten Menschen, vergaß jedoch, sie mit Knien zu versehen, und sie hatten
Schwänze wie Känguruhs. Sie mußten die ganze Zeit über stehen, und Droemerdeener blickte hinab und empfand Mitleid mit
ihnen. Er stieg zur Erde hinunter, schnitt die Schwänze ab und
rieb die Wunden mit Fett ein. Den Beinen fügte er Knie hinzu,
und endlich hatten die Menschen das Empfinden, vollständig zu
sein.
  Siehe auch *Schöpfungsmythen*.

Tata, der Frosch → *Fliegen*.

Terrania-Creek-Becken und -Höhle. Diesem Ort im nördlichen Neusüdwales im Bundjalung-Gebiet wird nachgesagt, er sei
ein wichtiges spirituelles Gebiet gewesen, das von vielen Geistern bewohnt wurde. Selbst heute beschreiben Menschen das
Becken als mit einer magischen Atmosphäre versehen. Von der
dortigen Höhle wird behauptet, sie sei eine → *Djang*-Stätte der
Angehörigen der Widjabal-Sippe der Bundjalung-Nation gewesen. Junge Männer in den letzten Stadien der Initiation wurden
dorthin gebracht, um sowohl Stärke und Ausdauer zu erlangen
als auch, um Verbindung mit den Geistern aufzunehmen. Große
Teile des Brauchtums und der Geschichte blieben verschüttet.
  Siehe auch *Auwa; Bundjalung-Nation; Heilige Stätten; Thalu-Stätten*.

Thalu-Stätten (Tala-Stätten) gehören zu den stärksten Orten
der Erde. Sie sind von Energie oder → *Djang* erfüllte heilige
Plätze. Von den an diesen Orten abgehaltenen Zeremonien wird
erwartet, daß sie die Anzahl der Tiere, Pflanzen, Reptilien,
Fische oder anderer mit dem Ort assoziierter Dinge oder Ereignisse aufrechterhalten. So sollte zum Beispiel die entsprechende,

vom Hüter der Regen-Thalustätte abgehaltene Zermonie Regen bewirken.
Siehe auch *Auwa; Djang; Heilige Stätten; Walkabout.*

Thara, der Wachtelhabicht → *Balayang; Bunjil; Krähe.*

Thomas, Rover (Julumai; geb. ca. 1926), ein Künstler aus den → *Kimberleys* in Western Australia, der 1981 zu malen begann. Er stammt aus Warmun (Turkey Creek), und seine Arbeit zeigt seine tiefe spirituelle Verbundenheit mit dem Land. Er verwendet meist Ockerfarben auf Hartholzbrettern.
Siehe auch *Palga.*

Thungutti → *Bundjalung-Nation.*

Tibrogargan → *Glass House Mountains.*

Tiddalick, der Riesenfrosch → *Ameisenigel; Frosch.*

Tide-Lek → *Frosch.*

Tierverhalten. Tiere, die sich ungewöhnlich verhielten, wurden von vielen → *Aboriginal*-Gemeinschaften als die Geister der Toten angesehen oder einfach als Wesen, die in Tierkörper geschlüpft waren, um sich Menschen zu nähern, damit sie ihnen Schaden zufügen konnten. Doch gab es auch freundliche Geister, die in Tierverkleidung auftraten, um Menschen vor Gefahren zu warnen. Letztere nahmen im allgemeinen die Gestalt von → *Traumzeittotem*-Tieren an. Geschichten von Geistern im Gewand von Tieren sind weit verbreitet.
Allgemein herrschte der Glaube vor, daß sich → *Schamanen* in Tiere verwandeln konnten. So weiß etwa Paddy → *Roe*, ein → *Ältester* und Geschichtenerzähler aus dem Gebiet von Broome in Westaustralien, vom Schamanen Mirdinan zu berichten, der aus dem Gefängnis entkam, indem er sich zuerst in eine Katze und danach in einen Würgadler verwandelte.

Tintauwa, die Wasserschlange → *Menstrualblut; Taipan.*

Tiwi, Bewohner der Inseln Bathurst und →*Melville Island* vor der Nordküste von Australien. Sie sind für ihre Pukamani genannten komplizierten Bestattungsrituale berühmt, während denen hohe, kunstvolle Totempfähle errichtet werden.
 Siehe auch *Baum zwischen Himmel und Erde; Brachvögel; Kindgeist; Mopaditis; Mudungkala; Pukamani-Totempfähle; Pukamani-Bestattungszeremonien; Rindenmalerei; Sonne; Universum; Zyklopen.*

Tjapaltjarri, Clifford Possum → *Papunya-Tula-Kunst.*

Tjingal, der Emu → *Kreuz des Südens; Zentaur.*

Tjukurrpa → *Traumzeit.*

Tjuringa (Churinga bzw. Tjurunga), eine Zauberwaffe und ein Sakralgegenstand, die bzw. der manchmal als → *Schwirrholz* benutzt wird. Sie wird aus Stein oder Holz gefertigt und darf nur solchen Männern gezeigt werden, die in jene Mythen eingeweiht sind, die sie verschlüsselt. Sie sind die einzigen, welche die darauf eingravierte Geheimsprache zu entziffern vermögen. Tjuringas sind nicht nur symbolische Objekte, die auf die → *Ahnenwesen* oder Kulturbringer zurückverweisen, sondern es wird ihnen auch nachgesagt, sie seien mit von ihnen ausströmender Energie ausgestattet – daher ihr Gebrauch als Zauberwaffe.
 Siehe auch *Arrernte; Djamar; Inma; Rannga.*

Tjurunga → *Tjuringa.*

Tnatantja-Pfähle ähneln Totempfählen und werden in der Zentral- und → *Westlichen Wüste* bei Zeremonien verwendet. Sie stehen symbolisch für den → *Traumbaum des Lebens* und des Todes und stellen eine Verbindung zwischen Himmel und → *Erde* dar. In der → *Traumzeit* wurde der Tnatantja-Pfahl auch als Zauberwaffe oder -werkzeug eingesetzt, mit dem sich große

Scharten in zerklüftete Bergketten hauen und tiefe Schluchten meißeln ließen. Des weiteren wird er als ein Lebewesen angesehen, das zu selbständigem Handeln fähig ist.

In der Traumzeit gab es an einem Ort namens Kerenbennga einen großen Tnatantja-Pfahl. Hoch und schlank, reichte er in den Himmel und war mit weißen und roten Flaumfedern geschmückt. Es erhob sich ein starker Wind. Unter seinem Ansturm bog sich der Pfahl. Er schlug auf die Erde und schuf ein langes, schmales Tal. Er schnellte wieder in aufrechte Position zurück, doch Winde wehten aus dem Norden, Süden und Westen und brachten den Pfahl schließlich zu Fall. Er wurde später gestohlen, und Teile davon verwandelten sich in einen Blutholzbaum.

Siehe auch *Bandicoot-Ahne*.

Toa-Skulpturen (Diyari-Skulpturen). Diese interessanten mythologischen Ikonen scheinen einen letzten schöpferischen Endspurt der → *Diyari* gekennzeichnet zu haben, bevor ihre Kultur zusammenbrach. Es wird berichtet, sie seien unter dem Einfluß der deutschen Missionare entstanden, die 1866 am Killalpaninna im Diyari-Gebiet eine Missionsstation errichteten. In dieser Ansiedlung sind Toa-Skulpturen hergestellt worden.

Heute gibt es etwa 400 Exemplare, die sich im Museum von Südaustralien befinden. Sie werden in drei Typen unterteilt. Bei der ersten Gruppe ist am Kopf ein natürlicher Gegenstand befestigt, und Stiel und Kopf können mit gemalten Motiven versehen sein. Die angebrachten Dinge umfassen den gesamten Bereich physischer Objekte, der den Diyari zur Verfügung stand: Pflanzenteile, Vogelfedern, Geflecht, Steinwerkzeuge, Körperteile; Eidechsenfüße, Menschenhaar, Zähne und Tierknochen. Sie sollten die → *Djang*-Stätten der Diyari symbolisieren.

Die zweite Gruppe von Skulpturen trägt eine geschnitzte oder erhabene Darstellung eines entweder von Menschenhand hergestellten oder natürlichen Gegenstands. Die geschnitzten Figuren sind aus Holz und die modellierten aus Gips angefertigt. Die Figuren decken wiederum das gesamte Leben der Diyari ab – → *Bumerangs,* Körperornamente, Schalen, geographische Merk-

male, Teile von menschlichen oder Tierkörpern. Bei manchen sind Augen und Mund in Ocker gezogen.
Der dritte Typus von Toa-Skulpturen hat den traditionellen hölzernen Stil, jedoch einen mit konventionellen Motiven bemalten Gipskopf.
Die Toa sind traurige Relikte einer Kultur, die außer in den Aufzeichnungen einiger Missionare und Anthropologen nicht überlebt hat. Allem Anschein nach haben die Diyari, sich des Endes ihrer teuren Tradition und Spiritualität bewußt, diese in diesen Skulpturen verschlüsselt. Und sie war im Gegensatz zu anderen heiligen Gegenständen nicht geheim, sondern stünde allen offen, wenn der Schlüssel zu ihrer Entzifferung gefunden würde.

Siehe auch *Erdplastiken; Felsgravierungen*.

Tod. Es gibt eine Reihe von Erzählungen darüber, wie der Tod auf die Welt kam. Bei vielen, wenn nicht gar allen Gemeinschaften herrscht der Glaube vor, die Existenz einer Substanz oder eines Geistes bzw. einer Seele dauere nach dem Ableben an, und es sei notwendig, sie auf die Reise oder zurück zur Traumzeitstätte ihres Ahnen zu schicken, wo sie darauf wartet, wiedergeboren zu werden (siehe auch *Empfängnisglaube*).
Bei manchen Gemeinschaften wird die Seele zur → *Insel der Toten* geschickt, von wo aus sie in eine → *Himmelswelt* eingeht, wenn sie sich der entsprechenden Riten für den Aufstieg erinnert. Andernfalls kann sie verlorengehen.
Bei den Glaubensrichtungen bezüglich des Todes spielt der → *Mond* eine wichtige Rolle. Die → *Ältesten* der Kulin in Victoria erzählen, wie der Mond oder Mondmann die Verstorbenen wieder zum Leben erweckte, indem er ihnen das Elixier der Unsterblichkeit zu trinken gab, ganz ähnlich dem Amrita der Hindus, das sich ebenfalls auf dem Mond befindet und vor langer Zeit bei Göttern und Dämonen heiß umkämpft war.
Im → *Arnhem-Land* trägt der Mond den Namen Alinda. Es wird erzählt, daß er in der → *Traumzeit* mit Dirima, dem Papageifisch, zusammenlebte und sie sich ständig stritten. Während einer besonders heftigen Auseinandersetzung begannen sie, gegeneinan-

der zu kämpfen, und verwundeten einander. Alinda stieg daraufhin als Mond in den Himmel auf, während sich Dirima als Papageifisch ins Meer zurückzog. Die Narben des Kampfes sind an Alinda noch heute zu sehen. Er belegte den Papageifisch und alle lebenden Dinge mit dem Fluch des Todes. Der Fluch wirkte sich auf ihn aus, doch nach dem Sterben wird er wiedergeboren. Es heißt, das Skelett des toten Mondes stürze in den Ozean, wo es als Nautilusmuschel zu finden sei.

Siehe auch *Brachvögel; Bralgu; Djambidji-Liederzyklus vom Arnhem-Land; Dorabauk; Eule; Hohlstammsärge; Mbu, der Geist; Mopaditis; Morgenstern; Mudungkala; Pukamani-Bestattungszeremonien; Räuchern; Relikte von Toten; Streichholzbaum; Taipan.*

Tokumbimi Tokumbimi lebte in der → *Traumzeit* und befahl den Ahnen, an ihren alten Lagerplätzen auf den Inseln Bathurst und → *Melville Island* → *Djang*-Stätten einzurichten. Sie sollten die Nahrungsquelle für die Menschen bilden, die kommen würden und sich dann in die betreffenden Vögel, Reptilien, Fische oder anderen Dinge verwandeln, mit denen die Stätten später assoziiert würden. Außerdem erließ er jene Gesetze, welche den Menschen vorschrieben, wie Ehen zu schließen waren, und er regelte auch die verwandtschaftlichen Beziehungen, die das menschliche Dasein ordnen sollten. Weiterhin trennte er die Nacht vom Tage. Später verwandelte er sich in den Gelbgesichtigen Honigfresservogel (Meliphaga chrysops), und dessen Ruf ist es, der die → *Tiwi* bei Tagesanbruch weckt.

Tomituka, die Monsunregenfrau → *Universum.*

Tookerrie, der Fisch → *Narroondarie.*

Tooloom-Wasserfälle (Dooloomi). Von den auf Bundjalung-Gebiet im nördlichen New South Wales liegenden Wasserfällen heißt es, sie seien durch die Aktivitäten der Dirrangan entstanden. Dirrangan war ein altes Weib, das in der → *Traumzeit* den Clarence River eindämmte und das Wasser in einer verborgenen

Quelle zurückhielt. Balugaan, ein gutaussehender junger Mann, bezirzte sie, ihm Wasser zu geben. Als er es schöpfen wollte, merkte er, daß es sich bei der heimlichen Quelle in Wirklichkeit um einen Staudamm handelte. Er durchbrach den Damm, und die Wassermassen strömten aus und bildeten den Clarence River. Die Alte war außer sich und versuchte, das Wasser wieder einzufangen, indem sie Berge auftürmte, doch die Flut strömte zwischen ihnen hindurch. Sie gelangte zur Mündung des Clarence und verwandelte sich dort in eine Steinsäule.

Siehe auch *Bundjalung-Nation*.

Totem → *Traumzeittotem.*

Totyerguil → *Atair; Murray River; Nördliche Krone; Rigel; Steinbock.*

Traumbaum des Lebens (Yaraando). Er findet sich bei vielen Gruppen der australischen → *Aborigines* und spielte anläßlich der in den → *Boro-Ringen* abgehaltenen großen Zeremonien, bei denen ein Baum mit den Wurzeln in der Luft in den Boden eingelassen wurde, um darzustellen, daß er in der → *Himmelswelt* wuchs, eine symbolische Rolle. Es wird überliefert, daß → *Schamanen* den Baum während der Zeremonie erklommen, verschwanden und später zurückkehrten, um viele Wunder zu vollbringen.

Eine Geschichte der → *Koori* aus Victoria besagt, wie ihre Ahnengeister in der → *Traumzeit* mit Hilfe eines Riesentraumbaums in den Himmel hinaufstiegen. Nur den älteren, voll initiierten Männern war dies erlaubt. Eines Tages wurde das Tabu von einem jungen Mann gebrochen, der seine sechs Jagdhunde an seine Brüder ausgeliehen hatte, damit sie in der Himmelswelt auf Jagd gehen konnten. In jener Nacht stellte er fest, daß lediglich fünf → *Hunde* übrig waren. Seine Brüder, denen es nicht gelungen war, etwas zu erlegen, hatten den anderen Hund verspeist. Der junge Mann beschloß, Vergeltung zu üben, und bohrte in die Pfahlwurzel des Riesentraumbaumes ein Loch, in das er glühende Kohle stopfte, die sich langsam durch die Wurzel brannte.

Am nächsten Tag bestiegen die anderen Brüder den Baum, um erneut auf die Pirsch zu gehen. Als sie sich aber an den Abstieg machten, ertönte ein starkes Knacken, und der Baum stürzte um. Dieser Mythos spiegelt sich am Himmel wider. Die am Rückzug gehinderten Brüder sind als Sternenhaufen zu sehen, und der obere Teil des Baumes, der bei dessen Fall abgerissen wurde, ist jetzt ein schwarzer Fleck in der Milchstraße.
Im Distrikt Wimmera in Victoria finden sich Travertinklumpen, von denen behauptet wird, sie seien die Samenzapfen des Riesenbaumes, und am Richardson River gibt es eine Vertiefung, wo der Riesenstamm aufgeschlagen ist. Der Lake Buninjon markiert das große Loch, das in die Wurzeln eingebrannt wurde.

Siehe auch *Baum zwischen Himmel und Erde; Kreuz des Südens; Streichholzbaum.*

Träumen im Sinne des Traums, des Stadiums zwischen Wachen und Tiefschlaf, ist ein Zustand, in dem die Ahnen Offenbarungen oder Anweisungen übermitteln. Auch werden im Traum Mythen, Gesänge und Zeremonien entgegengenommen. Dies ist die wörtliche Bedeutung, denn der Begriff »Träumen« wurde zu einem zutiefst spirituellen und metaphysischen Konzept erweitert. Genaugenommen können Träumen und Mythologie als ein und dieselbe Sache angesehen werden: die tief mentalen Urformen und Abbilder der Weisheit, die wir aufnehmen, um uns von ihnen leiten zu lassen, wenn der bewußte Verstand in einen Zustand der Ruhe versetzt ist.

Siehe auch *Traumzeittotem.*

Traumzeit (Dreamtime); auch Schöpfungszeit, Altjeringa- oder Tjurkurrpa- oder Palaneri-Zeit, die Zeit der Schöpfung, symbolisiert, daß für die → *Aborigines* jegliches Leben Teil eines Systems ist, in dem alle Einzelheiten miteinander in Verbindung stehen. Sie erweist sich als ein gewaltiges Geflecht von Beziehungen, die ins Leben gerufen wurden, als die großen, ewigen Archetypen, die Ahnengeister, die in jener Zeit entstanden, sich erstmals regten.
Am Anfang, als die → *Erde* eine gesichtslose Ebene oder, in

einigen Mythen, mit Wasser bedeckt war, regten sich diese Urtypen, unsere Schöpferahnen, in zahllosen Gestalten und Formen und fanden sich in der leeren, eintönigen Landschaft, dem wellenlosen Ozean wieder. Manche, die wie die Riesenschlangen unter der Erde geschlafen hatten, drängten nach oben und schlängelten sich durch die Leere, wobei sie jene Landschaften schufen, wie sie sich heute präsentieren. Andere Ahnen stiegen vom Himmel herab oder aus dem Meer empor, und als sie festen Boden betraten, begannen sie ihr Schöpfungswerk – nicht nur, indem sie alle Dinge schufen, sondern diese auch mit Namen versahen. Die Schöpferahnen sind für alles verantwortlich, was existiert, einschließlich der Gesetze, Bräuche und → *Sprachen,* welche die verschiedenen → *Stämme* und Gemeinschaften der Aborigines unterteilen.

Die schöpferische Periode der Traumzeit ist ebensosehr metaphysisch wie ein Zeitabschnitt. Aborigines können das → *Djang,* die spirituelle Energie jener Zeiten, vergegenwärtigen, indem sie die von den Ahnen gelehrten Zeremonien abhalten und so mit ihnen Verbindung aufnehmen. Sie glauben, daß der Funke des Lebens, die Seele, die sie mit Energie erfüllt, Bestandteil des jeweiligen Ahnen ist, so daß mittels Stimulieren jenes Teils durch Ritual und Zeremonie ein Durchbruch in die zeitlose Traumzeit möglich ist, als alle Dinge erschaffen wurden und weiterhin erschaffen werden.

Siehe auch *Ahnenwesen; Schöpfungsmythen; Träumen; Traumzeittotems.*

Traumzeitpfade sind die uralten Wege der → *Traumzeit,* auf denen die Ahnen schritten, wie zum Beispiel → *Wagyal,* eine Schlangengottheit, die ein bedeutender Traumzeitahne der → *Nyungar* in Südwestaustralien ist. Sie zog durchs Land und schuf dabei Merkmale wie die Seen, Berge und Flüsse einschließlich des Swan River, an dem Perth liegt. Von der langen Abbruchkante der Hügelkette der Darling Range, die von Perth aus zu sehen ist, heißt es, sie sei sein oder ihr Körper. Eine heilige Fruchtbarkeitsstätte befindet sich auf der Mounts Bay Road beim Gelände der alten Brauerei, wo die Gottheit ihre Eier

legte. Frauen der → *Bibbulmum* aus dieser Gegend empfingen dort ihre Kinder (→ *Empfängnisglaube).*
Siehe auch *Songlines; Walkabout.*

Traumzeittotems sind jene als → *Ahnenwesen* symbolisierten Urbilder, die vor uns kamen und in den heutigen Generationen weiterleben. Diese immerwährenden Archetypen gehören zur spirituellen Identität der → *Aborigines.*
Menschengruppen mit den gleichen Traumzeittotems sind Personenkreise, die ein gemeinsames Band mit dem Spirituellen eint. So ist das Traumzeittotem der →*Nyungar,* der →*Wagyal,* mit anderen Schlangentotems überall in Australien eng verbunden. Das Schlangenurbild oder -totem ist der Born aller magischen Kraft und Weisheit und ist daher das von den → *Schamanen* beschworene Traumzeittotem und der Archetypus, von dem er heilende Kräfte herleitet.
Traumzeittotems sind ewig gegenwärtig, auch wenn ein Ausgangspunkt ermittelt werden kann, der die Bezeichnung → *Traumzeit* trägt, der Anfang der Welt. Es war die Zeit, als die Ahnenwesen umherzogen, die Landschaft gestalteten, die Pflanzen, Tiere und Menschen schufen, Sprache, Zeremonien, Gesetze und Eheregeln begründeten und lehrten sowie die kosmische und menschliche Ordnung festigten. Das Traumzeittotem kann auch als »das Gesetz« im Sinne des hinduistischen Dharma, des dem Universum zugrundeliegenden Prinzips, verstanden werden. Jemandes Traumzeittotem ist sein Gesetz.
Traumzeittotems sind eine Möglichkeit, das Universum und die darin vorkommenden Arten zu ordnen. Während der Traumzeit waren die menschlichen Wesen eins mit ihren Totems – die Menschheit bestand aus → *Yamswurzeln,* Ameisen, Eulen, bestimmten Fischarten, Wasserlilien, Hühnervögeln, → *Emus,* Wallabies, Kängeruhs usw. Die Totemwesen, die jeweiligen Schöpferahnen, stiegen oftmals an bestimmten Stellen in die → *Erde* hinab oder luden besondere, mit einer bestimmten Spezies verbundene Orte mit Energie auf. Diese → *Djang-,* → *Thalu-* oder Wunggud-Stätten befinden sich dort, wohin sich jene begeben, die einem bestimmten Traumzeittotem angehören, um jene

Lebenskraft zu aktivieren, die sicherstellt, daß eine bestimmte Spezies fortdauert. Traumzeittotem und Mensch sind innig miteinander verbunden, und ihm oder ihr ist die Aufgabe übertragen, den Fortbestand der totemistischen Spezies zu sichern. So lautet das von den Traumzeitahnen überlieferte Gesetz.

Siehe auch *Ahnenwesen; Große Schlachten; Heilige Stätten; Kindgeister; Mopaditis; Schöpfungsmythen; Tierverhalten; Tiwi; Tnatantja-Pfähle, Traumbaum des Lebens; Traumzeitpfade; Wandjina.*

Trickster-Charakter, ein Schwindler, Betrüger oder manchmal auch nur Schalk in Tiergestalt, wie der afrikanische Anansi (oder Anancy auf Jamaika) und der Kojote bei den nordamerikanischen Indianern, findet sich ebenfalls in der →*Aboriginal*-Kultur. Er ist manchmal ein Possum, ein anderes Mal eine → *Krähe.* Paddy → *Roe,* der Geschichtenerzähler und Bewahrer des → *Traumzeitpfades* im westaustralischen Broome, erzählt die Geschichte des historischen Trickster-Charakters Mirdinan, der seine Frau umbrachte und sich, um der Gefangennahme zu entgehen, in verschiedene Tiere verwandelte, darunter in eine Katze und einen Würgadler. In seinem Zauber war er so mächtig, daß niemand ihn einfangen konnte. Zu guter Letzt fielen seine Tricks auf ihn selbst zurück. Er wurde betrunken gemacht, in einen Stamm eingesperrt und dem Meer überlassen. Es ist interessant, daß er die Gestalt eines Würgadlers annahm und nicht jene einer Krähe. Geschichten von →*Würgadler und Krähe* sind über ganz Australien verbreitet, und gewöhnlich ist es die Krähe, die als Betrüger auftritt, während der Würgadler der Übertölpelte ist, wenngleich häufig der Spieß umgedreht und der Betrüger überlistet wird.

Es gibt eine Geschichte vom →*Murray River* im östlichen Australien über Mulyan, den Würgadler, und Wahn, die Krähe. Eines Tages sah der Würgadler seine Frau mit dem Elstermann reden und wurde eifersüchtig. Er schlug sie so schlimm, daß sie verstarb. Die Frau war die Schwester des Wahn, und er empfand es als seine Pflicht, Vergeltung zu üben. Er kam in des Würgadlers Lager und bat, sich ein Weilchen ausruhen zu dürfen. Er wartete ab, bis der Würgadler auf Jagd zog, und brachte aus Rache dessen Sohn um. Um den Konsequenzen zu entgehen, ließ er seine Untat so erscheinen, als seien viele Männer an dem Mord beteiligt gewesen. Doch der Würgadler fiel nicht darauf herein. Er bat die Krähe, für sein totes Kind ein tiefes Grab auszuheben. Das tat die Krähe, und als sie mit dem Leichnam in die Grube hinabstieg, schob der Würgadler die gesamte → *Erde* auf sie und stampfte sie fest. Aber die Krähe war gleichzeitig ein großer Schamane, was Betrüger häufig sind, und sie entkam. Sie beschwor einen schweren Gewittersturm herauf, und ein Blitzstrahl traf das Lager des Würgadlers und zerstörte es. Dies geschah in der → *Traumzeit,* als Vögel und Vierbeiner Menschen waren, und gerade als Wahn über die Rache frohlockte, erhob sich Mulyan in Gestalt eines Würgadlers und flog davon. Auch die Krähe blieb nicht unbehelligt, denn der → *Blitz* hatte sie versengt, und als sie sich in einen Vogel verwandelte, um den Würgadler zu verfolgen, stellte sie fest, daß sie schwarz war wie die Nacht.

Bei den → *Aborigines* sind viele Geschichten über Trickster-Geister im Umlauf. Manchmal treten sie als Poltergeister auf, zu anderer Zeit als Wesen, die in den Felsen, in Erdspalten und Waldlichtungen leben oder einfach Geister der Traumzeit sind. Die → *Koori* kennen einen Mythos über die Bullum-Boukan. Diese waren weibliche Geister, die in einem engen Beziehungsgeflecht zueinander standen, und sie hatten einen Sohn namens Bullum-Tut. Eines Tages rochen die Bullum-Boukan, wie andere Frauen Fisch brieten, und sie gingen zu ihnen und baten sie, ihnen etwas davon abzugeben. Die Frauen, die um ihre Boshaftigkeit wußten, jagten sie mit ihren Grabestöcken davon. Das machte die Bullum-Boukan wütend, und am nächsten Tag, als das Lager verlassen war, gingen sie hin, rissen das → *Feuer* auseinander, gossen Wasser auf die Asche und trugen die glühenden Kohlen davon.

Die Bewohner kehrten zurück und stellten fest, daß ihnen das Feuer gestohlen worden war. Ngarugal, die Moschuskrähe, versuchte, die Flammen wieder zu entfachen; es mißlang ihr, und sie begab sich zu Ngarang, dem Sumpfhabicht, und bat um Hilfe.

Ngarang flog davon und fand die Bullum-Boukan und ihren Sohn tief im Süden der Halbinsel Wilson's Promontory, die in den Südlichen Ozean hinausragt. Er ging im Sturzflug nieder und schlug ein paar Kohlen herunter, die einen Weidebrand verursachten. Die Bullum-Boukan traten das Feuer aus, während ihr Sohn Bullum-Tut eine aus Sehnen des → *Emus* geflochtene Schnur in den Himmel warf, wo sie sich verhakte. Er zog daran, und sie riß. Er versuchte es mit einer anderen Schnur aus den Sehnen eines Kängurus, und auch sie riß. Er griff nun zu einer aus den Sehnen eines roten Wallaby gefertigten Schnur, und sie hielt. Sie machten sich daran, in den Himmel hinaufzusteigen, aber der Habicht stieß nieder und entriß ihnen weitere Kohlen. Tutbring, das Rotkehlchen, hielt sich die glühenden Kohlen vor die Brust, womit sein roter Brustlatz erklärt ist.

Trugerninni (Trugernanni, Truganini; 1803?–1876) war gemeinsam mit ihrem Ehemann Wooraddi eine der letzten → *Ältesten* der tasmansichen → *Koori* und litt unter der Dezimierung und dem Dahinsiechen ihrer → *Gemeinschaft* und Kultur. Wenige der Mythen ihrer Leute von Bruny Island sind erhalten geblieben. Als sie verstarb, wurden ihre Gebeine in einem Museum ausgestellt, und erst nach langwierigen Bemühungen konnten sie schließlich im Meer bestattet werden. Der → *Nationalfeiertag der Aborigines* wird an ihrem Todestag begangen. Er soll dazu dienen, die Verbundenheit zwischen den Vorfahren und der gegenwärtigen Generation zu festigen.

Siehe auch *Oyster Cove; Tasmanischer Schöpfungsmythos.*

Tukimbini → *Mudungkala; Pukamani-Bestattungszeremonien.*

Tuknampa, die Wasserschlange → *Taipan.*

Tukumbuna → *Mudungkala.*

Tul-Tul, der Regenpfeifer → *Quinkin.*

Tundun → *Allväter; Südlicht.*

Tuniruna, die zweite Himmelswelt → *Universum*.

Tupatupini, die Zwergeule → *Kulama-Zeremonien*.

Turnong, das Gleitpossum → *Bunjil*.

Tutbring, das Rotkehlchen → *Trickster-Charaker*.

Tuurap Warneen war einer der letzten großen → *Schamanen* der → *Koori* in Victoria. Er lebte in der zweiten Hälfte des vorigen Jahrhunderts und fand durch die Hand eines Europäers den Tod. Als einst Zweifel an seiner Fähigkeit laut wurden, über die Wolken zu fliegen und einen der Geister zurückzubringen, die unter den Namen Wirtin Wirtin Jaawan bekannt waren, erhob er sich in die Lüfte und kam mit einem solchen Geist in Gestalt eines alten Weibes zurück, das in ein Possumfell gehüllt und mit einem Strick um den Leib verschnürt war. Er erklärte, der Geist müsse gefesselt werden, da er sonst Menschen Schaden zufügen könne. Nach einer halben Stunde ließ er ihn entweichen.

Tyit, der Fischhabicht → *Mbu, der Geist*.

U

Überschwemmungen sind ein häufig vorkommendes Ereignis in Australien und Thema vieler Mythen.
Als Ursache für die Überschwemmung durch den Tambo River im Staat Victoria gilt die Drossel Kaboka. Einmal, so wird erzählt, ging Kaboka auf Jagd; doch es gelang ihr lediglich, ein einziges kümmerliches Wallaby zu erlegen. Wie es jedoch Brauch bei den → *Aborigines* ist, bereitete sie es zum Kochen vor, um es mit anderen zu teilen. Sie warfen einen Blick auf den spindeldürren Kadaver, schnüffelten daran und sagten, daß sie darauf keinen Appetit hätten. Das verärgerte Kaboka sehr. Sie nahm ihre Beute an sich und sagte ihnen, sie sollten sich ihre Nahrung selbst suchen. Dann zündete sie ein geweihtes → *Feuer* an und begann eine Zeremonie, indem sie es so lange umtanzte, bis sie ein furchtbares Gewitter hervorrief und die Regenfälle einsetzten. Sie tanzte weiter, und der Regen fiel unablässig, bis sich das Wasser über die Gegend ausbreitete und ihre Kameraden ertränkte. Wenn der Tambo heute Hochwasser führt, liegt es daran, daß sich Kaboka dieser Begebenheit erinnert und um ihr geweihtes Feuer tanzt.

Siehe auch *Frosch; Gondwanaland; Große Flut; Große Schlachten; Körbe und Beutel; Regenmachen.*

Uka, die Wasserschlange → *Taipan*.

Uluru (Ayers Rock) ist eine tellurische oder → *Djang*-Stätte von erstaunlichem Potential und die vielleicht einzige Pilgerstätte Australiens, die von Angehörigen aller Rassen und Nationalitäten besucht wird. Die Menschen begeben sich dorthin, um eine mystische Erfahrung zu machen, und vielen gelingt dies auch. Es ist ein Ort mit geweihten männlichen und weiblichen Plätzen, stillen Höhlen, Wasserstellen und phallischen Felsvorsprüngen, und in der Ferne zeichnet sich die Silhouette von → *Katatjuta* ab, einer ebenfalls heiligen Stätte voller Energie.

Uluru ist möglicherweise das wichtigste Heiligtum für die → *Aborigines* von ganz Australien, denn hier verbinden sich zahlreiche → *Songlines* und → *Traumzeitpfade* zu einer mythologischen Einheit, die ihren Höhepunkt in dem riesigen Sandsteinmonolithen findet, der sich nahezu 400 Meter über die ihn umgebende Landschaft erhebt. Der Monolith wurde in der »Tjukurrpa« oder → *Traumzeit* von zwei Knaben errichtet, die nach Regenfällen im Morast spielten. Als sie ihn fertiggestellt hatten, wanderten sie südwärts nach Wiputa an der Nordseite der Musgrave Range, wo sie ein Euro-Känguruh töteten und brieten. Danach wandten sie sich wieder nordwärts und gelangten zum Tafelberg Mount Connor, wo ihre Körper heute als Felsblöcke zu sehen sind.

Uluru ist der Obhut der Pitjantjatjara und Yankuntjatjara anvertraut, und die Besitzrechte sind sowohl von der mütterlichen als auch von der väterlichen Seite auf sie vererbt worden. Der Felsen selbst wird in je eine sonnnige und in eine schattige Seite unterteilt, was sich nicht nur auf die Generationsunterschiede bezieht, sondern auch auf die Trennung zwischen zwei großen Mythenzyklen, deren zentrale Themen den überwiegenden Teil der Gesellschaft der Aborigines in Mittelaustralien motivieren, so wie sich auch der Hinduismus weitgehend auf Mythen aus der Mahabharata bezieht. Gegensätze prallten hier in einer knisternden Atmosphäre aufeinander, die sich in einer großen Schlacht entlud, welche das Ende der Traumzeit und den Beginn unseres eigenen Zeitalters kennzeichnete.

Der Mythos des »Schattens« bezieht sich auf die Kuniya, die Felsenpythonleute. Sie kamen in drei Gruppen zum Uluru, aus dem Westen, Süden und Norden. Eine der Kuniya trug ihre Eier auf dem Kopf, wobei sie zum Schutz ein »Manguri« (Kopfpolster aus Gras) benutzte. Sie vergrub diese Eier am Ostende des Uluru. Vor einigen Jahren wurde am Uluru eine Frau bei der Durchführung eines mittlerweile uralten Rituals am Fuße des Felsens beobachtet. Bei ihrem → *Tanz* zog sie die Füße durch den Sand und hinterließ dabei die Fährte einer Schlange.

Während sie am Uluru lagerten, wurden die Kuniya von einem Trupp der Liru angegriffen, die giftige Schlangenkrieger waren. Bei Alyurungu, an der Südwestseite des Felsens, sind die Pokkennarben noch zu sehen, welche die → *Speere* der Krieger hinterließen, und zwei schwarzfleckige Wasserrinnen stellen die verwandelten Körper zweier Liru-Krieger dar. Wenn es regnet, ergießt sich dort Wasser, doch häufig liegen sie trocken und zeichnen sich dann als Markierungen ab.

Der Kampf konzentrierte sich auf Mutjitjulu, einen Abschnitt an der Nordostseite des Felsens. Dort befindet sich eine Siedlung der Aborigines. Hier kämpfte eine Kuniya-Frau mit ihrem Grabestock, und ihre Züge sind an der Ostseite der Schlucht erhalten geblieben, während das Gesicht des angreifenden Liru-Kriegers an der Westseite zu erkennen ist, wo seine Augen, die Kopfverwundungen (als senkrechte Risse) und die abgeschlagene Nase Teile der Felswand bilden. Oberhalb von Mutjitjulu befindet sich das Uluru-Felsenloch. Dies ist das Zuhause eines Kuniya, der Wasser auf Mutjitjulu fließen läßt.

Die Liru waren von den Mulgasamen-Männern auf die Kuniya gehetzt worden, weil diese eine Einladung der Mulgasamen-Männer zu ihren Zeremonien ausgeschlagen hatten. Auch sie wurden besiegt und zogen sich nach Osten zurück.

Es gibt auch Geschichten über andere Ahnen, die in diesen gewaltigen Kampf eingriffen, der eine wahre Schlacht von ähnlichen Ausmaßen wie im indischen Epos der Mahabharata war und das Ende eines Zeitalters signalisiert, der schöpferischen Perioden der → *Traumzeit*.

Siehe auch *Große Schlachten; Pungalunga-Männer; Yugumbir-Leute*.

Umpampurru → *Pea Hill*.

Unaipon, David (1873?–1967), ein Angehöriger der → *Nanga* in South Australia, der in Point McLeay geboren wurde. Er ist eine bedeutende geschichtliche Gestalt, der sich um eine Synthese christlicher Glaubensweisen mit denen der → *Aborigines* bemühte. Die Anfänge des modernen → *Aboriginal*-Kultus von

→ *Biame* (der eine Synthese beider Glaubensrichtungen darstellt) können auf ihn zurückgeführt werden. Einige seiner wichtigsten mythologischen Geschichten finden sich in der Anthologie von Aboriginal-Schriften mit dem Titel »Paperbark«.

Siehe auch *Narroondarie*.

Ungarr → *Quinkin*.

Universum. Für die → *Tiwi* besteht das Universum aus vier Ebenen: der → *Unterwelt* Ilara, der → *Erde*, der → *Himmelswelt* Juwuku und einer weiteren Himmelswelt namens Tuniruna.

Von Ilara heißt es, sie sei stets dunkel, und dort befänden sich zwei hohe Bergketten mit einem Tal dazwischen. Dies ist das Tal, in dem die Sonnenfrau und der Mondmann jeden Tag vom westlichen Horizont zu ihren Heimen im Osten aufbrechen. In der Unterwelt gibt es keinerlei Nahrung, doch fließt von einer der Bergketten ein Fluß herab.

Die Himmelswelt breitet sich den Tiwi zufolge dort aus, wo während des → *Monsuns* der Gewittermann Pakadringa die Monsunregenfrau Tomituba und die Blitzfrau Bumerali mit ihren zahlreichen Kindern ihr Lager aufgeschlagen haben. Über sie hinweg ziehen die Sonnenfrau, der Mondmann, die Männer von der → *Milchstraße* und verschiedene Sternenfrauen.

Der Himmelswelt übergeordnet ist die Welt Uniruna, die während des Tages zahlreiche Sternenfrauen, die Tapalinga, und die Männer von der Milchstraße, die Maludaianiniu, beheimatet. Während der Trockenzeit schlagen hier die mit dem Monsun assoziierten Wesen ihr Lager auf.

Siehe auch *Galaxis; Kosmographie; Sterne und Sternbilder*.

Unterwelt. So wie viele → *Stämme* der → *Aborigines* an eine → *Himmelswelt* glauben, ist man auch von der Existenz einer Unterwelt überzeugt.

Die Bewohner am → *Murray River* kennen einen Mythos über eine Elster, die zur Nahrungssuche ein Loch aushob. Sie scharrte immer tiefer und stürzte plötzlich durch den Boden des Lochs. Als sie sich umschaute, befand sie sich in einer anderen Welt.

Ringsum standen Bäume. Dann vernahm sie Klopflaute. Sie ging dem Geräusch nach und traf auf einen Kakadu, der Larven aus einem Baum pickte. Der Kakadu stimmte einen Willkommensgesang für sie an und fragte dann, ob ihr das Leben in dieser Welt gefalle. Die Elster antwortete, sie zöge die eigene darüber vor; also forderte der Kakadu sie auf, seinen Rücken zu besteigen. Er flog zur Obergrenze der Unterwelt hinauf, fand das Loch und durchquerte es. Am Rand des Lochs ließ er die Elster absteigen und kehrte in die Unterwelt zurück.

Siehe auch *Himmelswelt; Kosmographie; Universum.*

Unurgunite → *Großer Hund; Mityan, der Mond.*

Unyupu → *Pea Hill.*

Urdlu → *Flinders Range.*

Urngi → *Schamanen.*

Ursprung des Wassers → *Frosch.*

Utemorrah, Daisy (1922–1994), eine → *Älteste* der → *Ngarinjin,* die in Mowanjum unmittelbar vor Derby in den → *Kimberleys* in Western Australia lebte. Sie bemühte sich aktiv um die Verbreitung kulturellen Wissens und publizierte eine Reihe Geschichten. Sie und David → *Mowalijarlai* befaßten sich mit lange zurückliegenden Heldentaten ihrer Ahnen, der → *Wandjina.* Sie verstarb, als dieses Buch zusammengestellt wurde, und ihr → *Tod* ist für alle → *Aborigines* ein schmerzlicher Verlust. Sie war eine sehr dynamische Frau, die durch ihr Buch »*Do Not Go Around the Edge*« bekannt wurde.

Siehe auch *Große Flut.*

V

Verwandtschaft ist Grundlage jeglicher Ordnung der Gesellschaft der → *Aborigines*. Dabei kann es sich sowohl um eine biologische als auch um eine sogenannte »klassifikatorische« Verwandtschaft handeln. Daher sei die Feststellung erlaubt, daß sich die → *Aboriginal*-Bevölkerung überall in Australien in zahlreichen Familien organisiert hat, die zueinander in Beziehung getreten sind, um ein Familien- oder Verwandtschaftsraster über ganz Australien zu bilden. Bei der klassifikatorischen Zuordnung gab es einen Schwankungsbereich, doch konnte sie im Bedarfsfalle durchaus ermittelt werden.

Siehe auch *Gemeinschaft; Sippengruppen; Stämme.*

W

Waa → *Kanopus; Krähe; Rober Carol.*

Wagyal (Waugal, Woggal), eine wichtige Ahnengottheit der →
Nyungar in Südwestaustralien. Er kann einer oder viele, männlich oder weiblich sein und lebt in → *Wasserlöchern* und Flüssen.
Es heißt, daß der Wagyal eine Katastrophe über die →*Aborigines*
bringt, wenn man ihn stört.
Der Wagyal wacht über die Nahrung und andere Vorschriften
und bestraft jene, die sie übertreten. Er kann mit einem Drachen
verglichen werden, weil derjenige im ehemaligen Sumpf von
Minjelungin (heutigen Vorortsbereich der westaustralischen
Stadt Perth) auf dem Rücken behaart war und flügelähnliche
Gebilde hatte.
Während der Traumzeit zog der Wagyal durch den Südwesten
und hinterließ dabei an bestimmten Stellen Spuren seiner Reisen. Er schuf alle größeren Flüsse, und seine Fährten, die →
Traumzeitpfade und → *Songlines*, schließen an andere den
Schlangen heilige Stätten in ganz Australien an.
   Siehe auch *Ahnenwesen; Akurra-Schlange; Bennett's Brook;
Regenbogenschlange; Traumzeittotem; Yagan.*

Waia → *Mudungkala.*

Waityang → *Taipan.*

Waiyauwa → *Dillybeutel.*

Waka, der Flughund → *Krokodile.*

Wakarla → *Adler.*

Waka Waki → *Cherbourg-Aboriginal-Siedlung.*

Walanggar, die Todesotter → *Große Corroborees.*

Walbiri → *Warlpiri-Schöpfungsmythos.*

Walguna → *Wullunggnari.*

Walkabout (wörtlich: Umherwandern) ist ein Wort, das geprägt wurde, um die Pilgerreisen zu beschreiben, die → *Aborigines* zu ihren → *Djang*-Stätten unternehmen müssen, um Zeremonien abzuhalten. Häufig wird es in abfälliger Weise im Sinne eines planlosen Umherstreifens gebraucht. Aborigines sind niemals ziellose Wanderer gewesen, sondern sie sind stets klar festgelegten Pfaden durch ihr Land gefolgt. Dies haben sie über Tausende und Abertausende von Jahren hinweg getan und tun es weiterhin, sofern die Umstände es gestatten, wobei sie in Teilen oder vollständig die großen Reisen nachvollziehen, auf welche die → *Ahnenwesen* sich vor langer Zeit während der → *Traumzeit* begeben haben.

Walkabout wird als Widerspiegelung → *der Planetenbahnen* um die → *Sonne* und des Auf- und Untergangs der Sterne angesehen. Tatsächlich waren es die Sterne und ihre Stellungen am Himmel, die zahlreiche Aspekte des → *Aboriginal*-Daseins bestimmten, einschließlich der Richtungen der Pilgerreisen. Da sich das gesamte Universum in Bewegung befand, zogen die Aborigines ebenfalls von Ort zu Ort.

Siehe auch *Kosmographie; Songlines; Sterne und Sternbilder; Thalu-Stätten; Traumzeitpfade.*

Walmatjarri (Walmajarri), einstmalige Wüstenbewohner, die in den mittleren Jahrzehnten dieses Jahrhunderts in die → *Kimberleys* zogen. Ursprünglich waren sie in der Großen Sandwüste beheimatet, die aus langgezogenen Sandhügeln und -rippen mit eingebetteten flachen Zonen besteht. Die Walmatjarri lebten nomadisch, indem sie in kleinen Familiengruppen von Wasserloch zu Wasserloch zogen.

In manchen → *Wasserlöchern* hausten Wasserschlangen mit Schnurrhaaren, Beinen und schuppigem Rückenkamm. Sie ähnelten Drachen in bemerkenswerter Weise. Wenn diese Wesen spürten, daß sich nähernde Menschen Fremde waren, konnten sie gefährlich werden. Wegen der Bedeutung des Wassers für die Walmatjarri beruhten zahlreiche ihrer religiösen Überzeugungen auf dem Wasser als Lebensspender, und sie glaubten, daß alle diese Wasserlöcher durch unterirdische Passagen miteinander verbunden waren, in denen sich die Wasserschlangen fortbewegen konnten.

Siehe auch *Gemeinschaft; Pike, Jimmy; Skipper, Peter.*

Walpa Gorge → *Katatjuta.*

Wanambi, die Schlange → *Katatjuta.*

Wandjina, Ahnengeister der → *Kimberleys.* Die dort lebenden → *Aborigines* glauben, daß die Wandjina die Welt erschufen, in menschlicher Gestalt durch die Lande wandelten und dabei Stätten schufen sowie Tiere und Pflanzen benannten. Ihre Abbilder, Reflexionen der Potenz der → *Erde,* hinterließen sie an den Wänden von Höhlen.
Es war in der Lalai, dem Anbeginn der → *Traumzeit,* als die Wandjina vom Himmel her erschienen. Ihre Häupter waren von → *Blitz* und Donner umgeben, und Regenschleier hüllten ihre Gestalten ein. Sie werden mit dem Himmel, mit Wasser und Regen in Verbindung gebracht.
Jeder Wandjina hat seinen eigenen Namen, und überall findet sich ein männlicher Hüter heiliger Stätten, der ihn als seiner Mutter Bruder in Anspruch nimmt – die wichtigste verwandtschaftliche Beziehung. Dieses Amt wird gewöhnlich vom Vater an eine gemäß den Verwandtschaftsregeln als sein Sohn geltende Person weitergegeben, insbesondere an jemanden, der bereits eine spirituelle → *Verwandtschaft* zum betreffenden Wandjina verspürt hat, der die Stätte bewohnt.
In den Höhlen gibt es neben den Bildern der Wandjina auch Darstellungen von → *Traumzeittotems* der betreffenden Gruppe

von Leuten. Alle Wandjinastätten sind des weiteren Wunggud, Orte erhöhter Energiekonzentration und Lebenskraft, deren Ausstrahlung durch Auffrischen der Abbilder oder einfach durch den Aufenthalt an solchen Plätzen und Anstimmen der damit verbundenen Gesänge aufrechterhalten wird.

Siehe auch *Ahnenwesen; Djang; Große Flut; Ngarinjin; Palga; Utemorrah, Daisy; Wullunggnari.*

Wangal → *Gulibunjay und sein Zauberbumerang.*

Wangarr sind die → *Ahnenwesen* der Yolngu im → *Arnhem-Land.*
Siehe auch *Morgenstern; Rom-Zeremonie vom Arnhem-Land.*

Waningga, ein auch als Fadenkreuz bezeichneter Sakralgegenstand, zu dessen Anfertigung zwei Stöckchen zu einem Kreuz oder drei Stöckchen zu einem Doppelkreuz gebunden werden und der entstandene Rahmen dann mit parallelen Strängen aus → *Haarschnur* bespannt wird. Waningga finden überall in der → *Westlichen Wüste* Anwendung, und eines wurde von den heldenhaften Ahnen Wati Gudjara aus dem → *Zwei-Männer-Mythos* angefertigt. In der Größe variieren sie von kleinen Fadenkreuzen, die den Teilnehmern eines Rituals ins Haar gesteckt werden konnten, bis zu viel größeren, die auf der Schulter getragen oder in den Boden gesteckt wurden. Es heißt, sie symbolisierten die → *Djang*-Stätten und könnten einen Teil von deren Energie aufnehmen.

Wanjel → *Bienenstock.*

Wanungamulangwa → *Delphine.*

Warka, die Sumpfschildkröte → *Krokodile.*

Warlpiri → *Hunde; Jarapiri; Yuendumu.*

Warlpiri-Schöpfungsmythos. Für die Warlpiri (auch Walbiri) fand die Schöpfung am heiligen Komplex → *Winbaraku* statt. Die Welt der lebendigen Dinge und Formen manifestierte sich durch die Taten der Großen Spinne Mamu-Boijunda und der Großen Schlange → *Jarapiri,* die in Winbaraku der → *Erde* entstiegen. Eifersucht (→ *Feuer*) und Verlangen traten mit ihnen ans Tageslicht, und dies hatte zur Folge, daß die ersten Ahnen ihre Heimat hinter sich ließen, um durch die Lande zu ziehen, während sich die Riesenspinne in eine Höhle tief unter dem Hügel zurückzog.

Siehe auch *Ahnenwesen; Schöpfungsmythen.*

Warmalana (Depuch Island). Die Insel wurde in der → *Traumzeit* von Maralga, einem Mitglied einer Gruppe von Geistermännern, erschaffen, die eine führende Rolle in der Pilbara spielen. In Darstellungen sind sie an ihren langen Phalli zu erkennen, die ihre Bedeutung bei Initiationsriten symbolisieren. Maralga schuf Warmalana, indem er einen gewaltigen Felsblock anhob, ihn auf dem Kopf zum Meeresufer trug und in die See hinausschleuderte.

Aus der Geschichte geht hervor, daß die Insel zu einer großen → *Djang*-Stätte wurde. Sie liegt unmittelbar vor der Küste südlich von Port Hedland in Westaustralien. Ihre Felsen und Gesteinsformationen sind mit einer Unzahl von Abbildungen versehen, die das Leben der örtlichen → *Aborigines* und ihre Glaubensweisen über die Jahrtausende hinweg schildern. Heute ist sie menschenleer, und das intensive rituelle Leben ist gänzlich erloschen. Lediglich die eingravierten Figuren belegen ihre Bedeutung.

Warnampi Kutjara → *Westliche Wüste.*

Warramurrungundji. Der Mythos von der Allmutter Warramurrungundji und ihren Reisen wird von Bill → *Neidjie* in seinem Buch »*Story About Feeling*« überliefert. *Sie war eine* → *Regenbogenschlange,* die vom Meer her kam und umherwanderte, wobei sie Gesetze erließ und Teile der Landschaft des → *Kakadu-Nationalparks* schuf. Ihre Reisen endeten, als sie das erste Aufleuch-

ten eines Blitzes sah und Scham empfand. Sie verwandelte sich in einen Felsen, der noch heute zu sehen ist. Von ihr heißt es, sie bringe den → *Monsun*-Regen ins Nordterritorium.
   Siehe auch *Allmütter*.

Warta Vurdli → *Morgenstern*.

Wassergeister (Burrawungal). Viele → *Aborigines* glauben, in manchen → *Wasserlöchern* lebten Wesen, die im allgemeinen weiblich seien. Den Unachtsamen können sie gefährlich werden, denn ihnen wird nachgesagt, sie lauerten unvorsichtigen Männern auf, die sich ins Wasser wagten, um sie nach unten zu ziehen und zu ertränken.
Die → *Yarrabah* kennen eine Geschichte von einem Mann, der auszog, um Aale zu fangen. Er ging an einem Wasserlauf entlang und erblickte zwei Frauen. Er schlich sich an sie heran und packte die jüngere, nachdem er sich die Hände mit Sand eingerieben hatte, da sie eine Burrawungal, eine Wassernixe, und daher sehr schlüpfrig war. Er trug sie in sein Lager zurück und erwärmte sie am ganzen Körper, so daß der Schleim auf ihrer Haut verschwand. Er machte sie zu seiner Frau und forderte alle auf, sie nicht in die Nähe des Flusses zu lassen. Eines Tages aber gelang es ihr, sich davonzuschleichen; sie entschwand ins Wasser und ward nie wieder gesehen.

Wasserlöcher (Billabongs) werden oftmals als heilig angesehen, da sie die Lebensräume von Riesenwasserschlangen sind. David → *Mowaljarlai*, Ältester der → *Ngarinjin,* sagt über ein solches Wasserloch in seiner Gegend: »Begib dich niemals in Wunggud-Wasser, weil sich dieses Wasserloch dort befindet, wo das Wunggud sitzt. Aus diesem Wunggud erträumen wir Kinder, und wenn wir krank sind, schwimmen wir in Wunggud-Wasser. Die Energie reinigt uns von Krankheiten.«
   Siehe auch *Atair; Bandicoot-Ahne; Bunyip; Djang; Flughunde; Katatjuta; Kindgeister; Krokodile; Kulunbar; Millstream Pools; Murray River; Wagyal; Walmatjarri; Wassergeister; Wawilak-Schwestern.*

Watharung → *Melbourne.*

Wati Gudjara → *Zwei-Männer-Mythos.*

Waugal → *Wagyal.*

Wawilak-Schwestern (Wawilag-Schwestern). Diese beiden Gestalten stehen im Mittelpunkt eines Mythengeflechts im → *Arnhem-Land.* Es wird berichtet, sie seien in der Trial-Bucht im Südosten des Arnhem-Landes angekommen und zur Arafurasee weitergezogen. Die jüngere Schwester war schwanger, während die ältere Schwester bereits ein Kind hatte, das sie in einer Wiege aus Papierrinde trug. Beide führten sie → *Speere* mit sich, und um sich zu ernähren, töteten sie Goannas, Possums und Bandicoots, sammelten jedoch auch pflanzliche Kost. Während ihrer Wanderung benannten sie die Pflanzen.
Plötzlich spürte die jüngere Schwester, daß die Geburtswehen einsetzten. Am Rande des großen Wasserlochs Mirarrmina, in dessen Wassern die Riesenschlange → *Yulunggul* hauste, schlugen sie ihr Lager auf. Sie fingen an, ihre Mahlzeit zuzubereiten, doch als sie diese zu einzelnen Teilen aufs → *Feuer* legten, vollführten sie jeweils einen Sprung ins Wasser. Das lag daran, daß sie alle dem Eigentümer der Gegend gehörten, nämlich Yulunggul.
Die ältere Schwester begab sich ins Wasser. Sie menstruierte gerade, und das alarmierte die Riesenschlange. Sie kam aus ihrem Nest hervor und sah die beiden Schwestern. Wütend zischte sie, und → *Blitze* zuckten. Sie richtete sich auf den Schwanz gestützt empor, und ihr Haupt berührte den Himmel. Die ältere Schwester begann zu tanzen und zu singen, um sie zu besänftigen, doch die Schlange verschlang die jüngere Schwester und ihr ungeborenes Kind. Voller Schrecken floh die ältere Schwester und wurde schließlich von Blutegeln gefressen.
Unterschiedliche Gemeinschaften haben ihre eigenen Versionen des Mythos, die in sich auch wieder variieren. Beim mündlichen Vortrag läßt der Erzähler, der sich ansonsten an die Grundlinie des Mythos hält, je nach Zusammensetzung der Zuhörerschaft

oftmals bestimmte Einzelheiten aus, insbesondere, wenn sie geheimer Natur sind.

Später dann hob Yulunggul das Haupt und sprach mit anderen Riesenschlangen der → *Duwa-Moiety* aus anderen Gegenden des nordöstlichen Arnhem-Landes über deren unterschiedliche Dialekte und Nahrungsmittel. Zunächst leugnete sie, die jüngere Schwester und ihr Kind gefressen zu haben, gestand es später jedoch ein. Als sie das tat, kam der → *Monsun* aus Südosten auf, und sie brüllte und stürzte zu Boden. Sie spaltete den Boden und schuf einen Fluß, danach spie sie die Schwester und das Kind wieder aus. Sie ließ sie auf ein Ameisennest fallen und kroch anschließend in ihr Wasserloch zurück. Die Ameisen bissen die jüngere Schwester und das Kind, und sie wurden wieder lebendig.

Das ist lediglich eine außerordentlich kurze Darstellungsweise des Mythos und nur eine einzige. Es gibt andere Versionen, die im Detail abweichen; wichtig jedoch ist der Zusammenhang zwischen dem Eintreffen des von Asien herüberwehenden Monsuns und den Wawilak-Schwestern. Des weiteren sind von Bedeutung ihre andersartigen Bräuche wie das Mitführen von Speeren und der Konflikt, der durch das Verärgern der Riesenschlange Yulunggul aus der Unterwelt hervorgerufen wird.

Das Mythengeflecht über die Wawilak-Schwestern bildet die Grundlage der → *Gunabibi-Zeremonien*.

Siehe auch *Gunabibi; Rindenmalerei; Woijal.*

Weet-Kurrk → *Arkturus; Bootes.*

Weeun → *Schamanen.*

Weißer Ocker (Pfeifenton). Einem Mythos nach soll er erstmals von den Riesenkänguruh-Ahnen benutzt worden sein, welche die Menschheit während der → *Traumzeit* in seiner Verwendung unterwiesen. Er ist eine heilige Farbe der → *Duwa-Moiety*.

Siehe auch *Flughunde; Frosch; Gelber Ocker; Große Schlachten; Morgenstern; Rindenmalerei; Roter Ocker; Rot, Schwarz, Gelb und Weiß.*

Wellington Rocks → *Woolool Woolool.*

Wembulin, die Tarantel → *Zwei Brüder.*

Westliche Wüste. Diese Region ist infolge ihrer Unwirtlichkeit für die Weißen noch immer vom Reichtum der traditionellen → *Aboriginal*-Kultur erfüllt, obwohl sie sich mittlerweile der Bedrohung durch Bergbaugesellschaften ausgesetzt sieht, die es an der notwendigen Rücksicht auf alte Überlieferungen mangeln lassen.

Während der Tjukurrpa, der → *Traumzeit,* reisten zahlreiche Ahnen durch das Land. Da gab es die Zwei Männer oder Wati Gudjara, die gemäß der Überlieferung aus dem Südwesten herübergewandert sein sollen, nachdem sie die Felsen und den Schlamm aufgehäuft hatten, um die Küste zu formen. Hinzu kamen die Kungkarangkalpa, die sieben Schwestern, die letztlich zu den → *Plejaden* wurden, dann die beiden Wasserschlangen Warnampi Kutjara und schließlich die Minyma Kutjara, die → *Zwei Alten Frauen,* die bis weit nach Osten und Norden und Süden zu den → *Flinders Range* reisten.

All diese → *Ahnenwesen* hinterließen in der Wüstenlandschaft ihre Spuren. In den Geschichten und Zeremonien, den Tänzen und Gesängen, die das stets gegenwärtige Heilige verwirklichen und es mit unserem täglichen Leben vereinen, wird ihrer Anwesenheit gedacht, sie werden spürbar und mit neuem Leben erfüllt.

Siehe auch *Djang; Frauen-Ahnenwesen; Hunde; Inma-Bretter; Papunya; Papunya-Tula-Kunst; Sprachen; Tnatantja-Pfähle; Waningga; Yuendumu; Zwei-Männer-Mythos.*

White Lady war eine berühmte Schamanin der → *Koori* und lebte im 19. Jahrhundert. Ihre Macht entsprang, so hieß es, einem langen mit → *rotem Ocker* bemalten Stab. Für manche Heilungszeremonien schmückte sie ihn mit weißen Kakadufedern. In mondhellen Nächten verließ sie das Lager mit einem leeren Sack und brachte ihn voller Schlangen zurück. Einmal unternahm sie eine schamanistische Reise zum → *Mond* und kehrte mit dem Schwanz eines, wie sie es nannte, »Mondkänguruhs« zurück.

Siehe auch *Schamanen*.

Widjabal → *Bundjalung-Nation; Terrania-Creek-Becken und -Höhle*.

Wik Kalkan → *Wik Munggan*.

Wik Munggan ist die Kollektivbezeichnung für eine Anzahl von Sippen, welche die Westküste der → *Cape-York-Halbinsel* bewohnen. Einige der Sippennamen sind: Tyongandyi, Yupngati, Ndraangit, Kalkan und Kandyu. Die Wik Munggan wurden in Missionsstationen wie Mapoon, Weipa und Arakun zusammengeführt, wo sich ihre Kultur unter dem Einfluß von Missionaren und Regierungsbeamten veränderte.

Siehe auch *Auster und Hai; Auwa; Dillybeutel; Erste Frau; Erstes männliches Kind; Feuer; Fliegen; Flughunde; Kindsgeburt; Mangrovenfrau; Menstrualblut; Moipaka; Moiya und Pakapaka; Rinden- und Laubhütten; Seemöwe und Torres-Straßen-Taube; Speere; Yamswurzeln*.

Wildu → *Adler*.

Wilindu → *Mudungkala*.

Willy Wagtail (Jitta Jitta). Die → *Bibbulmum* sehen »Willy Wakkelschwanz« (den Schwarzweiß-Fächerschnäpper) als Klatsch- und Botenvogel an. Er kommt herbeigehüpft und erzählt sämtliche Neuigkeiten über irgendwelche Verwandten. Er sollte stets willkommen geheißen und gefüttert werden. Außerdem ist er der Beschützer des Lagers und daher respektvoll zu behandeln. Es gibt eine Geschichte über den Jitta Jitta, die als eine Art Warnung verstanden werden sollte. Früher zogen die Eltern hinaus und ließen ihre Kinder in der Obhut des Jitta Jitta zurück. Gewöhnlich kümmerte er sich um sie, doch keiner entlohnte ihn für seine Dienste. Niemals erhielt er auch nur das geringste

Entgelt, also grub er eines Tages ein Loch ins Flußufer, baute es zu einem Verlies aus und steckte die Kinder hinein. Über dem Loch zündete er ein → *Feuer* an, und der Rauch des Feuers erstickte sie alle. Danach löschte er die Lagerfeuer, nahm einen Feuerstock und trug ihn ans Meer. Er war dabei, ihn ins Meer zu tauchen, als der Habicht herbeiflog und sah, was er vorhatte. Er entriß ihm den Feuerstock, weil es zu dieser Zeit das erste und einzige Feuer auf der Welt war. Er brachte das Feuer zum Lager zurück und trug den Menschen auf, dem Jitta Jitta mit Achtung zu begegnen, da er ihnen andernfalls ständig Schwierigkeiten bereiten würde. Wenn man ihn jedoch respektierte, würde er sich mit den Menschen anfreunden. Die → *Aborigines* schlossen Frieden mit dem Jitta Jitta, und so ist er jetzt ihr Beschützer.

Siehe auch *Adler; Piewit; Yugumbir.*

Wiltja → *Roter Ocker.*

Wilunduela → *Mudungkala.*

Winbaraku ist eine → *heilige Stätte* im Ngalia-Gebiet, westlich von Haast's Bluff in den zentralaustralischen Macdonnell Ranges. Sie ist der Geburtsort der Großen Schlange → *Jarapiri*, eines Schöpferahnen, der die Erde schuf.
Winbaraku besteht aus zwei Hauptgipfeln, deren höherer die Große Schlange ist. Der angrenzende, niedrigere symbolisiert die Nabanunga-Frauen, die gekommen waren, um die Schlange in ihr Lager mitzunehmen. Diese hatte sich jedoch auf dem Boden zusammengerollt und sich geweigert, mitzukommen.
Mit Winbaraku stehen zahlreiche → *Traumzeittotem*-Ahnen in Verbindung: Jukulpa, das Hasenwallaby, und die wichtigen Melatji-Hunde, Mamu-Boijunda, die Bellende Spinne, und Jarapiri Bomba, eine weitere Schlange, die ebenfalls mit dem niedrigeren Gipfel gleichgesetzt wird. Der heilige Komplex befindet sich in der Obhut der → *Ältesten* der Warlpiri. Bedeutende → *Aboriginal*-Stätten haben für gewöhnlich mehr als einen Ahnen zum Paten. Auf ihren Reisen kommen Ahnen dorthin und treten in Beziehung zueinander. Daher gehören solche mehr als einer Sippe.

Wirnum. Mit diesem Wort bezeichnen in Südostaustralien die → *Koori* einen klugen Mann, Eingeborenendoktor, Schamanen oder Medizinmann. Die Wirnum waren diejenige, welche die Initiationszeremonien in den → *Boro-Ringen* leiteten.

Wirtin Wirtin Jaawan → *Tuurap Warneen.*

Wodoi → *Kimberley.*

Woggal → *Wagyal.*

Woijal, der Wildhonig-Ahne, lebte in der → *Traumzeit* und in der gleichen Gegend wie die → *Wawilak-Schwestern*, und sein Mythos ist mit dem ihren eng verwoben.
Woijal brach im Ngalagan-Gebiet auf und reiste nach Norden. Er trug seine → *Speere*, eine Speerschleuder und eine Steinaxt bei sich. Als er Bienenstöcke in den Bäumen entdeckte, fällte er sie und füllte die langen Beutel, die er sich über die Schultern gehängt hatte, mit Honigwaben. Die umstürzenden Bäume schufen Flüsse. Woijal war der Urheber zahlreicher → *Djang*-Stätten.

Wolkolan → *Mangrovenfrau.*

Wollumbin (Mount Warning) ist der Überrest eines Vulkans, der das Tweed-Tal an der Grenze zwischen Neusüdwales und Queensland beherrscht. Er galt als eine sehr heilige Initiationsstätte, die einst von einem Steinmonument gekennzeichnet war, das eine Grenzlinie darstellte, die nur voll initiierte Männer überschreiten durften.
Wollumbin bedeutet »Krieger«, und es wird berichtet, daß die Narben am Berghang die Initiationsmerkmale des Kriegers seien. Aus bestimmten Blickwinkeln geht die Vorderseite des Berges in das Gesicht des → *Aboriginal*-Kriegers über.
 Siehe auch *Initiatonsprozeß*.

Womera → *Woomera.*

Woodbarl, die Weiße Wolke → *Riesenhunde*.

Woolool Woolool (Wellington Rocks) im Bundjalung-Gebiet im nördlichen New South Wales erhebt sich auf eine Höhe von 1040 Metern über dem Meeresspiegel. Ringsum wird er vom Cataract River und seinen Nebenflüssen begrenzt, die ihre Wasser nach Norden in den Clarence River ableiten. Hier hat der Woolool-Woolool-Geist seine Heimat, der durch die Berge und hinunter bis zur Küste zieht. Es ist eine wichtige Stätte für → *Schamanen*, die sich ihren magischen Ritualen widmen. Nur Schamanen dürfen sich hierher begeben; Uneingeweihte, die sich dem Ort nähern wollen, werden vom Woolool-Woolool-Geist daran gehindert. Aus der Ferne jedoch darf die Stätte in Augenschein genommen werden.
 Siehe auch *Bundjalung-Nation*.

Woomera, eine Speerschleuder, eine Vorrichtung, die dem Speer beim Werfen zusätzlichen Schwung verleiht.
 Siehe auch *Great Barrier Reef*.

Woonamurra, Banjo, ein Geschichtenerzähler und Hüter des Brauchtums seiner → *Bunuba*, der in Derby in den westaustralischen → *Kimberleys* lebt. Er wird als ein wichtiger »Eigentümer« der Geschichte von → *Jandamara* oder Taube angesehen, einem bedeutenden Widerstandskämpfer der → *Aborigines* im späten 19. Jahrhundert.

Wooraddi → *Tasmanischer Schöpfungsmythos; Trugerninni*.

Worora → *Kimberleys; Ngarinjin; Schöpfungsmythen*.

Wotjobaluk → *Antares; Galaxis; Großer Hund; Koori; Magellansche Wolken; Neumond; Rigel; Zwei Brüder*.

Wudu-Zeremonie der Kimberleys, eine täglich wiederholte Unterrichtspraxis. Die im → *Feuer* gereinigte Hand eines nahen Verwandten wurde über den Körper eines zu unterrichtenden

Kindes geführt. Das Berühren jedes Körperteils begleitete eine Unterweisung, wie zum Beispiel für die Lippen: »Rede nichts Schlechtes, sage immer die Wahrheit.«

Siehe auch *Kimberleys*.

Wuka → *Flughunde*.

Wullunggnari auf dem Mitchell-Plateau in den → *Kimberleys* ist ein den dortigen → *Aborigines* sehr heiliger Ort, an dem drei Steine die → *Große Flut* symbolisieren. Dort legte sich auch ein → *Wandjina* zur letzten Ruhe nieder. An der Stätte befindet sich vor einer Höhle ein steinerner Altar, und unterhalb wächst Walguna, der Baum der Weisheit, der Erkenntnis und des Rechts. Wenn Zeremonien abgehalten werden, wird dieser Baum mit Sakralgegenständen behängt.

Hier pflegten sich laut David → *Mowaljarlai* Männer und Frauen zu versammeln, um aus Wasser und Geist wiedergeboren zu werden. Ohne Waffen und Geräte begaben sie sich völlig nackt an diese Stelle. Die Priester, also diejenigen, die seit langem mit der Zeremonie vertraut waren, bereiteten die Initianten eine Woche lang vor, indem sie sie über die Stätte und die Abfolge der Rituale unterrichteten. Opfergaben wurden dargebracht und kleine Fleischstücke, der symbolische Leib des Wandjina, verzehrt. Danach wurden Männer und Frauen getrennt nach Geschlechtern an verschiedenen Orten in heiligen Wunggud-Wassern gebadet. Als abschließendes Ritual liefen sie unter den erhobenen Armen zweier → *Ältester* hindurch und sprangen anschließend durch den läuternden Rauch von Pilzen.

Siehe auch *Djang; Heilige Stätten; Initiationsprozeß; Thalu-Stätten*.

Wumera → *Woomera*.

Wunggud → *Djang*.

Würgadler → *Adler; Bunjil; Würgadler und Krähe*.

Würgadler und Krähe. In vielen Teilen Australiens sind die → *Aboriginal*-Gemeinschaften in zwei Hälften aufgeteilt, die häufig mit solchen Vögeln gleichgesetzt werden, die Gegensätze symbolisieren: das Yin und Yang, in das unser Universum unterteilt ist. Daher repräsentiert in Südaustralien der → *Adler* bzw. im östlichen Australien der Würgadler (Eaglehawk) Tag oder Licht, während die → *Krähe* der Nacht oder dem Schatten entspricht, wie im Kreis von Yin und Yang, obwohl auch hier beide Hälften komplementär sind. So muß etwa die Eheschließung über die Moietygrenze hinweg erfolgen, und bestimmte Zeremonien können nicht abgehalten werden, wenn nicht beide Moieties vertreten sind.

Es gibt eine Schöpfungsgeschichte, die das Entstehen der »Hälften« erklärt. Einstmals in der → *Traumzeit* schwirrte ein Moskito im Busch umher, und dabei verwandelte er sich schließlich in eine Schmeißfliege, danach in einen kleinen Vogel und letztlich in einen Krähenmann. Der Krähenmann stellte fest, daß er allein auf der Welt war, und ihn verlangte nach einer Frau. Zu jener Zeit gab es andere → *Ahnenwesen,* die auf den Bäumen lebten. Er sammelte eine Menge Gras, häufte es auf und legte → *Feuer* daran. Der dichte Qualm stieg in die Baumwipfel. Er spitzte den Schenkelknochen eines Känguruhs an und steckte ihn mit dem spitzen Ende nach oben in den Boden. Dann sang er eines der Baumwesen heran und versprach diesem, er werde es auffangen, wenn es herunterspränge. Das Wesen sprang und wurde auf dem spitzen Knochen aufgespießt. Als er es befreite, bemerkte er, daß es eine tiefe, blutende Wunde hatte. Daraufhin trug er das Wesen zum Grasfeuer und reinigte es durch → *Räuchern.* Die Wunde hörte auf zu bluten, und er sah, daß das Wesen ein Würgadlerweibchen war. Er nahm sie mit in sein Lager, und schließlich wurden sie zum ersten Paar aus Krähe und Würgadler, den Moiety-Urahnen der → *Koori.* Von ihnen stammt die Eheregel, daß über die Grenze der Moiety hinweg geheiratet werden muß.

Die Geschichte beinhaltet des weiteren die Vorschrift, daß Mädchen beim Erreichen der Pubertät durch Räuchern geläutert werden mußten, bevor sie die Ehetauglichkeit erlangten.

Es gibt zahlreiche Geschichten, die sich mit der listigen Krähe und dem eher phlegmatischen Würgadler befassen.

Siehe auch *Bellin-Bellin; Bunjil; Kimberleys; Krähe; Trickster-Charakter.*

Wuriupranala → *Mudungkala; Sonne.*

Wuriuprinili → *Mudungkala.*

Wurundjeri → *Melbourne; Yarra River und Port Phillip.*

Wybalenna auf Flinders Island in der Bass Strait ist jener Ort, an den die restlichen Überlebenden der tasmanischen → *Aborigines* verbannt wurden. Viele von ihnen starben dort.

Siehe auch *Oyster Cove; Tasmanien.*

Y

Yaburara → *Burrup-Halbinsel.*

Yagan ist ein bedeutender Ahne der → *Nyungar.* Als die Briten 1829 ins Gebiet der *Bibbulmum* eindrangen, sahen er und seine Leute die fremden Weißen als die zurückkehrenden Geister der Toten an. Dieser Glaube hielt einige Zeit lang an, doch als die Bibbulmum dann herausfanden, daß die sogenannten »Geister« gekommen waren, um ihnen ihr Land zu rauben, waren Konflikte vorprogrammiert. Die Neuankömmlinge respektierten weder Stammesvorschriften noch Traditionen, obgleich sie erwarteten, daß ihre eigenen Gesetze von den Bibbulmum eingehalten wurden.
Auseinandersetzungen begannen. Yagan führte eine Widerstandsbewegung an, wurde gefangengenommen und auf eine winzige Insel vor der Küste gebracht. Doch gelang es ihm, von dort zu entfliehen. Ein Jahr später wurde dann sein Bruder Domjum erschossen. Zur Vergeltung nahmen Yagan und sein Vater Midgegooroo den Kampf gegen die rücksichtslosen Eindringlinge wieder auf. Sie wurden zu »Gesetzlosen« erklärt, und auf ihre Köpfe waren Belohnungen ausgesetzt. Midgegooroo wurde ergriffen und hingerichtet. Yagan entging drei Monate lang der Gefangennahme und fiel dann einem hinterhältigen Attentat zum Opfer.
Yagans → *Tod* beschleunigte das Ende des Widerstands im Bereich der Hauptsiedlungsgebiete der weißen Eroberer, Perth am Swan River, ganz in der Nähe einer heiligen Stätte des → *Wagyal.* Es dauerte nicht lange, und mit einem groß angelegten Massaker an Männern, Frauen und Kindern bei Pinjarra wurde die gesamte Gegend geräumt. Nach diesem Blutbad brach der organisierte Widerstand gegen die Briten zusammen.

Es heißt, der rote Saft des Blutholzbaumes sei das Blut, das Yagan bei der Verteidigung seines Landes und seiner Leute vergoß.

Ya-itma-thang → *Koori*.

Yamadji. Der Lebensraum dieser → *Aborigines* erstreckt sich oberhalb des → *Bibbulmum*-Gebietes in den Küstenbereichen nördlich der Stadt Geraldton bis hinauf zu den → *Kimberleys*.

Yamswurzeln (Yam, Yams) sind eine wichtige Nahrungsquelle der → *Aborigines,* und das Sammeln und Vorbereiten zum Verzehr gehört zum Aufgabenbereich der Frauen. Es ist daher ganz natürlich, daß die Yamswurzel als weiblich angesehen wird und häufig Bestandteil von »Frauenangelegenheiten« ist.
Auf der → *Cape-York-Halbinsel* kommen zwei Arten der Yamswurzel vor: der weiche und der harte Yams. Ersterer wird in der Asche eines Feuers gegart. Der harte Yams ist bitter im Geschmack und erfordert eine bestimmte Vorbehandlung. Er wird in einem Ofen aus Brocken von Termitenhügeln gekocht, dann zerstampft und in Wasser ausgewaschen, anschließend durch die Maschen eines → *Dillybeutels* in ein Rindengefäß gepreßt und darin getrocknet.
Die → *Wik Munggan* erzählen zahlreiche Mythen über die Yamswurzel. Es folgt eine Geschichte über den harten Yams. In der → *Traumzeit* wanderte der harte Yams als Frau umher. Sie war am Flußoberlauf beheimatet, und flußabwärts lebte als eßbare Pflanze der Pfeilwurz, der ein Mann war. Einst kam die Yamsfrau flußabwärts, um eine Schöpfmuschel zu suchen, die beim Abspülen von Nahrung benutzt wird, und der Pfeilwurzmann versperrte ihr den Weg. Sie gerieten in Streit, vertrugen sich wieder und begannen, als Mann und Frau zu leben, wobei sie sich jedoch ständig zankten. Sie trennten sich, und die Frau verbrachte ihre Zeit damit, Yamswurzeln in der Weise zu sammeln und zuzubereiten, wie in diesen Mythen die Zubereitung von Yams und anderer Wurzelnahrung beschrieben wird.
Dann stellte die Yamsfrau eines Tages fest, daß sie gelähmt war.

Sie wurde krank und konnte nur noch kriechen. Sie hob ein Loch aus und setzte sich hinein. Doch es war zu flach, und sie grub tiefer. Die → *Sonne* schien und die Hitze quälte sie. Sie benötigte Wasser und spürte, daß sie das Loch verlassen, zu dessen oberem Rand wachsen mußte, um an Wasser zu gelangen. Aber die Wände des Loches waren zu steil, und sie schaffte es nicht, hinauszukommen. Sie sank tiefer in die → *Erde* und sprach dabei: »Genauso soll die Yamswurzel in ihrem Loch sitzen, und meine Stätte wird zu einer → *Djang*-Stätte der Yamswurzel werden. Von hier aus werden sich die Yamswurzeln den Frauen als Nahrung im Überfluß ausbreiten.«

Siehe auch *Kindsgeburt; Krähe; Kulama-Zeremonien; Traumzeittotem*.

Yamuti → *Ausgestorbene Riesenbeutler*.

Yaraando → *Traumbaum des Lebens*.

Yar Birrain → *Bundjalung-Nation*.

Yarrabah in der Nähe von Cairns in Queensland war eine Missionsstation, in der die Briten die Yidinyji und Gungganyji zusammengeführt hatten. Unter einer Folge von Missionaren und von der Regierung eingesetzten Verwaltern hat sich ihre Kultur drastisch verändert, obwohl Bewegungen zur kulturellen Reaktivierung manche Aspekte haben wiederaufleben lassen. Heute ist Yarrabah eine → *Aboriginal*-Siedlung.

Siehe auch *Gulibunjay und sein Zauberbumerang; Wassergeister*.

Yarra River und Port Philipp. Die → *Koori* überliefern eine Geschichte, wie der Yarra River und die Port-Phillip-Bucht entstanden, an denen heute → *Melbourne*, die Hauptstadt von Victoria, liegt. Das jetzt als Port-Phillip-Bucht bekannte Gebiet war einst eine flache Ebene und wurde von den Bunurong, Kurung und Watharung bewohnt. Landeinwärts dehnte sich ein riesiger See namens Moorool aus. Er bedeckte einen Großteil des Landes der Wurundjieri; und Bar-Wool, einer ihrer → *Ältesten,* beschloß, ihn trockenzulegen. Mit einer Steinaxt begann er, einen Kanal zu ziehen, und verlängerte den Kanal und überflutete das Land, und die dort lebenden Menschen mußten sich auf höhergelegenen Boden retten.

Es gibt noch andere Geschichten über die Überflutung der Port-Phillip-Ebene, und es könnte sein, daß in ihnen die Erinnerung der Menschen an die Zeit fortdauert, als die Meere am Ende der letzten Eiszeit, vor Tausenden von Jahren, anstiegen.

Eine weitere → *Koori*-Geschichte handelt davon, wie eines Tages, als die Männer auf Jagd waren und die Frauen Wurzeln und Yams suchten, ein paar Knaben, die zurückgeblieben waren, zu spielen begannen und einen Eimer voll Wasser umstießen. Nun war dieser Eimer kein gewöhnliches Gefäß, sondern ein Zaubereimer. Wasser floß aus, und immer mehr davon strömte und füllte nicht nur die Ebene von Port Phillip, sondern drohte auch das gesamte Land zu überschwemmen. Es war → *Bunjil* der Würgadler, der den Koori zu Hilfe kam. Er legte einen großen Felsblock auf die Mornington-Halbinsel und gebot dem Wasser, nicht weiter vorzudringen. Dann rückte er zwei riesige Felsblöcke dorthin, wo die Bucht ins Meer übergeht. Er befahl den Wassern, zwischen ihnen hindurch ins Meer zu fließen.

Siehe auch *Krähe.*

Yayarr → *Plejaden.*

Yeddigee → *Hunde.*

Yerrerdet-Kurrk → *Murray-River; Rigel.*

Yhi ist die Sonnengöttin. Sie und → *Biame* wirkten gemeinsam an der Erschaffung der Menschheit.

Siehe auch *Marmoo.*

Yidaka → *Didjeridu.*

Yirawala (1903–1976) war ein berühmter Maler, der von der Insel Kunwinjku (Croker Island) stammte und als Picasso der → *Aborigines* bezeichnet wurde. Seine Rindengemälde sind dramatische Kompositionen voller Bewegung und Spannung.
Siehe auch *Marwai, der Meistermaler*.

Yiritja (Jiritja) ist eine der beiden Moieties des → *Arnhem-Landes*. Die hauptsächlichen Kulturbringer der Yiritja sind Barama und Laindjung. Ihre heilige Farbe ist → *Gelber Ocker*.
Siehe auch *Barama- und Laindjung-Mythen; Duwa-Moiety; Gunabibi-Zeremonien; Nara; Nordöstliches Arnhem-Land; Schwarz*.

Yolngu → *Arnhem-Land; Barana- und Laindjung-Mythen; Djanggawul-Mythologie und -Zeremonien; Duwa-Moiety; Nordöstliches Arnhem-Land; Rangga; Wangarr*.

Yothu Yindi ist eine von Mandawuy Yunupingu gegründete *Aboriginal*-Band, die aus → *Aborigines* der Yolngu aus Yirrkala im → *Arnhem-Land* besteht. Sie haben sich zur Gruppe Yothu Yindi zusammengetan, um ihre Musik und Tänze dem Rest der Welt zugänglich zu machen. Damit sind sie sehr erfolgreich gewesen, und sie waren auf vielen Tourneen unterwegs. Sie bieten sowohl traditionelle als auch zeitgenössische Musik und Tänze dar und konnten einen Titel unter den ersten Vierzig der Hitparaden in Australien und Großbritannien landen.

Yowie → *Ausgestorbene Riesenbeutler*.

Yuedem → *Katatjuta*.

Yuendumu (Ngama Outcrop) ist eine Stadt der Warlpiri, die am Rand der Tanami-Wüste nordwestlich von Alice Springs liegt. Sie und ihre Schwesterstadt → *Papunya* sind als Ursprungsstätten des Punktmalstils der → *Westlichen Wüste* bekannt geworden. In diesen Gemälden stellen die Warlpiri ihre → *Traumzeittotems* in symbolischer Form dar.

Zahlreiche → *Felsmalereien* sind hier zu sehen. Am bedeutendsten ist das sich über eine Felswand erstreckende Gemälde der Großen Schlange → *Jarapiri*. Yuendumu liegt dort, wo Jarapiri auf ihrer Reise von Winbaraku aus dem Boden stieg, um die Warlpiri in jenen Gesetzen und Bräuchen zu unterweisen, die ihrem Leben Gestalt gaben. Dort befindet sich auch ein Felsen in der Form von Jarapiris Kopf, der nach Norden zum → *Arnhem-Land* weist und von dem es heißt, es sei endgültiger Bestimmungsort der Großen Schlange gewesen.

Siehe auch *Hunde; Papunya-Tula-Kunst.*

Yuggera-Leute → *Mount Tabletop; Schlafender Riese.*

Yugumbir. Diese → *Gemeinschaft* lebte am Logan River, und sie hat eine vollständige Version der Mythologie bewahrt, die den Kampf der Tiere behandelt, der das Ende der → *Traumzeit* kennzeichnete und die Gründe aufzeigt, warum dies in ihrer Gegend geschah.

In der Traumzeit, als noch viele Berge erschaffen wurden, empfanden die Landtiere großen Zorn über die Meerestiere, die häufig an Land kamen. → *Willy Wagtail* organisierte ein großes Treffen der Landtiere und Vögel, bei dem beschlossen wurde, die Meerestiere anzugreifen, wenn sie das nächste Mal an Land kamen. Es wurde entschieden, die Riesensüßwasserschildkröte Bingingerra zum Anführer zu ernennen. In der anschließenden Schlacht wurden die Meerestiere in ihr Element zurückgetrieben, und sie wagten sich nie wieder heraus.

Während der Schlacht gab es viele Opfer. Der Goanna erlitt tödliche Verletzungen, kroch landeinwärts an den Fuß der Great Dividing Range und verwandelte sich dort in Felsen, wobei sein Körper zum Mount Maroon wurde. Der → *Koala* verlor beim Kampf den Schwanz und war so verängstigt, daß er einen Baum erklomm und somit bis heute ein Baumbewohner ist. Nur selten klettert er herab, ernährt sich von Eukalyptusblättern, und wenn er aufgeschreckt wird, schreit er wie ein kleines Baby. Der Blutvogel oder Mistelfresser erhielt seine leuchtendrote Brust, als er an der Seite der Schildkröte kämpfte. Bingingerra trug den

Kampf bis weit aufs Meer hinaus, und als er vorüber war, schleppte sie ihren müden Körper an Land zurück und zu den dortigen Lagunen. Doch sie erlag ihren Verletzungen und verwandelte sich in Stein, wobei sie zum Mount Bingingerra (Mount Witheren) wurde, der die Form einer Riesenschildkröte hat.

Siehe auch *Große Schlachten; Uluru.*

Yukope, der Sittich → *Bunjil.*

Yulunggul ist die Riesenschlange, die eine der → *Wawilak-Schwestern,* die → *Ahnenwesen* der Duwa, verschlang und später wieder ausspie. Sie wird gelegentlich als Regenbogen angesehen. Von ihr heißt es, sie riefe mit ihrer gespaltenen Zunge den → *Blitz* hervor, und der Donner sei ihre Stimme.

Siehe auch *Duwa-Moiety; Gunabibi; Gunabibi-Zeremonien.*

Yuree → *Bienenstock.*

Yuru Ngawarla → *Adnyamathanha.*

Yuwam, die Schwarze Schlange → *Kindsgeburt; Menstrualblut.*

Z

Zauberschnur → *Schamanen; Schlangengeist.*

Zentaur. Diesem Sternbild wurde von verschiedenen Gruppen der → *Koori* eine jeweils andersartige Symbolik zugeschrieben. Die beiden Sterne in den Vorderläufen des Zentaur waren die Bram-Bram-Bult, die → *Zwei Brüder.* Sie speerten und töteten den Emu Tjingal, welcher der dunklen Stelle zwischen den Vorderläufen des Zentaur und dem → *Kreuz des Südens* entspricht. Tjingal verfolgte gerade das Possum Bunya, symbolisiert durch den Stern am Haupt des Kreuzes, als er von den Bram-Bram-Bult umgebracht wurde.
Die Kulin-Gemeinschaft der Koori glaubte, die beiden Sterne im Zentaur seien Djurt-Djurt und Thara, zwei von → *Bunjils* → *Schamanen,* möglicherweise die Namen zweier Sippen der Würgadler-Moiety.
 Siehe auch *Inma-Bretter.*

Zwei Alte Frauen. Der Mythos der beiden Alten Frauen – »alt« nicht als Hinweis auf die Lebensjahre, sondern im ehrenden Sinne als Respekterweisung gebraucht – wird von den → *Ältesten* der → *Adnyamathanha* überliefert. Es heißt, sie seien die Ehefrauen zweier Männer gewesen, die wie eine Fortsetzung des → *Zwei-Männer-Mythos* oder eine örtliche Version davon wirken. Die beiden Männer stiegen in den Himmel auf und ließen die beiden Frauen allein zurück. Diese folgten den Spuren der Männer bis zu einem Ort namens Wakarra Virrinha und sahen zwei lange Steine auf dem Boden liegen, denen nachgesagt wird, sie seien die beiden Männer. Die Frauen jedoch setzten ihre Spurensuche fort und bestanden verschiedene Abenteuer.
Schließlich stürzte eine der Frauen eine Klippe hinab und zer-

sprang in tausend Stücke. Dort, wo sie auf der → *Erde* auftrafen, schossen Grasbäume empor, und heute gibt es an dieser Stelle mehr Grasbäume als irgendwo sonst. Die andere Frau setzte ihre Reise fort und verschwand im benachbarten Gebiet der Arabana.

Zwei Brüder (die Bram-Bram-Bult). Die beiden Brüder Yuree und Wanjel (Kastor und Pollux) sind die Ahnenhelden eines umfangreichen Mythengeflechts, das ganz Victoria überspannte. Im Grunde genommen gehörten sie zu den Wotjobaluk (→ *Koori)*, doch wie andere große Mythenzyklen, die viele Hunderte, wenn nicht gar Tausende von Kilometern umfassen, überschritten sie die Stammesgrenzen.
Der Mythenzyklus hat seinen Ursprung in der → *Traumzeit,* als das Känguruh Purra beim Versuch, dem Gleitpossum Doan zu entkommen, das es jagte, angehüpft kam. Doan hatte Purra fast eingeholt, als er ins Gebiet der Tarantel Wembulin gelangte, die hier mit ihren beiden Töchtern lagerte. Wembulin griff Doan an, dem zunächst die Flucht gelang, aber letztlich konnte Wembulin ihn einfangen und fraß ihn auf.
Als nächstes nahmen Wembulin und seine beiden Töchter die Fährte Purras auf. Doans zwei Onkel mütterlicherseits, die Bram-Bram-Bult, folgten ihnen, um herauszufinden, was vor sich ging. Sie begegneten Mara, der Zuckerameise, die ein Haar von Doan trug, danach mehreren von Maras Schwestern und Brüdern, die Fetzen von Doans Haut und Körper in ihr Lager schleppten. Sie gelangten an die Stelle, wo Wembulin Doan angegriffen hatte und dabei durch die Bäume gesegelt war. Sie stießen auf Doans Knochen und wußten nun, daß er getötet und gefressen worden war. Auf Rache sinnend, setzten sie Wembulin nach. Sie kamen an zwei seiner alten Lagerstätten vorbei, und an der dritten fanden sie seine beiden Töchter vor, die damit beschäftigt waren, Samenkörner der Banksia zu Mehl für Plätzchen zu zerstoßen. Wembulin hielt sich in einer Rindenhütte auf, und die Brüder legten sich in den Hinterhalt und töteten ihn schließlich. Sie nahmen seine Töchter zu Frauen und traten die Rückreise an, doch unterwegs brachten sie die beiden Frauen um, weil sie sich vor ihrem ungezügelten Wesen fürchteten.

Das nächste Abenteuer wartete auf die Brüder in den Gestalten von Jinijinitch, dem Großen Weißen Eulenmann, und seinen beiden Söhnen, die Kannibalen und so blutdürstig waren, daß sie Frau und Mutter umgebracht hatten, um sie zu fressen. Die beiden Brüder waren gleichzeitig große → *Schamanen,* und sie sangen ein Unwetter herbei. Jinijinitch und seine Söhne flüchteten sich in ihre Rindenhütte, um dem Unwetter zu entgehen, und die beiden Brüder legten → *Feuer* an die Behausung und verbrannten sie.

Die Ahnenbrüder hatten viele aufregende Erlebnisse, während sie durchs Land zogen und es dabei ordneten und benannten. Schließlich wurde der jüngere Bruder bei einer Rauferei mit dem Kuckuckskauz Gertuk verletzt; eine Schlange biß ihn, und er starb trotz der Fürsorge seines älteren Bruders. Der ältere Bram-Bram-Bult war dermaßen von Gram befallen, daß er aus dem Stamm eines Baumes eine Holzpuppe gestaltete, ihr durch seine Zauberkraft Leben einhauchte und sie hieß, sein Bruder zu werden. Danach zogen sie gen Westen, und es wird erzählt, daß sie lange Zeit in einer Höhle gelebt hätten.

Inzwischen sind sie in die → *Himmelswelt* aufgestiegen, wo sie als die beiden Sterne in den Vorderläufen des Zentaur, die »Zeiger« zum → *Kreuz des Südens,* zu sehen sind. Ihre Mutter, Druk, der → *Frosch,* weilt bei ihnen. Sie ist der den Zeigern nächstgelegene Stern im Kreuz des Südens.

Siehe auch *Bienenstock.*

Zwei-Männer-Mythos. Der Mythos von den Wati Gudjara, den beiden Männern, umfaßt eine lange und beschwerliche Reise zweier Goanna- oder Großwaran-Männer, des älteren Bruders Kurukadi und des jüngeren Mumba, die von den → *Kimberleys* aus nach Südosten unterwegs waren, um ihre Taten und Abenteuer nicht nur der Landschaft, sondern auch den örtlichen Ahnengeistern aufzuprägen. Ihnen wird nachgesagt, sie hätten einen Zauberbumerang besessen, mit dem sie den größten Teil der → *Westlichen Wüste* gestalteten. Als kulturelle Ahnenhelden führten sie Gesänge und Tänze ein und reichten heilige Motive und Abbilder weiter, die noch heute in Gebrauch sind.

Der Zwei-Männer-Mythos kann insofern als verbindendes Element angesehen werden, als er die Ahnengeister durch Wechselwirkung und gegenseitige Abhängigkeit über eine Entfernung von Tausenden von Kilometern miteinander verbindet. In den Kimberleys sind zahlreiche Geschichten über sie in Umlauf, aber der Ausgangspunkt ihrer Wanderung bleibt im dunkeln. Ihr Weg führte sie bis nach Südaustralien ins Gebiet der Pitjantjatjara, wo die beiden den Männer zu guter Letzt in den Himmel aufgestiegen sein sollen. Die Länge ihrer Reise wird im Mythos der sieben Schwestern widergepiegelt, die ebenfalls von Westen her kamen und schließlich in den Himmel aufstiegen, wo sie die → *Plejaden* wurden.

Der Zwei-Männer-Zyklus ist ein Beispiel dafür, wie sich ein Mythos über Stammesgrenzen und Kulturen hinaus ausdehnen kann. Die Wati Gudjara legten Tausende von Kilometern zurück, bevor sie die → *Erde* verließen, um zu zwei Sternen im Bild der Zwillinge zu werden.

Siehe auch *Inma-Bretter; Waningga; Zwei Alte Frauen*.

Zyklopen (Papinjuwaris) sind einäugige Riesen, die den → *Tiwi* von → *Melville Island* zufolge dort, wo der Himmel endet, in einer großen Hütte wohnen. Von Sternschnuppen heißt es, sie seien Papinjuwaris, die mit einem lodernden Feuerstock in der einen und einer Kampfkeule in der anderen Hand durch den Himmel stolzierten. Ihnen wird auch nachgesagt, daß sie auf die Körper der Toten und das Blut der Kranken als Nahrung angewiesen seien. Ein Papinjuwari ortet einen Kranken am Geruch, macht sich dann unsichtbar und saugt das Blut aus dem Arm des Opfers, ohne eine Wunde zu hinterlassen. Wenn der Kranke schwächer wird, verringert der Papinjuwari seine Größe dermaßen, daß er durch den Mund in den Körper eindringen und das restliche Blut austrinken kann.

GOLDMANN

Peter Scholl-Latour

Den Gottlosen die Hölle   12429

Unter Kreuz und Knute   12562

Der Wahn vom Himmlischen Frieden
12828

Asien   12323

Goldmann · Der Taschenbuch-Verlag

GOLDMANN

Internationale Zeitgeschichte

Niklas Frank,
Der Vater   12500

Michael Wolffsohn,
Wem gehört das Heilige Land?   12469

Rolf Winter,
Ami go home   11685

Ralph Giordano,
Israel, um Himmels willen, Israel 12474

Goldmann · Der Taschenbuch-Verlag

GOLDMANN

Natur und Wissenschaft

Isaac Asimov,
Das Wissen unserer Welt　　12475

Paul Davies,
Prinzip Chaos　　11469

Rupert Sheldrake,
Das schöpferische Universum　　11478

F. David Peat,
Synchronizität　　12432

Goldmann · Der Taschenbuch-Verlag

GOLDMANN

Spiritualität

David Steindl-Rast,
Die Achtsamkeit des Herzens   12398

David Steindl-Rast,
Fülle und Nichts   12507

Dalai Lama, Das Auge einer neuen
Achtsamkeit   12483

Dalai Lama,
Die Weisheit des Herzens   12312

Goldmann · Der Taschenbuch-Verlag

GOLDMANN

Weltreligionen

Eleonore Bock, Die Mystik in den
Religionen der Welt　　　　12444

Alex Kennedy,
Was ist Buddhismus?　　　　12396

Der Talmud　　　　8665

Der Koran　　　　8613

Goldmann · Der Taschenbuch-Verlag

GOLDMANN TASCHENBÜCHER

Das Goldmann Gesamtverzeichnis erhalten Sie im Buchhandel oder direkt beim Verlag.

Literatur · Unterhaltung · Thriller · Frauen heute
Lesetip · FrauenLeben · Filmbücher · Horror
Pop-Biographien · Lesebücher · Krimi · True Life
Piccolo Young Collection · Schicksale · Fantasy
Science-Fiction · Abenteuer · Spielebücher
Bestseller in Großschrift · Cartoon · Werkausgaben
Klassiker mit Erläuterungen

∗ ∗ ∗ ∗ ∗ ∗ ∗ ∗ ∗ ∗

Sachbücher und Ratgeber:
Gesellschaft / Politik / Zeitgeschichte
Natur, Wissenschaft und Umwelt
Kirche und Gesellschaft · Psychologie und Lebenshilfe
Recht / Beruf / Geld · Hobby / Freizeit
Gesundheit / Schönheit / Ernährung
Brigitte bei Goldmann · Sexualität und Partnerschaft
Ganzheitlich Heilen · Spiritualität · Esoterik

∗ ∗ ∗ ∗ ∗ ∗ ∗ ∗ ∗ ∗

Ein SIEDLER-BUCH bei Goldmann
Magisch Reisen
ErlebnisReisen
Handbücher und Nachschlagewerke

Goldmann Verlag · Neumarkter Str. 18 · 81664 München

Bitte senden Sie mir das neue kostenlose Gesamtverzeichnis

Name: _____

Straße: _____

PLZ / Ort: _____